殷周金文字宝

（钤印版）

王宏源 著

社会科学文献出版社
SOCIAL SCIENCES ACADEMIC PRESS (CHINA)

出 版 说 明

缘 起

殷周金文是中国商周时代文字、语言和历史的实录，其在中国文字起源发展的过程中，时间跨度千余年。致知在格物，铸刻在青铜器上的殷周金文，像埃及的金字塔一样，成就了中华文明发展的公信力。从北宋以降，青铜器和金文研究的历史与金文的历史同样漫长。然而即使到了今天的数字时代，金文中出现的大量生僻字，在大型中文字典中依然难见踪迹，金文研究者屡言某某字"字书所无"，正表明"文脉不通商周久矣"。此书编写的目的，就是要以"字宝"的形式，打破这种抱残守缺的局面，即依据通用编号的金文释文，采用国际统一编码标准（以下称 Unicode）将其中的生僻字符进行解释，给殷周之际珍贵文献中的生僻用字，重新灌注生命力，使其可以自信地进入今人的视野，便捷地使用，同时也为这批生僻字能够尽快以精细工艺标准编入大型中文字典而暖身。

1995 年《殷周金文集成》（以下简称《集成》）皇皇十八巨册成书后，对应的释文和其中的生僻字隶定和整理任务就摆在了学者们面前。这方面开创性的工作，是由张亚初先生 2000 年出版的呕心沥血之作《殷周金文集成引得》（以下简称《引得》）一书所完成的。我于 2004 年开始，从张亚初先生遗孀处购得《引得》一书之电子版权，尝试利用《引得》中的金文释文，在《瀚堂典藏》数据库中构建"殷周金文数据库"。然而因 Unicode 中金文字符数不足的原因，十多年来"殷周金文数据库"相关文献的数字化加工，在坚持不造字的条件下，始终面临生僻字符录入的难题，无法建立满足工艺精度要求的"殷周金文数据库"。

这种情况在 2014 年 Unicode E 区字符出现后，有了根本性的改变。在 Unicode E 区字符中，采用张亚初先生《引得》一书整理的隶定字形，一共公布金文标准字符 1410 字。2000 年 Unicode B 区字符标准公布后，我们在数字化加工整理以《说文解字》《康熙字典》为代表的传统小学类典籍的过程中，曾经统计过 Unicode B 区字符约占传统小学类典籍全部用字的 5%，采用 Unicode B 区字符数字化加工建构的《瀚堂典藏》传统小学类典籍数据库，数字化加工精度近乎 100%。Unicode E 区金文专用字成批公布后的金文释文加工情况，与本世纪初期我们加工传统小学类典籍的情况非常类似。在 Unicode E 区发布之前，我们数字化加工整理殷周金文释文资料的缺字率也大体在 5%左右。采用 Unicode E 区字符后，《殷周金文集成》的相关释文数字化加工率已经接近 100%。

1989 年岁末，笔者曾拿着清华大学物理系的学生证和《汉字字源入门》（*The Origins of Chinese Characters*）一书的中英文书稿拜访华语教学出版社，出版社对书稿很有兴趣，但提出要我提供专业人士的审稿意见。惆怅之际，我游荡到美术馆附近的东厂胡同，闯进中国社会科学院考古所古文字研究室。研究室房间不大，人员不少，我说明来意，研究室有人推荐说，张亚初研究员是研究汉字字源的专家。第一次见面，张先生对我说的第一句话是：古文字方面的研究者，应该在 60 岁以后再考虑出专著；如果你的书是英文写的，并以辅助外国人学习中文为目的，我愿意给你提供审稿意见。先生当年提携后进之善举，是我终身难忘的。先生当年对我的三点告诫，我永远铭记：一是工程是本业，二是古文字是爱好，三是爱护好眼睛。因缘际会三十年，汉字始终是我的爱好，工程始终是我的本业，两者的结合始终是我的专注点。遗憾的是，我毕业后出国求学，先生过早辞世，没有更多机会得到先生的教诲了。张亚初先生当年花费巨大心力编撰，用双目换来《引得》这部伟大的金文工具书，并在当年艰苦条件下采用大量造字的方式出版，就是在等待技术进步的那一天。万分遗憾的是，先生没有看到 Unicode 编码的出现与普及。然而，比起思想来，字符的存在更持久，绝大部分国际金文标准字符系依据先生《引得》一书中的隶定和整理工作而完成并与 Unicode 一起流传万世，足以告慰先生在天之灵。

"字宝"是字典类书籍在数字化时代的升级，是任意字符从纸质转化到电子设备中的桥梁，也是纸质字典在数字时代可以延续功用的有力武器。

我们依据 Unicode 标准编撰字典，在字头上附注该字的 Unicode 编码数值，并将这种形式定名为"字宝"。大家在使用传统字典的时候，查到任何字，不存在无法利用的问题，只要有笔和纸，就可以写出字来。在数字化时代，字符本质上就是编码。今天大家在传统字典中查到一个字，如果该字符属于生僻字，很多时候我们将其录入到电子设备中是有困难的。"字宝"则是根据 Unicode 国际统一通用编码编撰的字典，每一个字符都会附注字符的数字编码，这个编码就等同于该字符。在编辑工具中输入 Unicode 编码，即可立即显示出字符，可以说利用"字宝"，亦就不存在生僻字符电子录入的难题了。例如：

"龖"字的 Unicode 编码为"2B935"，属于 Unicode E 区字符。如果在 MS Office Word 中安装有支持显示 Unicode E 区的字模，则在光标处选定该字模，键入"2B935"，随后在键盘中点击【ALT】+【X】两键，即可得到"龖"字；反之亦然。①

"字宝"关注的是字。金文释文和文字释义是手段，将国际通用的金文字符便捷地引入到金文研究中是本书的目的。由于古史沉埋，金文研究是专业性极强的领域，可以说步步临渊，处处存在不确定性。《殷周金文字宝》将数学的精妙引入到金文研究领域，带来的不仅仅是金文释文中文字录入的便利，与经济的发展深刻影响学术一样，数字化的发展也必将对古文字的研究产生重要影响。欲得到一流的学术成果，需要有一流的文献支持体系。用偏执狂的心态来建构数据库，将以精准的数字化为基础的加工工艺引入到金文文献数据库建设的工程当中，也必将会给金文研究和古文字研究领域带来新的活力。同时，这批金文字符整批次地引入中文辞书之中，亦可弥补大型字典缺失的重要一环。本书对金文研究中有关释文需要用到的内容，诸如原始著录、时代、拓片、器形、出土信息等一概简省，所附少量的拓本图形仅属参考性质，学术使用需查验《集成》等原始文献。同时，笔者在近几年的金文写作识字过程中，忙里偷闲，求印于钟鼎多方。现从中选出六方金文字形印章钤印在此书中，以留朱蜕为念。

需要说明的是，由于 Unicode 金文用字编码工作主要是围绕《集成》

---

① 实际上"字宝"在这里指的是一种 Unicode 十六进制内码输入法，【ALT】+【X】是 Word 中设置的内码输入快捷键。对于金文生僻字符录入，最"笨"的方法即为最好的方法。读者在实际操作中如遇到问题，可参考 www.hytung.cn 上出版品内的相关说明。

释文来进行的，而对《集成》发表之后新出金文资料中的新见生僻字体，大部分尚未编码。对这部分金文铭文资料的数字化加工，其缺字率会显著增加，这种情况也符合金文字符编码滞后金文新发现与研究新成果的现实规律。然而，毕竟目前大部分金文生僻字已有 Unicode 编码，续貂新字符的公布，只会是时间问题。

三年多的"劳模"时光快要结束了，实现笔者的"中国梦"，不能只靠"书读秦汉以上"，自己也需要换个地方"扎硬寨"去了。依依不舍告别对语商周之际，作者脑海中留下深刻印象的不是中国青铜时代精湛的铸字工艺，感慨的也不是满屋狼藉的拓本集释。挥之不去的伟大的商周印记，在脑海中只剩下世俗化的四个字：子孙永宝。

真从容，好简单，是字宝。

收字说明

本书字头收录金文相关 Unicode 字符不计重复，共 2389 字，计：
CJK 苏州数码（U+3021-U+3029）：用字 1 字；
CJK（U+3400-U+4DB5）：用字 55 字；
CJK（U+4E00-9FA5）：用字 102 字；
CJK 兼容（U+F900-U+FA2D）：用字 1 字；
CJK B 区四字节字（U+20000-U+2A6D6）：用字 396 字；
CJK C 区四字节字（U+2A700-U+2B734）：用字 371 字；
CJK E 区四字节字（U+2B820-U+2CEA1）：用字 1428 字；
CJK F 区四字节字（U+2CEB0-U+2EBEC）：用字 33 字。
CJK 四字节兼容字（U+2F800-U+2FA1D）：用字 2 字。

另有行文中必须用到的自造字 58 个字，标记"00000"，不计入。或俟日后编码扩充补遗可也。

编号与标记

本书收录的金文释文，依据出版时间先后，涵盖以下五种金文著作：
《殷周金文集成》，按原书五码编号；
《近出殷周金文集录》，标记 J，并按原书四码编号；
《近出殷周金文集录二编》，标记 J2，并按原书四码编号；
《商周青铜器铭文暨图像集成》，标记 T，并按原书五码编号；
《商周青铜器铭文暨图像集成续集》，标记 T2，并按原书四码编号。

简省原则（此部分行文不用简体字，以与正文一致）

　　金文中常見、簡單的字，本書中不糾纏。例如：蹕、羈、羇不論，用羇，即擇字；丌、亓、丮不論，用其字；目，用以；隹，用唯；貫鬵，可用眉壽；剌，即烈；白，即伯；中，即仲；令，同命；邁年，同萬年；段，亦作叚，古文篆。氒，同厥。《尔雅·释言》厥，其也；陳，田齊之陳；敶，春秋之陳，在今河南。枼，正作楪，散本字；散，正作皹，从肉枼聲，雜肉也，今通作散；等等。

　　对于一些金文常見生僻字，諸如殷或西周早期族徽用字，因其高頻出現，特羅列說明如下，避免行文中重複標註，以節省篇幅。

陮 ²ᶜᴮᴰᴬ 从阜从奠，古文尊。尊篆作奠，从収，在酉部。从阜表示進獻。奠字在丌部。

敱 ²ᴮꜰᴱ⁹ 从攴豐聲。敱敱，亦作豐豐，或讀蓬蓬，鐘鼓樂聲 ☞ 00049。

㲸 ²ᶜ²⁵`⁶ 从泉枲省聲。字或讀澤。㲸㲸，讀若斁斁。枲，讀如薄。

　　敱敱㲸㲸，或讀蓬蓬勃勃，鼓樂盛大貌 ☞ 00039。

嫇 ²ᴮᶜ⁶⁶ 司嫇，一作后嫇，亦称司母辛，即婦好 ☞ 00825。

荓 ²ᶜ⁷⁶⁷ 又稱荓京，亦省作夆，在周都豐、鎬之旁，西周五邑之一。或讀蒡，或讀房，謂秦阿房之地 ☞ 00566。

鑾 ²⁵⁰ᴰ⁸ 金文鑄字，變體較多。

彌 ²²⁴¹⁷ 亦作彌、彌。西周國族名。

覵 ²ᶜ⁸⁷ꜰ 同覴。讀若景。

伺 ²³¹³⁰ 人名用字。或釋作何 ☞ 05339。

旃 ²³¹²⁸ 旗、旗字初文。省作旃。假借作祈。

嗽 ²¹⁰¹ᴬ 訊字初文。

布 ²²⁰⁵ᴮ 古文希。布、蔡古通用。國名。

癍^{24F08} 即微伯癍，也稱微癍，西周懿孝時期人，史牆的兒子，㠱的父親。族徽 木羊冊 ☞ 10324。

宧^{2BCC7} 門屏之間曰宧。金文讀若鑄。或讀若休，讚賞。又竀、賠，或同。

䲜²⁸⁴⁰⁴ 亦作䲜䲜䲜䲜䲜。布侯䲜，讀若蔡侯申，即蔡昭侯，蔡國國君，公元前519年即位，在位29年。

㲢^{2C2F4} 康㲢，亦作康勮，讀若康娛。金文習語 ☞ 00187。

熒^{2C287} 讀若榮。國族名 ☞ 00632。

臺^{2B881} 讀若就。族徽用字 ☞ 01140。䲜臺：讀若申就，即重申。金文習語。

耕^{2B84B} 從聞省幷聲，讀若聘。耕䦆，讀若聘司，問察。或讀總、攝，亦通。

伾^{2B82D} 不伾，即丕顯，金文習語，指光明正大 ☞ 02813。

䡺^{2CC2B} 讀若緇，《說文》帛黑色。

𢻯^{2BEEF} 戈琱𢻯，帶有飾紋的戈。金文習語 ☞ 00093。

堄^{2C181} 讀若兄。

䏎^{2BE9A} 從舟聲。或讀鑄，或讀造，多見於燕國兵器。

鳶^{2CDC1} 讀若鳶。族徽。亦作鹹 ☞ 01123。

奭^{2BD02} 族徽 亞奭 ☞ 01423。

侊^{2BE5D} 族徽。亦作侊、侊 ☞ 01029。

囗^{2BA4F} 族徽。或內有二畫，亦作豎直形。或讀戶 ☞ 02072。

枳^{2C0A4} 從木从丮。埶字初文。族徽 ☞ 02919，06587。

出版说明　VII

廟^{2BDFC} 族徽 子廟 ☞ 01310。

䝱^{2BDFB} 族徽 䝱冊 ☞ 03746。

舍^{2B92E} 斧字初文。族徽或人名。商末周初 ☞ 02020，05064，05164，07457。

壴^{2AD36} 亦作是，與趌同。族徽 亞壴 ☞ 00827。

刵^{206D9} 讀若毇或笴。墨刑刑具。族徽 ☞ 01455。

弜^{2BE25} 讀若引。族徽。亦作䟗 ☞ 02916。

黽^{2CE5E} 族徽。或作天黽 ☞ 00764。

豯^{2BBE6} 族徽。或家本字，豕在胯下，表示馴化動物。或讀若豭。亦作 駜豯 ☞ 01113。

瞏^{2C945} 族徽。从䀠从豕。或讀矍 ☞ 01373。

曼^{2BFCA} 族徽。同旻 ☞ 01093。

盘^{2504E} 族徽 ☞ 01169。

𢦏^{2BEF3} 人持干戈形。族徽。讀若戎 ☞ 00784。

犾^{2BEE8} 𢦏字之省。族徽。讀若戒。亦作戒 ☞ 00821。

戈^{2A945} 同犾 ☞ 04991。

㞢^{2BD50} 族徽。从戉从兀。讀若罰，卽剌 ☞ 01020。

嚣^{2C96D} 族徽或人名。或讀賊 ☞ 01294，01537。

矤^{2BA38} 从又从矢，矢亦聲。同敉。亦作䟗、矧。族名或人名 ☞ 01069。

醓^{2B927} 从酉从兇。或酌字初文。族徽 亞醓 ☞ 00398。

寝^{2BD1B} 族徽。从宀春聲 ☞ 05091。

㨄²ᴬᶜ⁰⁴ 讀若扛。或作𢪮、㨄。族徽 亞㨄 ☞ 05684。

㨄²ᶜ⁰¹² 或同㨄。族徽 亞㨄 ☞ 01846。

㞢²⁰¹ᶠᶠ 族徽 ☞ 01288。

奊²ᴬ⁹ᴮᴱ 族徽 ☞ 00377。

冀²ᴮ⁹³⁵ 从鼎子㞢，奉子陳尸祭祖之象。宋人王俅讀作析子孫。今或讀舉。族徽。殷人大族，媿姓。

王 宏 源

Harrison Hongyuan WANG

2017 年立春吉日初稿

2017 年 6 月 18 日修订于瀚堂

殷周金文字宝　1

00007 自作其走鐘 自乍其徒鍾。

徒²²⁵¹⁷ 从彳从乑。或省止，同。徒即走字。讀若奏。

00014 紀侯虎鐘 己庆虎作寶鐘。

虎²ᴮ⁹ᶠ⁰ 从卜虎聲。或虢字省文。紀侯虎，紀國國君。西周晚期。

00015 留鎛 畱爲羋麰禾鎉鐘。

麰²ᴮ⁷¹⁰ 叔麰，戰國時期人，畱的長輩。字或釋作麜。《玉篇》麜，音索。虎貌。

00017 麋侯鎛 麋庆自作鎉鍾用 ☞ 04116, T2.0929

麋²ᶜᴱ³ᶠ 从鹿苿聲。麋庆，或讀麋侯，麋國族首領。戰國早期。

00021-2 鄭邢叔鐘 奠丼弔作霝鐘，用綏賓。

霝²⁹¹⁹ᴬ 同靈。

00034 戎桓鐘 戎趩搏武，敶內入吳疆 以上正文八字蟲書。以下落款 夵乍禾。

夵²ᴮᴱ⁸⁹ 落款夵乍禾，張亞初釋，讀若倦作鎉〔鐘〕。

00036 甡仲鐘 甡中作朕文考鳌公大鋪寶鐘。

甡²ᶜ⁹⁵⁶ 甡仲，或讀虤仲，鳌公的兒子。西周中期。

鋪²ᶜᴬᴱᴮ 鋪鐘，亦作鑐鐘、劖鐘、歖鐘、薔鐘，讀若林鐘，低音鐘。

00038 信陽編鐘 唯習篙屈籴，晉人救匀戎於楚競境 ☞ T.03015

習²ᶜ³ᶜ⁴ 同荆。習篙，讀若荆曆。

籴²ᶜ⁴ᴮ⁵ 从示亦聲。屈籴，讀若屈夕，楚曆二月之月名，即秦曆十一月。

00039 叔旅魚父鐘 朕皇考弔旅魚父，豐豐橐橐降多福無〔疆〕。

橐²ᶜ²⁵⁶ 从泉臬省聲。橐橐，讀若斀斀。臬，讀如薄。豐豐橐橐，亦作數數橐橐，或讀蓬蓬勃勃，鼓樂盛大貌。橐字或讀澤。

00042 楚公豪鐘 楚公豪自鑄鍚鐘，孫孫子子其永寶。

豪 27C4C 从受省从家，古文嫁。楚公豪，或即楚公熊渠。

鍚 2CB0D 鍚鐘，或作錫鐘、湯鐘，讀若揚鐘，高音鐘，與林鐘相對 ☞ 00036

00043-5 楚公豪鐘 楚公豪自作寶大歔鐘，孫孫子子其永寶 ☞ 00042

歔 2BFE7 歔鐘，讀若林鐘 ☞ 00036

00047 祝侯求鐘 鑄庆求作季姜䑽鐘，其子子孫孫永言用之。

䑽 26A36 同朕。讀若媵，即賸。

00048 粤鐘 …宮，令宰僕賜粤白金十勻。粤敢拜頴首。

粤 24C80 同粤。人名。西周中晚期。

00049 敱狄鐘 侃先王。先王其儼在帝左右，敱狄逨不葬恭。歔歔彙彙，降〔余多福無彊〕☞ 00039

歔 2BFE9 从支豐聲。歔歔，讀若蓬蓬，鐘鼓樂聲。

00050 邾君鐘 鼄君求吉金，用自作其龢鐘龢鈴，用處大囗，子…

鈴 2CAE6 同鈴。

00051 嘉賓鐘 舍余武于戎攻功，霝聞，用樂嘉賓、父兄、大夫、倗友。

兒 2C181 讀若兄。

00053 楚王領鐘 唯王正月初吉丁亥，楚王領自作鈴鐘，其聿律其言歆。

領 2945F 从頁今聲。楚靈王虔。

00060-3 逆鐘 唯王元年三月既生霸庚申 夷王元年三月初九，B.C.893 叀氏在大廟。叀氏令史䚦召逆，叀氏若曰：逆，乃祖考許政于公室，今余賜汝干五錫銅泡、戈彤㫐，用觏于公室，僕庸附庸臣妾、小子、室家。毋有不聞媸知，敬乃夙夜，用甹朕身，勿灋廢朕命，女㡆毋墜乃政。逆敢攆手顒。

盨²ᶜ⁴²ᶜ讀若猷。史盨，西周時期史官，名盨。

㫐²¹ᶜ⁷⁵讀若綾。　　　觏²ᴮ⁸⁴ᴮ用觏，主管。

甹²⁴ᶜ⁸⁰同甹。假作屏，輔佐。　顒²ᴮᴰ⁹ᴱ攆手顒，拜手顒。

00064 通祿鐘 授余通祿、庚巖康娛、屯右純祐，廣啟朕身，勱于永命，用寓光我家，受……

勱²ᴬ⁷ᴱ³讀若擢。

00065-71 兮仲鐘 兮中作大鏍鐘，其用追孝于皇考已白，用侃喜前文人，子孫永寶用言。

鏍²⁸ᴮ⁸ᴰ鏍鐘，典籍作林鐘 ☞ 00036

00073-81 敬事天王鐘 唯王正月初吉庚申，自作永命詠鈴，其眉壽無疆，敬事天王，至于父鈂，以樂君子。江漢之陰陽，百歲之外，目之大行以之隨葬。

鈂²ᶜ¹⁸¹父鈂，讀若父兄。

00082 單伯昊甥鐘 單白昊生曰：丕顯皇祖剌考，遴匹先王，𤔲堇大令。余小子肇帥型朕皇祖考懿德，用保奠。

昊²ᴬᶜ¹⁶亦作臭，正作㫚，曓字初文。單伯曓甥，單國族首領。西周晚期。

遴²ᶜᴬ⁴²述。遴匹，讀若仇匹，輔弼。

𤔲²ᴮᴱ²⁴从爵从収。𤔲堇大令，讀若恭勤大命。

00083 楚王熊章鐘 唯王五十又六祀 楚惠王56年，B.C.433 返自鹵媵，楚王會章作曾厌乙宗彝,竂之于卤𩽓,其永時用言。穆商商音階名。

𩽓²ᶜ⁰¹¹ 从𩵋易聲。同𩹉,斿𩽓字。卤𩽓,地名,讀若西陽。

會⁹¹⁵³ 歈字之省。借作熊。

竂²ᴰ⁵¹⁵ 从宀从奠。奠之繁文。　時²⁰ᶜ⁷ᴇ 同詩或寺。讀若持。

00086 邾太宰鐘 黿大宰㰸子敄,自作其徬鐘,嬰其吉金膚呂鏽鋁敄用旂眉壽多福,萬年無彊,子子孫孫永保用言。☞ 04623

敄²ᴮꜰᶜ⁰ 讀若掠。春秋早期邾國人,太宰㰸之子。

徬²ᴬᴬᶜᴱ 讀若扣。字或釋作從。

嬰²ᶜ⁶⁶⁸ 同羅、羃,金文擇。　福²ᴮᴅ¹⁷ 从宀福聲。與福同。

00093-101 臧孫鐘 唯王正月初吉丁亥,攻敔中冬𦭞之外孫,坪之子臧孫,羃𠂤吉金,自作龢鐘,子子孫孫,永保是從。

臧²ᴮᴱꜰ⁶ 臧本字。臧孫,攻敔仲終𦭞的外孫,坪的兒子,春秋晚期吳國人。或謂臧孫爲吳王夫差的外孫。

00102 邾公鈺鐘 陸蠪之孫邾公鈺,作𠂤禾龢鐘,用敬卹盟祀,旂年眉壽,用樂我嘉𡧛賓,及我正卿、叕君、𩖕君,以萬年。

鈺²ᴮ⁴⁸⁷ 從金乇聲。郭沫若:以聲類求之,當是鉏之古文。邾公鈺即邾定公貜且。鈺《銘文選》釋鉬,謂邾公鉬即邾桓公革。

蠪²ᶜᴅ²⁵ 从䖵从𦰩。與螭同。陸蠪,即陸終。邾國國君是陸終祝融的後裔,曹姓。

叕²²ꜰᶜ⁹ 同穆。

00103 遲父鐘 遲父作姐齊姜龢轡鍾,用卲乃穆穆丕顯龍寵光,乃用旃勹多福,厌父遲父眔齊萬年䚬壽,子子孫孫亾無彊寶。

姐²ᴬ⁹⁶⁸ 或姬字誤臨。姬齊姜,遲父的夫人。西周晚期。

棽²ᶜ¹¹ᶜ 从林、㐭，並爲聲符。棽鍾，亦作鑑鐘，典籍作林鐘 ☞ 00036

旂²³¹²⁸ 省作㫃。同旂。讀若祈。

00105 單冥甥殘鐘 生拜手頴首，敢對揚王休，冥生用作穆公大鑣鐘，用降多福，用喜沢前文人，用㫃康殷，純魯，用受…… ☞ 00082

鑣²ᶜᴮ¹ᶠ 鑣鐘，又作鑣鐘，劃鐘，歉鐘，典籍作林鐘 ☞ 00036

沢²³ᴰ⁷ᶠ 同侃，和樂貌。用喜沢前文人，讓文德的前輩喜樂。

00106 楚公逆鐘 唯八月甲申 熊咢7年, B.C.793 楚公逆自作大霝鐘，毕格曰盂穌鑑鐘，楚公逆其萬年壽，□寶其耗，孫子其永寶 ☞ J.0097

霝²⁹¹⁹ᴬ 同靈 ☞ 00021　　格²ᴰᴬ⁷ᶜ 或讀名。

00107-8 應侯見工鐘 唯正二月初吉，王歸自成周，雁厌見工遺饋王于周 宗周。辛未，王各于康 康宮，熒白入佑雁厌見工，賜彤弓一、彤矢百、馬三匹。見工敢對揚天子休，用作朕皇祖雁厌大棽鐘，用賜眉壽，永命，子子孫孫永寶用。

棽²ᶜ¹¹ᶜ 棽鐘，又作鑣鐘、鑣鐘，典籍作林鐘 ☞ 00036

00109-12 邢人佞鐘 丼人妄曰：覤盂文祖皇考，克賫毕德，損屯用魯，永終于吉，妄不敢弗帥用文祖皇考，穆穆秉德。妄𡧍𡧍聖趣，壴處宗室，肆妄作穌父大歉鐘，用追考侃前文人。前文人其儼在上，歉歉𦥑𦥑，降余厚多福無彊。妄其萬年子子孫孫永寶用言 ☞ 00049

覤²ᶜ⁸⁷ᶠ 覤盂，讀若覤淑，顯赫善良。

賫²ᴮ³⁹⁸ 或隸作質，讀若慎。　損²²ᴮ⁷² 同殷。損屯，讀若德純。

趣²ᶜ⁹⁹ᶠ 同趣。𡧍𡧍聖趣，讀若憲憲聖爽，欣欣聖明。

㲋²ᴮᴮᶜ³ 同麁。㲋處宗室，常在宗室。

肆²ᶜ⁶ᴬᴱ 讀若肆。

歔²ᴮᶠᴰᴰ 歔鐘，00109 作嗇鐘，典籍作林鐘 ☞ 00036

00113-9 㺱鐘 唯正七月初吉丁亥，羣孫斨子㺱，㺱擇其吉金，自作龢鐘，用宴以饎，用樂父毲、諸士，其眉壽無基期，子子孫孫，永保鼓之。

斨⁶⁵ᴬ⁸ 讀若析。春秋中晚期許國人。群的兒子，㺱的父親。

00121-32 者汈鐘 唯戉十有九年越王翳19年, B.C.423 王曰：者汈，汝亦虔秉不汭涇息，以克纘光朕卲丂昭考之愬學訓教，趄趄战弼王佗王室，窐攻庶戯，以祗光底光，羣固光大朕位。今余其念譑，乃有㦼休齋麻祝成，用再剌粒，光之于聿筆。汝其用茲，旻安宴安乃壽。甶牐康樂，勿有不義宜，䜣之于不啻適。唯王命，元灁乃息，子孫永保。

汈²³ᶜ⁷ᶜ 从水刀聲。郭沫若謂舠字異文。者汈，即諸咎。或指諸稽到，越執政大臣。

息²ᴬᴬᴱ⁹ 或同惪。不汭涇息，讀若不墜經德。息或又讀若恩。

趄²⁷ᴱᴰᴬ 趄趄，讀若桓桓，威武貌。

战²²⁹ᴬᴱ 讀若輔。　　窐²ᴮᶜᶜᴬ 窐攻，讀若往捍，捍禦。

戯²ᴬᴮ⁵³ 同盟。庶戯，庶盟，同盟國。

譑²ᶜ⁸ᴰ⁴ 从言衛聲。念譑，念善。

粒²ᶜ³⁰¹ 同壯，功業。用再剌粒，用稱烈壯。

牐²ᶜ³⁰ᴰ 同牏、牏，古文逸。甶牐，或讀惟逸。

䜣²ᶜ⁸⁹ᶠ 或隸作訛。《玉篇》渠留切。安，謀。或釋敊，古文誥。

灁²ᶜ²⁵⁰ 元灁，讀若乾沒，滅頂。

00133-9 柞鐘 唯王三年三月初吉甲寅幽王3年四月初一，B.C.779中大師仲太師佑柞，柞賜䊷朱黃䜌，䚋五邑佃人事。柞捧拜手對揚中大師休，用作大鐮鐘，其子子孫孫永寶 ☞ 00065

䊷²ᶜᶜ²ᴮ 讀若緇。《說文》緇，帛黑色。䊷朱黃䜌，䊷市、朱橫、鑾旂。

00141 師奐鐘 師奐𢀖作朕剌祖虢季宴公幽弔，朕皇考德弔大譱鐘，用喜侃前文人，用𤔲屯魚、永命，用匄眉壽無彊，師奐其萬年，永寶用亯。

𢀖⁸⁰⁸¹ 肇字之省。

宴²ᴮᶜᴰ³ 从又从宮。宴公，師奐的列祖之一。師奐或釋作師丞。

譱²ᴮ⁰ᶜ⁵ 譱鐘，林鐘 ☞ 00036 𤔲²ᶜ⁰¹ᴬ 用𤔲屯魚，用祈純魯。

00142 齊鮑氏鐘 唯正月初吉丁亥，帝鞏氏孫成䯂其吉金，自作龢鐘。卑鳴彶好，用亯以孝于㠯皇祖文考。用宴用饎，用樂嘉賓，及我倗友，子子孫孫，永保鼓之。

鞏²⁹³⁴² 同鮑。鞏氏，即鮑氏。

彶²ᴮᴱ⁴ᶠ 或同汲。卑鳴彶好，讀俾鳴攸好。

㠯²ᴮᴬ⁵ᴱ 同以。《爾雅·釋詁》以，我也。

00144 越王諸稽於賜鐘 唯正月方蓍孟春吉日丁亥，戉王者旨於賜越王勾踐之子。諸稽，姓氏。於賜，名。《史記》作鼫與䯂乎吉金，自祝禾㶊。我以樂吳娛康，嘉而賓各客。其以歡之，夙莫暮不貣弋。順余子孫，萬某世亡無彊，用之勿相喪。

㶊²ᴮ⁸²⁹ 縺本字。舊讀若聯。自祝禾㶊，今或釋作自祝禾重，讀若自鑄龢鐘。

00145-8 士父鐘〔士父〕作朕皇考弭氏寶龢鐘，用喜侃皇考，皇考其嚴在上，數數熙熙，降余魯多福亡疆，唯康祐，純魯，用廣啟士父身，勱于永命，士父其眔口姬萬年，子子孫孫永寶，用言于宗☞00036，00049

勴²ᴬ⁷ᴱ³ 讀若擢。

00149-52 邾公牼鐘 唯王正月初吉₍靈王元年正月初一，B.C.571₎辰在乙亥，邾公牼₍邾宣公₎擇氒吉金，玄鏐膚呂₍玄鏐鏞鋁₎，自作龢鐘。曰：余畢龏威忌₍畢恭畏忌₎，盥龢鐘二鍺，以樂其身，以匽宴大夫，以喜₍饎₎者諸士。至于壎坪，分扶問切器是寺持。

龢²ᶜᴬ¹ᴬ 同龢。盥龢鍾二鍺，鑄以龢鐘二堵。

壎²ᴮᴮᴬᴱ 讀若萬。　　　　坪²¹²ᶜ² 讀若年。壎坪，萬年。

00153-4 許子妝師鐎 唯正月初吉丁亥，鄦子妝自擇其吉金，自作鈴鐘。申龢叡揚，元鳴孔煌₍煌₎。穆穆龢鐘，用宴以饎，用樂嘉賓、大夫，及我佣友。敦敦趣趣，萬年無諆₍期₎，眉壽毋已，子子孫孫，永保鼓之☞04616

妝²⁸⁸⁷⁰ 鄦子妝自，許國國君。春秋時期。

鈴²ᶜᴬᴱ⁶ 同鈴。

揚²ᶜ⁰¹¹ 㫄揚字，同揚。申龢叡揚，亦作申龤叡鍚，讀若終翰且颺，指鐘聲既高且揚☞00182

敦²ᴮᶠᶜ³ 从攴皇聲。敦敦，亦作皝皝，囂囂。

趣²ᶜ⁹⁸ᴱ 敦敦趣趣，亦作皝皝趣趣，趨趨趣趣，讀若皇皇熙熙。

00157-61 驫羌鐘 唯廿又再祀₍周威烈王22年，B.C.404₎驫羌作戎，氏辟軝宗，敲達征秦迮齊，入張城。先會于平陰，武侄寺持力，䚋敓楚京。賞于馭宗，命于晉公，習于天子。用明則之于銘，武文咸剌，永葉_世毋忘。

厲^{20AD1} 驫或厲之繁文，讀若馬，氏，嬴姓。

烕^{2AB4A} 从力从戈，釋作戎。

敳^{22FBF} 徹字之省。或隸作敳。敳達征秦，讀若輒帥征秦。秦，齊魯之間小國，妊姓。

䟄^{2C521} 同長。䟄城，指齊長城。☞ 09735, 11529

陰^{2CBC9} 同陰，山之北。平陰，地名。即平陰城。

嘼^{2BD2A} 嘼斂，讀若襲奪。

習^{2C064} 从日卲聲。同昭。

00172-80 筥叔之仲子平鐘 唯正月初吉庚午，鄦㠯之中子平，自作盉其游鍾。玄鏐鎬鋁，乃爲之音。戩戩雖雖，聞于䪼東。中平蕭龯歔考，盉其游鍊_鐘，龯瀿其大酉。聖智暻㫃_{恭良}，其受此眉壽，萬年無諆_期，子子孫孫，永保用之。

鄦^{287ED} 鄦㠯，亦稱筥大叔 ☞ J2.0876。其二兒子名平。

鋁^{2CB1A} 指銅。亦作膚。或讀驢，訓黑色。

戩^{2BEF7} 戩戩雖雖，或作鏘鏘雝雝，讀若肅肅雍雍，形容鐘聲和諧。

龯^{38AD} 从弓从支，讀若發。中平蕭龯歔考，仲平善發祖考。

龯^{2BA5E} 龯瀿其大酉，以樂其大酋。

00181 南宮乎鐘 嗣土南宮乎作大鑮協鐘，茲鐘名曰無䍙。先祖南公_{南宮括}、亞祖公中必父之家，天子其萬年眉壽，畟_允永保三方，配皇天。乎撲手頫首，敢對揚天子丕顯魯休，用作朕皇祖南公、亞祖公中。

鑮^{2B4DE} 鑮鐘，典籍作林鐘 ☞ 00036

罒²ᶜ⁶⁵ᶜ 罨字初文。無斁，讀若無射，十二律之一。

00182 徐王子旃鐘 唯正月初吉，元日癸亥，邻王子旃羃其吉金，自作龢鐘，以敬盟祀，以樂嘉賓、倗友、諸賢，兼以父兒、庶士，以宴以饎，申䪦戯愓，元鳴孔皇煌，其音䇾䇾，聞于三方，韹韹諻諻皉皉熙熙，眉壽無諆期，子子孫孫，萬枼世鼓之。

䪦²ᶜ⁸ᴮᴬ 从言軙聲。與䡎、𪛊、鞾同。申䪦戯愓，亦作申䪦戯鴋，讀若終翰且颺，指鐘聲既高且揚，傳達遠方。《周·☰》翰音登于天。

䇾²ᶜᶜ³ᴰ 䇾䇾，同悠悠。

00183-6 僕兒鐘 唯正九月初吉丁亥，曾孫僎兒，余迖斯于之子，余茲𦘔之元子，曰：烏虖敬哉，余義楚之良臣，而遾之字慈父。余購遾兒，得吉金鏄鋁，以鑄龢鐘，以追孝侁且，樂我父兄，飲飤訶遷歌舞。子孫用之，後民是語。

僎²⁰⁴⁰⁴ 讀若僕。僎兒，器主，徐茲𦘔的長子，春秋晚期徐王義楚時期的執政大臣。

迖²ᶜᴬ¹ᴰ 从辵夫聲。或與跌同。徐迖斯于，僎兒的祖父。

遾²ᶜᴬ³ᴱ 遾兒，僎兒的兒子。　購⁸ᴰ⁰ᴱ 讀若賴。依賴。

龢²ᶜᶜ³ᴮ 同龢。　侁²²⁴ᴱ⁰ 侁且，先祖。

00187-8 梁其鐘 梁其曰：丕顯皇祖考，穆穆異異翼翼，克悊𢑏德。龏臣先王，得屯亾敃德純亡愍。梁其肇帥型皇祖考，秉明德，虔夙夕，辟天子。天子肩事梁其身䚄君大正，用天子寵蔑梁其曆。梁其敢對天子丕顯休揚，用作朕皇祖考龢鐘。鎗鎗鏓鏓，鍺鍺鏞鏞，用卲各昭格喜侃前文人，用祈匄康䟂、屯右純祐、綽綰、通祿。皇祖考其儼在上，數數彙彙，降余大魯福亾咢，用瑂光梁其身，勖于永令，梁其其萬年無彊，龕堪臣皇王，眉壽永寶

☞ 00049, 02768, 04150, 04446, 09716

肩^{2BD54} 古文屑。肩事，于豪亮讀若夷使。肩，發聲詞。邦君大正，官名。

鏞^{2CB11} 鍺鍺鏞鏞，或作鍺鍺雎雎，形容鐘聲和諧。

咢^{2C65C} 亾咢，亡罜，讀若無斁，不厭棄。

瑂^{2AF16} 亦作瑂，讀若惼，懂也。 **勖**^{2A7E3} 讀若擢。

00193-98 者減鐘 唯正月初吉丁亥，工㰯勾吳王皮難皮然之子者瀘，自作鷎鐘。不帛不羍，不濼濁不清。協于我霝，俾龢俾孚。用祈眉壽繁釐，于其皇祖皇考，若召公壽，若叄壽。俾汝輪輪剖剖，龢龢倉倉鏘鏘。其登于上下，聞于三方。子子孫孫，永保是尚常。

瀘^{2C434} 人名。者瀘，讀若者減，吳王皮然之子。春秋中期。

鷎^{2CDE0} 何琳儀釋鷎。鷎鐘，讀若調鐘。

羍^{2C66E} 即㹎，亦作㸩，赤牛。不帛不羍，不白不赤。

霝^{2919A} 同靈 ☞ 00021

輪^{2CEA1} 輪輪，讀若惠惠。　　**剖**^{2B98A} 剖剖，讀若歆歆。

00199-202 者減鐘 唯正月初吉丁亥，工㰯王皮難之子者瀘，自作鷎鐘，子子孫孫，永保用之 ☞ 00193

00203 沇兒鎛 唯正月初吉丁亥，郐王庚之𢘓淑子沇兒，擇其吉金，自作龢鐘。串辥戲易，元鳴孔皇煌。孔嘉元成，用盤猷酓，龢逾百生和會百姓，𢘓于畏義淑于威儀，惠于明盟祀。㰯以宴以饎，以樂嘉

賓，及我父兌，庶士。皇皇趣趣，眉壽無畁期，子孫永保鼓之
☞ 00182，02715

𩰫 ²C8BA 申𩰫𠭯昜，終翰且颺。

歓 ²³⁹¹⁷ 歓酉，飲酒。

敔 ⁴C⁷⁷ 从攴䖒聲。讀若吾。

趣 ²C⁹⁹⁸ 从走巸聲。歡樂貌。或省作起。皇皇趣趣，亦作𨑖𨑖趣趣、趨趨趣趣，讀若𤇾𤇾熙熙。

00204-8 克鐘 唯十又六年宣王16年，B.C.812 九月初吉庚寅九月初一 王在周康剌宮康王廟中之𠃊屬王廟。王呼士曶召克，王親令克遹涇東至于京𠂤，賜克佃車、馬乘。克不敢豦惰，尃溥奠王令。克敢對𩱳揚天子休，用作朕皇祖、考白寶劃鐘，用匄屯叚純嘏、永命，克其萬年子子孫孫永寶 ☞ 09725

劃 ²B⁹⁹C 劃鐘，林鐘 ☞ 00036

00209 克鎛 銘文與克鐘同 ☞ 00204

00210-8 蔡侯申歌鐘 唯正五月初吉孟庚，布𢀖龖曰：余唯雖末少子，余非敢簅忘寧荒。有虔不易，軫右楚王。雚雚瑽政，天命是遟。定均庶邦，休有成慶。既惌于心，延誕中氒德。均好大夫，建我邦國。瑽命甫甫，不愆不貳。自作訶歌鐘，元鳴無替，子孫鼓之。

布 ²²⁰⁵B 古文希。布、蔡古通用。國名。

軫 ²C⁹F⁹ 同肇。軫右，讀若佐佑。

雚 ²B⁰⁵² 雚雚，亦隸作寫寫，同雈雈，讀戀戀，黽勉。

瑽 ²BBBB 同豫。瑽政，讀若舍政，施政。瑽命甫甫，讀若舍令祇祇。

遟 ²CA²D 讀若將。天命是將，即遵從天命。

惌 ²BE⁹B 不愆不貳，讀若不愆不忒，沒有過錯。

碁³ᴬᶠ⁷ 同期。元鳴無碁，長鳴無期。

00219-22 蔡侯申鎛 ☞ 00210

00223-4 吳王光編鐘 …廠天之命，入成城，指郢都不賡。季春念今歲，吉日初庚，吳王光逗之穆曾𦨶金，青鋁專皇，以作寺吁穌鐘。㤿鳴戲焚，其宴穆穆。柬柬穌鐘，鳴陽揚條虡。既孜戲青，執孜戲紫。陸𦃇維絣辟春，華英右有慶。敬夙而爾光，沽沽羕羕。往已韋姬，虔敬命勿忘。☞ 10298

廠²⁰⁹ᴬ 同嚴。

逗²ᶜᴬ²⁴ 與赿逗昰萱並同。讀若桓。吳王光逗，吳國國王，名光，字闔廬，一作闔閭，號桓。B.C.514年即位，在位十五年 ☞ 11255

𦨶²ᶜ⁷¹³ 或讀若舒。穆曾𦨶金，或釋作穆贈辟金。

㤿²ᴬ⁸ᴰ⁷ 讀若振。㤿鳴戲焚，讀若振鳴且爚。

𦃇²ᶜ⁵ᶠᶜ 張亞初《吳王光編鐘》釋文有陸𦃇一辭，今或讀維絣。

00225-37 䣛𩰬鐘 唯王正月初吉丁亥 定王8年正月初一，B.C.599 䣛黱曰：余畢公之孫，䣛白之子。余頡岡頏事君，余曾戰乩肅武。作為余舒鐘，玄鏐鏽鋁，大鐘八聿肆，其竈三𩰬，喬喬矯矯其龍，既旃邕虡，大鐘既縣懸，玉鐺𪉗鼓。余不敢為喬驕，我以宣孝，樂我先祖，以祈眉壽，世世子孫，永以為寶。

黱⁰⁰⁰⁰⁰ 从黑从戌。䣛黱，或讀䣛𩰬。

鏽²ᶜᴮ¹ᴬ 鏽鋁，銅料。

𩰬²ᶜᴰ²² 其竈三𩰬，讀若其籚四堵。

旃²³⁰ᶠ⁵ 从㫃申聲。既旃邕虡，讀若既伸暢虡。

鐺²ᶜᴮ²⁴ 讀若磬。

00238-44 虢叔旅鐘 虢弔旅曰：丕顯皇考叀弔惠叔，穆穆秉元明德，御于氒辟，𢽳屯亾敃。旅敢啓帥井肇帥型皇考威儀，淄祇御于天子，卣由天子多賜旅休。旅對天子魯休揚，用作朕皇考叀弔大𪔂龢鐘。皇考儼在上，異翼，恭敬在下，𣀎𣀎𤔲𤔲，降旅多福。旅其萬年子子孫孫永寶用亯 ☞ 00036，00049

𢽳[22B72]同㝵。𢽳屯亾敃，讀若德純亡愍。

𤔲[2C256]𣀎𣀎𤔲𤔲，讀若蓬蓬勃勃，鐘樂盛貌。

00245 邾公華鐘 唯王正月初吉乙亥靈王元年正月初一，B. C. 571鼄公𠣈邾悼公華擇氒吉金，玄鏐赤鏞，用鑄氒龢鐘，以祚其皇祖皇考。曰：余畢龏威忌，𢖅穆不彖惰于氒身，鑄其龢鐘，以卹其祭祀盟祀，以樂大夫，以宴士庶子。昚爲之名，元器其舊，哉載公眉壽，鼄邦是保，其萬年無疆，子子孫孫，永保用亯 ☞ 00149

鏞[2CB1A]赤鏞，紫銅。或作鏞鋁，銅料。

𢖅[2AAE5]惄，讀如淑。

昚[661A]古文慎。昚爲之名，讀若慎爲之銘。

00246 𤼈鐘 1𤼈趄趄桓桓，夙夕聖䠠，追孝于高祖辛公、文祖乙公、皇考丁公，龢鑙鐘，用卲各昭格喜侃衎樂前文人，用𥜽壽，匄永命、綽綰、𦙶彔、屯魯純嘏，弋皇祖考高對爾剌，嚴在上，𣀎𣀎𤔲𤔲，𩦺妥厚多福，廣啓𤼈身，勵于永命，褱授余爾𩁹福，𤼈其萬年，櫅角𦦦光，義宜文神，無疆䫸福，用㻿光𤼈身，永余寶 ☞ 00049

䠠[2C99F]同趣。聖䠠，讀若聖爽，聰明。

鑙[2B4DE]鑙鐘，典籍作林鐘 ☞ 00036

𥜽[2C4D2]假借作祓。𥜽壽，即祈壽。

殷周金文字寶　15

猶²⁹⁸¹⁹亦作猶、猷，古文髮。猶彔，多祿。

蠹²ᶜᴰ²⁵从蚰从亯。與䗱同。蠹妥厚，讀若融綏厚，和樂安適豐厚。

勛²ᴬ⁷ᴱ³讀若擢。　　　　　　　　䰙²ᶜᴱ⁵ᶜ同䰙。

簘²ᴮ⁹³⁶櫅角簘光，讀若齊祿熾光。

覷²ᶜ⁸⁷ᶠ讀若覬，顯也。

璭²ᶜ³⁹²亦作璭、㝢。讀若惆，懂也。

00247-50 㝬鐘₂㝬曰：丕顯高祖亞祖文考，克明厥心，疋胥尹氒威儀儀，用辟先王。㝬不敢弗帥祖考，秉明德，圀夙夕，佐尹氏，皇王對㝬身㭒懋，賜佩，敢作文人大寶協龢鐘，用追孝盭祀，卲各昭格樂大神，大神其陟降嚴祜，鼚妥厚多福，其豐豐喜喜，受余屯魯，通彔，永命，眉壽，需冬，㝬其萬年，永寶日鼓。

龠²ᴮ⁸ᴱᴱ古文从冊从収余聲。古文敘 ☞T2.0422

圀²ᴮᴮ⁵³从口貉聲。假爲窹，同愙。訓虔，敬。

盭²⁵⁰ᴬ⁶盭祀，讀若敦祀，厚祀。　鼚²ᴮᴬ³¹古文業☞00246

喜²ᶜ²⁵⁶豐豐喜喜，即敷敷喜喜，讀若蓬蓬勃勃，鐘樂盛貌。

00251-6 㝬鐘₃曰古文王，初盭龢于政，上帝降懿德大甹，匍有三方，匐受萬邦。雩武王既戈殷，㪔史剌祖來見武王，武王則命周公舍㝢捨宇以五十頌處。今㝬夙夕虔敬卹厥死尸事，肇作龢鏷鐘，用蠹妥厚多福，廣啓㝬身，勛于永令，裒授余爾䰙福、霝終。㝬其萬年㠯角，義宜文神，無彊覷福，用璭光㝬身，永余寶 ☞00246，10175

盭⁷⁶ᴱᴰ盭龢，亦作敦龢，致和，修和，以義相結。

粤²⁴ᶜ⁸⁰同粵。假作屏，輔佐。

00260 [㝬鐘]王肇遹眚巡視文武堇彊土。南或⇃𤓷敢臽陷處我土。王敦伐其至，戡伐氒都。⇃𤓷廼遣閒來逆卲王，南尸、東尸具俱見。廿又六邦。唯皇上帝百神，保余小子。朕猷有成亡競，我唯司嗣配皇天，王對作宗周寶鐘。倉倉悤悤，雔雔雔雔，用卲各昭格丕顯祖考先王。先王其嚴在上，數數翼翼，降余多福，福余順孫，參壽唯琍。㝬其萬年，畍保三或允保四國 ☞ 00049

𤓷²²⁰⁰⁸ 古文子。南或⇃𤓷，讀南國濮子，南方濮國的君長。

戡²ᴮᶠ⁰⁶ 从戈業聲。同撲。

雔²ᶜᴮᴱᶠ 雔雔，讀若讎讎。雔雔雔雔，亦作鍺鍺鏄鏄，鐘聲和諧。

琍⁷⁴⁰ᴰ 未詳。

00261 [王孫遺者鐘]唯正月初吉丁亥，王孫遺者擇其吉金，自作龢鐘。申韓歔煬，元鳴孔諻。用亯以孝，于我皇祖文考，用蘄眉壽。余㿌䡃㝬犀，畏嬰趯趯。肅㤖聖武，惠于政德，叓于威儀，誨猷不飤謀猷不忒。闌闌簡簡龢鐘，用宴以饎，用爍樂嘉賓父兄及我倗友。余恁台心，延永余德，龢燮民人。余專昀敷徇于國。虢虢趣趣，萬年無諆期，枼世萬孫子，永保鼓之 ☞ 00182

㿌²ᴮᴮ⁴⁴ 釋作盅。㿌䡃㝬犀，讀若溫恭胡遲。

嬰²¹⁸⁸¹ 亦作嬰。讀若忌，顧忌。㤖²ᴬᴬᴱ⁵ 怒。

台²ᴮᴬ⁵ᴱ 同以。《爾雅·釋詁》以，我也。

德²ᴮ⁸ᴰᶜ 即德。或讀值。

燮²ᶜ²⁰⁴ 从水弥聲。或同瀰，水流盛滿貌。

虢²ᶜ⁴⁰ᴰ 虢虢，讀若跣跣。

趣²ᶜ⁹⁸ᴱ 虢虢趣趣，亦作趯趯趣趣，讀若跣跣熙熙。

00267-9 秦公鎛 秦公秦武公曰：我先祖受天命，鼏宅受或。剌剌卲昭文公靜公憲公，不象憜于上，卲合昭答皇天，以虩事蠻方。公秦公及對王姬曰：余小子，余夙夕虔敬朕祀，以受多福，克明有心，盭龢胤士，咸畜左右，趩趩允義，龏翼受明德，以康奠諧朕國，誕百䜌百蠻具卽其服。作氒龢鐘，霝音鈇鈇雔雔，以匽皇公，以受大福，純魯多釐，大壽萬年。秦公覬畯𥹆在立，膺受大命，眉壽無彊，匍有三方。其康寶 ☞ 00251, 10342

鼏 2115F 金文商从晶省，商星之本字。鼏宅受或，讀若賞宅受國。

盭 76ED 盭龢，亦作敹龢，致和，以義相結。

趩 2B3BD 趩趩，讀若藹藹。　　霝 2BEDD 同靈。

鈇 2CAD0 从金夫聲。鈇鈇雔雔，讀若肅肅雝雝。

覬 2B931 从丮其聲。與䀆、䯞同。讀若其。

𥹆 2A7F9 从索令聲。與紷同。畯𥹆在立，讀若俊令在位。

00270 秦公鎛 秦公曰：丕顯朕皇祖受天命，竈肁有下國。十又二公，不象憜在上。儼龏夤天命，保乂氒秦，虩事蠻夏。曰：余雖小子，穆穆帥秉明德，叡尃明井睿敷明刑，虔敬朕祀，以受多福，協龢萬民唬號，於夙夕，剌剌烈烈趌趌桓桓，萬生姓是敕，咸畜百辟、胤士，趩趩文武，鎣靜不廷，䫻燮百𤯍。于秦執事，作盄淑龢〔鎛〕，氒名曰旞𤯍，其音鍺鍺雔雔孔煌，以卲𤖅各孝亯，以受純魯多釐，眉壽無彊，畯疐在立位，高引有慶，匍溥有三方。永寶 宜 ☞ 00267, 04315

乂 2BA31 讀若乂。保乂，治理。

鎣 28A0B 从金炅聲，鎮字或體。鎣靜不廷，讀若鎮靖不廷，平定不來朝覲的方國。

顊^{2CC45} 擾字異文。顊變，讀若柔變。

垍^{2B9E1} 从𠂤古聲。讀若固。

00271 鮑子鎛 唯王五月初吉丁亥，齊辟鞏㠱之孫、遣中之子國鮑文子作子中姜寶鎛。用媵㦰氏即齊侯永命，萬年黎保其身。用享考孝于皇祖聖㠱，皇祇聖姜，于皇祖又成惠㠱，皇祇又成惠姜，皇考遣中，皇母。用媵壽老毋死，儥𤸫保吾兄弟。用求丂考命彌生，簡簡義政，儥𤸫子姓。鞏㠱又成袋于齊邦，㦰氏賜之邑二百又九十又九邑，譽鄂之民人都啚鄙。㦰氏從達之曰：枽世萬至於辭孫子，勿或俞渝改。鞏子國曰：余彌心畏諅。余三事是以：余爲大攻工，厄益，助也大史、大䣄、大宰。是辭可事使，子子孫孫，永儥用享 ☞ 10318《齊侯盂》。

鞏²⁹³⁴² 同鞄。辟鞏㠱，讀若辟鮑叔，即鮑叔牙，作器者的祖先。天子諸侯通稱辟。鮑叔有功於齊國，故諡稱又成惠㠱，讀若有功惠叔。

遣^{2CA63} 讀若躋。遣中，即躋仲，作器者的父親，齊國人。

黎^{2616B} 同綸。讀若紷。黎保，永保。

祇²⁵⁶⁰⁷ 讀若妣。

彌^{2BE43} 同彌。彌生，長生。彌心畏諅，滿心畏忌。

簡^{2C55D} 簡簡，讀若肅肅。

姓^{201F7} 儥𤸫子姓，讀若保吾子姓。

袋^{2C864} 从衣炊聲。讀若勞。　　**譽**^{2BB01} 同與。

辭^{2CA1A} 同辝，讀若台，我也。　　**䣄**^{2853E} 大䣄，或讀大徒。

殷周金文字宝　*19*

00272-84 叔夷鐘₁唯王五月，唇ₐ在戊寅，師ₐ于淄湮。公ₑ齊靈公曰：汝尸，余經乃先祖，余旣專乃心。汝㣺㥛忌，汝不㒸㤃夙夜，宧執而ₐ政事，余引猷ₐ乃心。余命汝政于朕三軍，簫成朕師旟之政德，諫罰朕庶民，左右毋諱。尸不敢弗憼戒，虔卹乓死尸事，勠龢三軍徒遄，雱ₐ乓行師，昚申乓罰。公曰：尸，汝敬恭辝命，汝膺鬲ₐ公家，汝巩裘朕行師，汝肇勄于戎攻。余賜汝鳌都ₐ滕劚，其縣三百。余命汝嗣辝鳌，遄或徒三千為汝敲寮。

㣺²ᴮᴱ⁷⁶ 同忄，悄或體，憂也。　　簫²ᶜ⁵⁵ᴰ 讀若肅。

勠²ᴬᴮᴰ⁶ 同勠。勠龢，齊心協力。　遄²ᴮ⁴⁴⁹ 讀若幢，指旌旗。

昚⁶⁶¹ᴬ 古文慎。昚申乓罰，慎中其罰，刑罰謹慎公正。

辝⁸ᶠ⁹ᴰ 同台。《爾雅·釋詁》台，我也。

裘²ᶜ⁸⁶⁴ 从衣炊聲。讀若勞。巩裘，功勞。董裘，勤勞。

勄⁵²ᶜ⁴ 古文敏。肇勄于戎攻，肇敏于戎功。

滕²ᴬᶜ⁶ᴰ 讀若密。地名。

劚²ᴮᴬ¹⁶ 讀若膠。地名。滕劚，或釋作審勞，劃定。

遄²ᶜᴬ⁴⁸ 宋王伿釋陶。遄或徒，讀若陶鐵徒。

敲²ᴬᴮᴰ⁰ 同敵。敲寮，讀若嫡僚。

00272-84 叔夷鐘₂尸敢用拜頴首，弗敢不對揚朕辟皇君之賜休命。公曰：尸，汝康能乃有事罜乃敲寮，余用登純厚乃命。汝尸毋曰余少ₐ子，汝專余于囍卹，虔卹不易，左右余一人。余命汝織ₐ差正卿，䎺命于外內之事，申專盟井ₐ，以專戒公家，膺卹余于盟卹ₐ，汝以卹余朕身。余賜汝馬、車、戎兵，鳌僕三百又五十家，汝以戒戎敓。尸用或ₐ敢再拜頴首，膺受君公之賜光，余弗敢瀘廢乃命。

攻 2BFA9 讀若迉。

00272-84 叔夷鐘 3 尸箕其先舊，乃其高祖：虩虩成唐，有敢嚴在帝所，尃受天命，翦伐趩司，敶尸霝師。伱少臣唯楠輔，咸有九州，處堣禹之堵。丕顯穆公之孫，其配襄公之妯，而鹹公之女，雩生甹尸。是辟于帝庡之所，是眇龏遭，霝力若虎，堇袃其政事，有共恭于箮武霝公之所。

虩 2C7EE 同虢。虩虩成唐，讀若赫赫成湯。

翦 34F2 集韻 削也。翦伐趩司，讀若劓伐夏祀。

敶 2BFD6 當作敶，貫字繁體。

霝 2C2E3 讀若霝。敶尸霝師，讀若貫其凌師。

伱 4F2C 同伂，古文伊。伱少臣，伊小臣。

妯 216DB 爾雅·釋親 男子謂姊妹之子爲出。妯，襄公的外甥女。

鹹 2CC90 鹹公，成公。

遭 2CA63 是眇龏遭，讀若是悄恭齊。

箮 2C560 箮武霝公，讀若桓武霝公。

00272-84 叔夷鐘 4 箮武霝公賜尸吉金鈇鎬，玄鏐鋪鋁，尸用作鑄其寶鐘，用言于其皇祖、皇妣、皇母、皇考，用旂眉壽，霝命難老。丕顯皇祖，其祚福元孫，其萬福屯瞞，鯀協而爾有事，俾若鐘鼓，外內剴辟閶閭，截截嚳嚳，達而爾佣剝，毋或丞親。汝考壽邁年，羕永保其身，俾百斯男，而耕斯字。簡簡義政，帝庡左右，毋疾毋已，至于葉世曰武霝成，子孫羕保用言。

瞞 4069 屯瞞，純魯。

截 2BEF7 截截，亦作鍺鍺。

嚳²ᴮᴮ⁰¹ 嚳嚳，讀若譽譽。截截嚳嚳，同鍇鍇鏪鏪，或作鍇鍇雝雝，形容鐘聲和諧。

劋³⁴ᶠ⁷ 佣劋，讀若輔翼。　穎⁹⁸²ᴬ 丞穎，讀若沉迷。

埶²ᶜ⁰ᴮ⁴ 同執，蓺字初文。讀若設。

00285 叔夷鎛 ……是砂龏遼，虨力若虎，䓊褮勤勞其政事，右共有恭于公所。廠嚣吉金，鈇鐈鋅鋁，用妓鑄其寶鎛，用亯于其皇祖皇妣皇母皇考 ☞ 00272

廠²ᴬᴮᴰᴬ 讀若選。亦从犀从米作𪎮，或省作尾，同 ☞ 04190，11295

00286 曾侯乙鐘 下1-1曾厌乙作時。峇曾。宮Do。獸鐘之滒䣼鎦，穆鐘之滒商，割姅之滒宮，濁新鐘之徵，獸鐘之滒徵，濁坪皇之商，濁文王之宮，濁割姅之下角，新鐘之滒芉，濁坪皇之滒商，濁文王之滒宮。

時²⁰ᶜ⁷ᴱ 讀若持。

峇⁵ᶜᶜ⁹ 讀若徵。音階名。峇曾，徵增，bMi。

滒²ᶜ²⁴³ 从水辛聲，䶂省聲。或隸作䣼、歃。

䣼²ᶜ²⁴⁵ 滒或隸作䣼、歃，讀若衍。

鎦⁰⁰⁰⁰⁰ 从金歸聲。或从音作韻，或省作歸。亦作鋃。

姅²ᴮ⁹¹ᴮ 婊字譌省。割姅，亦作割姎、箭婊、割妻，典籍作姑洗，樂律名，十二律中的第五律，相當於E音。

芉²⁶³ᶠ⁴ 即羽。音階名，相當於La。

00287 曾侯乙鐘 下1-2曾厌乙作時。商。芉曾。妥賓蕤賓，樂律名，相當於#F音之宮。妥賓之在楚芑，爲坪皇平龘。其在韹芑，爲遲剮夷則，樂律名，相當於#G音。大族太簇，樂律名，相當於D音之珈韻，無鐸無斁，讀無射，樂律名，相當於#A 音之宮曾，黃鐘樂律名，相當於 C 音之商角，文王之訶商，爲韋音翠角，爲廊音翠，俾剚夷則之峇曾。割鉒之翠曾，爲槃鐘峇，爲妥賓之峇齚下角，爲無罣峇齚。

轡²⁸⁴⁰⁴ 或國名。

韽⁰⁰⁰⁰⁰ 珈韽，即加鏞。加，指裝飾音。

訢²ᴮ⁵⁹⁸ 从音弁聲。亦作訆，讀若變，表示降半音或一律的專字。

廊²ᶜᴬ⁹ᴬ 从邑雁聲。同應，國名。廊音，又作廊鐘，樂律名，相當於 B 音。

槃²ᶜ⁵ᴬꜰ 槃鐘，樂律名。 **齚**²ᶜᶜᴅ⁷ 同酺。讀若輔。亦稱角。

00288 曾侯乙鐘 下 1-3 曾庆乙作時。峇顪。峇曾。割鉒峇角，坪皇之翠，贏孚之翠曾，爲獸鐘峇顪下角，爲穆音訢商。割鉒之峇曾，爲黃鐘峇，爲坪皇訢商，爲俾剚翠角。新鐘之翠，爲穆音之翠齚下角，剌音之翠曾，竍於索宮之齚。

贏²ᶜ⁸⁹⁹ 从角贏聲。贏孚，讀若贏乳，《國語》作贏亂，樂律名。

訆²ᶜ⁸ᴬ² 从言弁聲。與訢同。

竍²¹⁹ᴅᴮ 从宀付聲。或同府。讀若符或附。

00289 曾侯乙鐘 下 2-1 曾庆乙作時。鄭鏄。峇角。割鉒鄭鏄，穆音之翠，贏孚之翠角，俾剚之翠曾，廊鐘之訢宮。割鉒峇角，坪皇之翠，爲無罣之翠齚下角，爲獸鐘峇曾。妥賓之翠，爲穆音翠角，爲剌音訢商，爲獸鐘之峇齚下角。

鄭²ᶜᴬ⁹ᴱ 或讀邊。鄭鏄，或指音階名。

00293 曾侯乙鐘 下 2-5 曾庆乙作時。宮。峇曾。割鉒之宮。割鉒之在楚芒，爲呂鐘。其反半爲宣鐘。宣鐘之在晉芒，爲六辜。

殷周金文字宝　23

大族之商，黄鐘之韻，妥賓之商曾。新鐘之羽，爲韻音之羽
角下角，刺音之羽曾，冴於索宫之韻。割肆之各曾，爲黄鐘
各，爲坪皇變商，爲犀削羽角。

辜 263A7　六辜，六墉，樂律名。　韻 2B59C　同穆。穆音，樂律名。

00300 曾侯乙鐘 中 1-3 曾厌乙作時。少商羽曾。坪皇之哭異，宫之高
音反半割肆之少商。獸鐘之壴鼓，音階名反，濁新鐘之哭反。穆鐘
之殀終，音階名反，濁坪皇之歜。

肆 2C6AC 从聿先聲。或譌省作肆、肆。割肆，或作箾肆、箸肆，
　　　讀若姑洗，樂律名，十二律中的第五律。

歜 2AC56　或讀歜。音階名。

00304 曾侯乙鐘 中 1-7 曾厌乙作時持。宫。各曾。獸鐘之下角，穆
鐘之商，箾肆之宫，濁新鐘之殀。新鐘之羽，濁坪皇之商，濁
文王之宫。獸鐘之各，濁坪皇之少商，濁文王之哭。

箾 2C572　箾肆，或作割肆箸肆，讀若姑洗，樂律名。

00308 曾侯乙鐘 中 1-11 曾厌乙作時。商。羽曾。坪皇之宫，箾肆
之歜商，穆鐘之角，新鐘之宫曾，濁獸鐘之各。獸鐘之羽，
穆鐘之各，箾肆之羽曾，濁新鐘之宫。郾音之鼓，新鐘之各
韻，濁坪皇之下角，濁文王之宫。

歓 2C175　同湝。讀若衍。

00319 曾侯乙鐘 中 2-11 曾厌乙作時持。商角。商曾。嬴孠之宫。
嬴孠之在楚爲新鐘，其在鄴爲呂音。夫族太簇之宫，其反半在
晉爲槃鐘。穆音之宫。穆音之在楚爲穆鐘，其在周爲刺音。

鄴 2CA9C　同齊。國名。

00321 曾侯乙鐘 中3-1曾厌乙作時。翆。宮。割肆之少翆，坪韹之終，獸鐘之翆角。割肆之少宮。割肆之在楚爲呂鐘。亙鐘之宮。洹鐘之在晉芒，爲六壎。

韹 97F9 坪韹，亦作坪皇，樂律名。

00324 曾侯乙鐘 中3-4曾厌乙作時。商。翆曾。割肆之少商，妥賓之宮。妥賓之在鼺芒，爲遲則。割肆之䛐，穆音之宎坂反坪皇之㝉曾。韋音之䛐商，爲黃鐘鼓，爲遲則㝉曾。

䛐 2CC3E 同䛐。音階名。

00325 曾侯乙鐘 中3-5曾厌乙作時。翆。宮。割肆之少翆，妥賓之宎，黃鐘之翆，無鐸之㝉曾。割肆之宮反半。割肆之在楚芒，爲呂鐘，其坂反爲匥鐘。廊音之角，穆音之商，新鐘之䛐㝉，韋音之䛐翆。

匥 2B9D1 匥鐘，亦作宣鐘亙鐘洹鐘，讀若圜鐘，樂律名。

00339 曾侯乙鐘 上2-3商。翆曾。讕音之宮。

讕 2B351 同䗪。讕音，亦作廊音，樂律名 ☞ 00287

00349 曾侯乙鐘 上3-7宮。㝉曾。無鎙鐸之宮。

鎙 2B4B1 無鎙，即無鐸，亦作無斁，讀無射，樂律名。

鐸 2CAF8 鎙或隸作鐸。

00356-7 邢叔釆鐘 丼禾禾釆作朕文且穆公大鐘，用喜饎樂文神人，用摩福霻，多壽，𩞁魯，其子孫日鼓樂兹鐘，其永寶用。

摩 2C01A 𥝢字之省。讀若祈。 福 2BD17 从宀福聲。與福同。

霻 2CC04 讀若祜。

00358 五祀㝬鐘 上缺明㗊文。乃膺受大令，甫右溥有三方。余小子肇嗣先王，配上下，作㚔王大寶，用喜䭼侃衍前文人，墉厚多福，用䕻𠴛先王，受皇天大魯命，文人陟降，降余黃耇，授余純魯，用𠚄不廷方。㝬其萬年，永䀪允尹三方，保大命，作疐在下，御大福其各。唯王五祀。

㗊 2BB38 讀若福。　　　耇 2C5A7 讀若烝。

𠴛 2BB53 从口貊聲。狐貊之貊讀若固。圍固，鞏固也。䕻𠴛，讀若申固，重固也。

𠚄 2C42D 从𠬞益聲。讀若剔。薊剔。

00361 征鐃 䟗

䟗 2C190 正字繁體。或讀征。族徽。商晚期。

00377 奊鐃 奊

奊 2A9BE 或巺字之省。族徽。

00386 亞㚔鐃 亞㚔 ☞ 01423

00393-4 㚙鵗鐃 㚙鵗。

鵗 2CDD1 从女从鳴。或从唯隸。人名或族名。商晚期。

00403 亞䤰左鐃 亞䤰左。

䤰 2C045 虹。亞䤰，族徽。商晚期。或同亞䤧 ☞ 05684

00404 子雈鐃 子雈

雈 2CBED 从隹从丱。讀若獲。又讀離。子雈，族徽。商晚期。

00405-7 亞伇姍鐃 亞伇姍

伇²ᴮ⁸⁹⁰ 从人从卂。

姍²¹⁷⁸⁷ 从女朋聲。姓。亞伇姍，族徽。商晚期。

00412 妣辛鐃 沬秋伊匕妣辛。

秋²ᴬ⁹⁴ᴬ 从大未聲。未詳。

00419 䣱郢率鐸 䣱郢逹鐸。

䣱²ᴮ⁴⁶⁸ 从邑魚聲。地名。字或釋䣓，讀鄠。

00423 喬君鉦鍼 喬君淲盧與朕以贏，作無許者俞寶鍾鍟，其萬年，用宣用考孝，用旂祈眉壽，子孫永寶用之。

贏²ᴮ⁸⁸³ 从鸁呈聲。

鍟²ᴮ⁴ᴮ⁷ 从金臺省聲。臺古文屋。鍟讀若鐸。

00425 徐沈尹鉦 郐䜭諸尹者故䗬自作征城鉦鍼。次虘爵狷。備至鏐兵。葉世萬子孫，眉壽無彊，皿皮盟彼吉人會，士余昰尚常。

䜭²⁹⁴³ᴰ 䜭尹，官名。典籍作沈尹。

諸²ᴮ³⁴⁸ 䜭或隸作諸，釋作訛。或釋作醓、酖。並讀若沈。

䗬²ᶜ⁸²⁶ 諸故䗬，人名，春秋時期擔任徐國的沈尹。

狷²ᴬꜰᶜ⁷ 爵狷，地名。字或从兄不从肙作，尚無編碼。

00428 余冉征鍼 唯正月初吉丁亥，余□□之孫㫃，羃其吉金，自作鉦鍼，以□□船其朕，□□□大川。□□□其陰其陽，□□孟。余以行䢞師，余以政征䢞徒，余以伐䣊，余以伐郐徐。羨子孫余㫃盥此鉦鍼，汝勿喪勿敗。余處此南疆，萬葉世之外，子子孫孫友册作以永鼓。

䢞²ᴮᴬ⁵ᴱ 从台司聲。䢞徒，讀若司徒。

郒²ᶜᴬ⁸⁸从邑昆聲。

羙²⁴²²⁹羙子，人名，余冉的祖父。戰國时期。

隓²ᴮ⁵⁵⁸从阜彊聲。南隓，南疆。

埍²ᴮᴮ⁹⁹从土倗聲。與堋同。友埍，讀若友朋。

00429 九里墩鼓座 唯正月初吉庚午，余舒敖坙于之玄孫，聖䣢公犢羃其吉金，玄鏐純鋁，自作𩰽鼓。命從若敫，咣盥⁽ᴵᴵᴵᴵ⁾聞于王東吳谷，逆迎〔于〕郤徐人、陳〔人〕，达卻蔡于寺，其神其臬……以攴垫野于陳□□山之下，余寺持可參□□，其〔𩰽〕鼓芍芍，乃于之雩，永祀昰㪅。俾公隻獲飛龍曰夜白，……余以共旒示□帝嫡庶子，余以會同生姓九礼，以飤大夫、倗友，余以宅□□于東土，至于淮之上，世萬子孫永保。

䣢²ᶜᶜ¹ᶠ ……鹿公。童鹿或作童麗，古國名，嬴姓。

……稱鍾離氏。

……時號聖䣢公。犢字或釋作䤈。

……鼓，文獻音轉作晉鼓，以其鼓架上有鳥

㪅²ᴬᶜ⁵⁹同捖，與扤通。

, 05643, 10640, T2.0651

冟。族徽。商晚期。

00449 矧鬲 ☞ 01069

00456 亞微鬲 亞微 ☞ 06158

微²ᴮᴱ⁵⁸ 亞微，族徽。商晚期。

00469 作旅鬲 乍旟。

旟³ᴬᶜᴱ 同旅。金文彝器名之前屢言旅、行等字，隱喻隨葬。

00470 作瑚璉鬲 乍医聯。

医²ᴮ⁹ᶜᶜ 或同医，與臣同。

聯²⁶⁵⁷¹ 同聯，聯本字。医聯，讀若瑚璉，器名。

00485 亞鼞母鬲 亞鼞母 ☞ 03101, 07808, 08854, J.0217

鼞²ᶜ⁴³ᴰ 亞鼞，族徽。商晚期。

00488 引作彝鬲 引乍彝。

引²ᴬᴬᴮᴬ 讀若弘。人名。西周早期。

00496 鴞祖癸鬲 學且癸 ☞ 00539, 09403

學²ᶜᴰᶜᴮ 从鳥从宁。族徽。商晚期。

鴞²ᶜᴰᶜᶜ 學亦作鴞。

00505 亞犾母乙鬲 亞犾母乙。

犾²ᴮᴱᴱ⁸ 讀若戒。亦作戉。亞犾，族徽。商晚期。

00507 彊伯鬲 彊白作鬵 ☞ 05913

彊²ᴮᴱ⁴² 亦作彊。彊伯，彊國族首領。西周早期。

鬵²⁷²⁰² 从虍从鼎。同鬳。器名。

00508 笄笞作彝鬲 开笞乍彝。

笞²ᶜ⁵⁴³ 从竹否聲。笄笞，人名。西周早期。

00512 虢姞作鬲 虢姞乍鬲。

敊²¹⁷²⁹ 姞姓。傳出黃帝。虢姞，虢仲的夫人。西周晚期。

00528 䢅鬲 䢅作寶隩彝。

䢅²ᶜ⁶ᶠ⁰ 从自从棘。人名。西周早期。

00530 伯示鬲 白示作隩彝。

示²¹ᴮ⁵ᴬ 伯示，人名。西周早期。

00539 亞鴞兩父丁鬲 亞學从父丁 ☞ 00496, 09403

00540 大作嬬鬲 大乍嬬寶隩彝。

嬬²ᴮᶜ⁶ᶠ 从女䇡聲。姓。西周早期。

00566 戒作莽館盟鬲 戒乍莽官䀇盟隩彝。

莽²ᶜ⁷⁶⁷ 又稱莽京，地名。亦省作㚓。字或讀房，即秦阿房之地。

00567 䨻作父癸鬲 䨻乍父癸寶彝。

䨻²ᴮᴰ²⁴ 亦作䨻。人名。西周早期。☞ 02740

00568 圫作父乙鬲 圫乍父乙彝 蟲冉 ☞ 03518, 10560

圫²ᴮᴮ⁶⁴ 从士从丮。不从土，與𡉚異。西周早期人名，族徽蟲冉。

00575 許姬鬲 鄦姬作姜虎旅鬲。

鄦²ᶜ⁴³³ 亦作鄦、鄦，省作無，今作許，國名，故地在河南許昌。

00576 伯廓父鬲 白廓父作敊隩鬲。

廓²ᴮᶜᴱ⁶ 人名。伯廓父，西周晚期人。

00579 鄭叔猷父鬲 奠弔猷父作羞鬲。

猷²ᶜ⁷⁹³ 春秋早期人，鄭國公族。

00580 鄭邢叔戲父鬲 奠井韋戲父作拜饙，饋鬲。

戲 2C793 鄭邢叔戲父，或作鄭叔戲父 ☞ 00579

00581 鄭邢叔雙父鬲 奠井韋戲父作羞鬲 ☞ 00579

00587 召伯毛鬲 𥁕白毛作王母媵鬲。

𥁕 2C701 讀若召。𥁕伯毛，召國族首領。西周晚期。

00589-91 邦伯鬲 時白作叔中姬羞鬲。

叔 2BA3A 叔仲姬，時伯的夫人，西周晚期人。叔、時或並讀邦，國族名。

00592 伯揀鬲 士孫白㝅自作媵鬲。

㝅 2C1A5 讀若揀。伯㝅，春秋早期人，士的孫子。

00595 衛夫人鬲 衛夫人作其行鬲，用從鵨征 ☞ J2.0090

鵨 2CDE0 何琳儀釋鵨。張亞初讀遙。鵨征，遠征。

00596 邿妘遅母鬲 邿妘遅母鑄其羞鬲。

遅 2B42D 邿妘遅母，春秋早期女子，名妘，字遅母，嫁於邿國。

00597-9 鄭登伯鬲 奠㽅白作韋嬬薦鬲 ☞ 02536

嬬 2BC71 叔嬬，嬬姓婦女，鄭登伯的夫人。西周晚期。

00601 宋顝父鬲 宋顝父作豐子媵𡱂鬲。

顝 2C703 同顝沬，金文多借作眉壽之眉。宋顝父，春秋早期宋國人，字顝父，女兒名豐子。

00611 王作䢼母鬲 王乍䢼𪚲䢼母寶𪚲彝。

䢼 2B543 从阝从子。或同阝。讀若序。

𪚲 4D7C 讀若蔣。國名。䢼𪚲䢼母，春秋早期婦女。

殷周金文字宝　31

00612 伯巴子鬲　白巴子自作寶鬲，其萬現存9字。

巴 2B9CB　白巴子，人名。西周晚期。

00616-23 伯庸父鬲　白韋父作𢑒姬鬲，永寶用 ☞ 09437

韋 2CD18　同亳、亭。古文墉。白韋父，西周中後期人。

00626 樊君鬲　樊君作𢑒嬴𦊳䅳嬪器寶鬹。

𦊳 23353　同嬭，姓。今作芈。𦊳爲娣，即樊君的三女兒叔嬴的陪嫁女。

鬹 2CD38　䰧。讀若娃。鬲別稱。

00627 孜父鬲　孜父作隩鬲。

孜 2BCA1　讀若孜。孜父，西周晚期人。

00632 榮伯鬲　炵白鑄鬲。

炵 2C287　炵白，即榮伯。西周中期某代榮國族首領。

00633 坍肇家鬲　𡎺肇家鑄作鬹，其永子孫寶。

𡎺 2BBA9　讀若坍。𡎺肇家，人名。西周中期。

鬹 29C5F　同鬹。器名，大鬲。《玉篇》鬹，大鼎也。《琱生作宮仲鬲》作鬸，《師趛尊》作鬹 ☞ 00744，00745

00634 䣄嬭鬲　䣄妽作隩鬲。其萬年永寶用。

䣄 2BCE8　讀若䣄。

妽 2A96A　从女冂聲。嬭俗省，讀若祁。䣄妽，即䣄祁，西周晚期婦女。或謂冂乃靳字初文。妽，靳姓專字。

00661 虢季子組鬲　虢季子緅作鬲，子孫永寶用亯。

緅 2B0E6　讀若組。虢季子緅，亦作虢季氏子緅，虢季氏，名子緅，春秋早期人。

00663-5 剌鬲 釐白噩女子剌作寶鬲。

噩 2C6E8 噩母，萊伯的夫人，剌的母親。西周晚期。

00671 伯泧父鬲 白泧父作大姬齋鬲，子子孫孫永寶用。

泧 2AD6B 从水弋聲。或讀泌。伯泧父，西周中期人，夫人爲大姬。

00677 邟叔鬲 邟甹盉作其隩鬲，子子孫孫永寶用之。

邟 2AD79 讀若江。邟甹盉，人名，江國公族。春秋時期。

00678 司工單鬲 鄭大嗣攻嗣攻單，〔自作〕盥其鬲，子子孫孫永保用之。

鄭 2B46D 地名。春秋早期。

00679 榮有司再鬲 焂又嗣再作齋鬲，用媵嬪嬴女韃母 ☞ 02470

韃 2B731 从龍帀聲。或讀龔。嬴女韃母，亦名粫嬴，榮有司再之女，成伯孫父之妻 ☞ 00680

00680 成伯孫父鬲 成白鄽伯孫父作粫嬴隩鬲，子子孫孫永寶用 與 00679《榮有司再鬲》同墓出土。

粫 2C5A5 字或釋作滯。粫嬴，即嬴女韃母。

00683 虢季氏子𢓜鬲 虢季氏子𢓜作寶鬲，子子孫孫永寶用亯 ☞ 00736, 02634

𢓜 2C1A2 讀若筓。虢季氏子𢓜，即虢文公子𢓜。虢文公，私名子𢓜，西周晚期人。亦稱虢季氏子𢓜。

00687 黃子作黃甫人鬲 黃子乍黃甫人行器，則永祜䄏，霝歬霝後。

祜 2BCEB 讀若祜。　　䄏 2A9E5 讀若福。

00688 羍作又母辛鬲 亞臾俞羍入納鬻于汝子，用乍又母辛隩彝。

殷周金文字宝 33

鬻 2CD3C 从鬶从匕量聲。讀若煙。或釋鬻，讀餗。

00696 逢伯陉 夆白作陉孟姬媵鬲，其萬年子子孫孫永寶。

陉 2B54F 字或釋陵。陵孟姬，西周中期姬姓婦女，夆伯的夫人。

00697 發伯鬲 弢白作弔姬媵鬲，其萬年子子孫孫永寶用。

弢 38AD 讀若發。弢伯，西周中期人，夫人为叔姬。

00698 杜伯鬲 杜白作弔嬬媵鬲 ☞ 00634, 03737, 04684

嬬 2A9A7 亦省作妡。讀若祁。叔嬬，婦女名。西周晚期。

00707 魯宰駉父鬲 魯宰駉父魯宰兩作姬鵬䤹媵鬲，其萬年永寶用

☞ 02591, 10103

鵬 2B6B7 从鳥冊聲。姬鵬，魯宰駉父的女兒，與姬淪爲姊妹。春秋早期。

00710 仲勘大它鬲 中勘大也鑄其寶鬲，其萬年子子孫孫永寶用。

勘 2B9AE 中勘大也，西周晚期人。

00715-6 瞇士父鬲 䁖士父作蓼改媵鬲，其萬年子子孫孫永寶用。

䁖 2C46A 讀若瞇。䁖士父，西周晚期人，夫人爲蓼改。

00717 郲友父鬲 鼀㕠父朕嬬其子腒嬬寶鬲,其眉壽永寶用 ☞ 10236,
J2.0092

㕠 2C061 鼀㕠父，即郲友父，小郲國始封君，其父郲顏直，其子郲慶，居於郲。春秋早期。

腒 2AC62 讀若胙。國名。

嬬 2A9A1 腒嬬，讀胙曹，郲友父之女。春秋早期。

00718 郜季鬲 郜季作孟姬畲女達鬲，其萬年子孫用之。

畲 2BCDD 孟姬畲女，讀若孟姬庿母。

00730 鄭伯筍父鬲 奠白筍父作弔姬媵鬲，其萬年子子孫孫永寶用。☞ 00925

筍 2C547 讀若郇。地名。奠伯筍父，鄭國國君，字筍父。或作伯旬。西周晚期。

00736 虢文公子㲃鬲 虢文公子㲃作弔妃鬲，其萬年子孫永寶用亯。☞ 00683

00741 卲鬲亞 庚寅，卲莽祓□在寢，王光賞卲貝，用作父丁彝𣥂 ☞ 03990

卲 2B9FD 从卩㴻省聲。或讀健。人名，族徽𣥂，身份爲亞，小宗分族。

00742 醫子鄭伯鬲 醫子奠白作媵鬲，其䢍壽眉壽萬年無彊，子子孫孫永寶用。

醫 2C6EA 从臣从子曾聲。醫子鄭伯，春秋早期人。

00744 琱甥鬲 琱生作文考咒中媵𩱦，琱生其邁年子子孫孫永寶用亯。

𩱦 2CD36 古文鬻，大鬲。

00745 師趛鬲 唯九月初吉庚寅，師趛作文考聖公、文母聖姬媵䵼，其萬年，子孫永寶用攴 ☞ 00633

䵼 2AAB8 从収晨聲。讀若鬻，大鬲。

00753 公姑鬲 唯十又二月既生霸，子中漁㚔𡡒池。天君䄈㦰公䚄鬲，使賜公䚄魚三百。捧頭首，對揚天君休，用作齋鼎。

㚔 2BBCB 从夂每聲。㚔池，池名。

𡡒 2BBCE 㚔或隸作𡡒。

䄈 258EB 䄈公䚄鬲，讀若㦰公姑鬲。㦰鬲，勉勵。李零讀伐矜，誇讚也。

00754-5 尹姞鬲 穆公作尹敌宗室于繇林。唯六月既生霸乙卯,休天君弗望忘穆公聖粦明,虵專先王,各于尹敌宗室繇林。君蔑尹敌厤,賜玉五品,馬三匹。拜頡首,對揚天君休,用作寶齋。

繇 2C5E7 古文韶。繇林,讀若繇林,地名。

虵 2C1BA 从龟比聲。讀若弼。虵專先王,弼輔懿王。

00764 黽鼎 黽

黽 2CE5E 或作天黽。商末周初常見族徽。

00784 戎鼎 艸

艸 2BEF3 族徽。讀若戎。商晚期。

00792 宁墉鼎 宁䵼

䵼 2CD18 同亭。古文墉。宁䵼,族徽。商代中期。

00793 婦好三聯鼎 帚孖。

孖 3740 同好。帚孖,即婦好,婦女名。商晚期。

00816 庚父己鼎 虜 父己。

虜 2BDFB 族徽。商晚期。

00821 戒父辛鼎 犾 父辛。

犾 2BEE8 族徽。讀若戒。

00825 司娉鼎 司娉。

娉 2BC66 司娉,一作后娉,亦稱司母辛,即婦好。商晚期。

00826 刅母癸鼎 肰 母癸。

刅 2A942 肰亦隸作刅。　　肰 2B970 族徽。商晚期。

00827 亞趄衕甗 亞壴衕。

衕²ᶜ⁸³ᶠ徣字繁體，讀若延。

壴²ᴬᴰ³⁶亦作壴，同趄。亞壴，族徽。西周早期。

00837 戙甗 戙作旐。

戙⁰⁰⁰⁰⁰从戈冬聲。人名。西周中期。

00842 亞粂父丁甗 亞粂父丁。

粂²ᶜ⁴⁷⁴亞粂，族徽。西周早期。

00843 亞糞父己甗 亞糞父己。

糞²ᶜ³⁰ᴮ讀若痹。亞糞，或糞，族徽。商晚期。

00849 趚作寶彝甗 趚乍寶彝。

趚²ᶜ¹⁸⁷人名。西周早期。

00854 鬭作寶彝甗 鬭乍寶彝。

鬭²ᶜᴮ⁸ᶠ人名。西周早期。

00868 伯廥甗 白廥作饙彝。

廥²ᴬᴬᴬ³伯廥，人名。西周早期。

00881 作父庚甗 乍父庚寶彝 以下算銘 福 ☞ 00446

00882 揆作父庚甗 殶乍父庚旐彝 ☞ 03517，05769

殶²ᶜ¹ᴬᶜ讀若揆。人名。西周早期。

00884 師趣甗 師趣作旟虞饙。

趣²ᶜ⁹⁹ᴮ師趣，人名。西周早期。

虞²ᶜ⁷ᴱᴮ與虡、虞同。旟虞饙，讀若旅甗尊。

00885 何嫊安甗 仍嫊皮作寶彝。

嬊²ᴬ⁹⁹⁸ 从禾姅聲。　　　仒²ᴮ⁸⁸⁶ 从人丂聲。與何同。

庡²²¹ᴰ⁸ 與安同。何嬊庡，人名。西周早期。

00887 㽞弗甥瓹 㽞弗生作旅獻。

㽞²ᴮᴮ⁴⁴ 讀若盈。溫弗生，人名。西周早期。

00888 寎史貦瓹 寎史貦作𣪘彝。

寎²ᴮᶜᴰᴱ 从宀易聲。亦作𩫞，讀若唐。寎史貦，人名。西周早期。

00890 田晨瓹 田晨作寶隣彝。

晨²⁴ᶜ⁸⁶ 同農。

00895 㠱伯瓹 㠱白自爲用㝬 ☞ 00507

㠱²²⁴¹⁷ 亦作㠯、𢀜。國族名。㠱白，㠱國族首領。

00899 眂瓹 眂𠭯𠬪作旅。

𠭯²ᴮᶜᴱᶠ 𠭯𠬪，或釋作寮伯𠬪，人名，族徽眂。西周早期。

𠬪²ᴮᴬ⁵ᴱ 𠭯𠬪，張亞初讀𠭯㕧。

00900 伯𧥻父瓹 白𧥻父作旅獻瓹 ☞ J2.0390

𧥻²ᴬᶠ⁹ᴮ 讀若煝。白𧥻父，西周晚期人。

00901 㕐作父乙瓹 朿㕐乍父乙隣彝。

㕐²ᴬᴬᴮᴱ 从叴从支。或讀㕐。人名，族徽朿。西周早期。

00908 㠱伯瓹 𧉧白作井姬用獻瓹 ☞ 00895, 05913

𧉧²ᴬᴬᶜ⁵ 或作𧋾。𧉧伯，㠱國族首領。西周早期。

00914 集糈瓹 鑄客爲集糈少府。

糈²ᶜ⁵ᴬ¹ 从米者聲。或同儲。讀若煮。集糈，王室膳食機構名。

00915 太史友甗 大史夺作䕼公寶陴彝。

夻²ᶜ⁰⁶¹ 讀若友。西周早期人。　䕼²ᶜ⁷⁰¹ 䕼公，即召公奭。

00920 𬀪姒甗 亞 𬀪姒作父辛寶陴彝 束 ☞ 02365，02725，03797，09020，09594

𬀪²ᴰ⁶³ᴮ 𬀪姒，亦作𬀪姒進，以封邑𬀪爲氏。族徽亞束。西周早期。

00925 鄭伯筍父甗 鄭白筍父作寶獻甗，永寶用 ☞ 00730

筍²ᶜ⁵⁴⁷ 讀若郇。地名。鄭伯筍父，鄭國國君，字筍父。西周晚期。

00943 曾子仲諆甗 唯曾子中諆用其吉金，自作旅獻。子子孫孫，其永用之。

諆²ᴮ³³ᶠ 仲諆，春秋早期人，曾國公子。

00944 作冊般甗 王宜人方，無敄𢼸族首領咸。王賞乍冊般貝，用作父己陴 㭒冊

㭒²ᶜ⁴ᴱ¹ 讀若秭、萊，族氏名，子姓。㭒冊，族徽。商晚期。

00947 叔原父甗 唯九月初吉丁亥，𨻰公子子乇邍父作旅甗，用征用行，用鬻稻汭粱，用蘄眉壽，萬年無彊，子孫是尚 常 ☞ J.0530

《原氏仲簠》。

鬻²ᶜᴅ³ᴬ 从鬵巳聲。讀若鯉，蒸。

00948 遇甗 唯六月既死霸丙寅，師雝父戍在古𠂤甘𠂤遇從。師雝父肩史遇事于欮厌胡侯厌茂遇曆，賜遇金，用作旅獻甗 ☞ 01964，02721

遇²⁸⁵⁵⁸ 讀若踽。人名。與䢵同。西周中期。

雝²⁹⁰²² 師雝父，即師雍父。

肩²ᴮᴰ⁵⁴ 古文屑。肩史，于豪亮讀若夷使。肩，發聲詞。

00949 中甗 王令申先省南或國貫行，䡇应在曾。史兒至，以王令曰：余令汝史使小大邦，毖又舍汝芻量，至于汝庚小多邦。申省自方登鄧，□□邦，在噩自帥。白買父廷以卑人戍漢申州，曰叚曰旝。卑人禹廿夫，卑貯鬯言，曰貯□貝。日傳禶王〔皇〕休，禶肩有羞，余□亟，用作父乙寶彝 ☞ 02751

貫²⁶⁹⁸⁰ 古文串。貫行，貫通道路。

䡇²ᶜ⁰ᴮ⁴ 同執，蓺字初文。讀若設。

曾²ᶜ³ᴮᶠ 曾字之省。䡇应在曾，在繒關設置周王駐驛之所。

庚²ᴮᴰᶠ⁵ 从庚从凡。

帥²ᴮ⁸⁵ᶜ 讀若次。才噩自帥，在鄂師駐紮。

旝²ᶜ⁰⁰ᶜ 人名。叚、旝二人隨伯買父戍守漢、中、州三地。

鬯²ᶜ⁵ᴬ⁸ 未詳。   亟²ᴮᴰᴰ⁵ 捍。

肩²ᴮᴰ⁵⁴ 古文屑。禶肩，肆俻，祭名。

00971 左使車工𠃊 左使車工塤。

使²ᴮᴱ⁵² 與使同。

塤²ᶜ⁵²ᴬ 讀若坿。塤，戰國中期人。中山國左使庫屬下的冶鑄工。

00977-8 冶紹聖𠃊 但綑聖陳共爲之 ☞ 02794, 10158, 12040

聖²ᴬ⁸ᴮ⁶ 綑聖，人名，楚國冶鑄作坊的冶師。戰國晚期。

綑²ᶜ⁵ᴰᴱ 同紹。

00980 箴銘𠃊 曰：㫉寸䖵𠃊，述玉魚顛，曰：欽戈哉！出斿遊水虫。下民無智知，曼目人之蚌蚘命，帛薄命入歟。藉入藉出，毋處其所 ☞ T.06319

徣²ᴮᴱ⁵⁴从口从徂。徣寸，或釋造肘，讀造釚鑄。

蝨²⁷⁴⁰ᶠ蚯。蝨匕，讀䝿匕，指匕首狀如貝殻。

蛁²ᴮ²ᴮ⁵蛁蚘，蚩尤。　　欷²ᶜ¹⁶ᴬ羹字異體。

蒮²ᶜ⁷ᴰᶠ或讀滑。或从艸从骨禾聲，釋䅌，讀若攸或倏。

00990 圬鼎 圬。

圬²ᶜ⁵¹⁶刀具之形。乂字初文。

01012 䕤鼎 䕤

䕤²ᴮᴰᴰᴮ从屮从开。族徽。或讀挈。商晚期。

01020-3 暫鼎 㲼

㲼²ᴮᴰ⁵⁰从戉从兀。讀若暫。族徽。商晚期。

01026 㲴鼎 㲴

㲴²ᴮᴰ⁷⁰族徽。商末周初。

01029 㳀鼎 㳀，㳀。

㳀²ᴮᴱ⁵ᴰ族徽。商晚期。　　㳀²ᴮ⁸ᶜᶜ㳀或釋作㳀。讀若羌。

㳀²ᴮᴱ⁵⁵㳀又釋作㳀。讀若羌。

01032 撻鼎 敱氏

敱²²ᶠ⁵ᴱ同敦。古文撻。敱氏，族徽。商晚期。

01046 子鼎 巤

巤²²⁰⁰⁷亦作巤，古文子。族徽。西周。

01052 圍鼎 蘁

蘁²ᶜ¹⁸ᶠ韋字繁體。或讀圍。

族徽。商晚期。

01053-6 征鼎蹬 ☞ 00361

01057-9 囲鼎囲

囲²ᴮᴮ⁴ᴮ 讀若定。或同蹬。族徽。商晚期。

01069 矧鼎奴

奴²ᴮᴬ³⁸ 同敉。族徽。商晚期。

01093-5 旻鼎叟

叟²ᴮᶠᶜᴬ 族徽。商晚期。同旻。

01101 孚鼎爰

爰²ᴰ¹ᴮ² 从爪目又。或隸作孚。族徽。商晚期。

01107-9 羴鼎羍

羍²ᴮ¹⁵³ 讀若羴。族徽。商晚期。

01113 豥鼎豥

豥²ᴮᴮᴱ⁶ 家本字。豕在胯下，表示馴化動物。或讀若豣。金文用作族徽。亦作驎豥。

01123-4 鳶鼎 鳶 戫。

鳶 2CDC1 族徽。商晚期。　　　戫 2BF03 鳶或隸定作戫。

01125 漁鼎 舁

舁 2B650 从収从魚。與漁同。族徽。商晚期。

01133 萭鼎 萭

萭 2C792 从萬从口。族徽。商代中期。

01136 莘鼎 莘

莘 2B210 族徽。商晚期。

01138 畜鼎 畜

畜 2CE72 从齊从田。族徽。商晚期。

01139 鄬鼎 鄬。

鄬 2CA8B 从邑茍聲。地名。

01140 就鼎 㒴

㒴 2B881 族徽。讀若就。商晚期。

01141 臺鼎 臺

臺 263A7 同臺、臺。讀若純。族徽。商晚期。

01143 馭鼎 馭

馭 2CCE9 同馭，即馭。族徽。商晚期。

01169-73 皿鼎 皿

皿 2504E 族徽。商晚期。

01174 魯鼎 盚

盚 2C430 从皿旅聲。讀若魯。族徽。商晚期。 ☞ 01344

01208-11 㦰鼎 㦰

㦰 [8040] 金文䜌作㦰。

01244 㠯鼎 㠯

㠯 [2B828] 从自从一。同師。讀若次。指軍隊駐紮。㠯，族徽。商晚期。

01250 愝鼎 愝。

愝 [2AAFD] 从心阞澗聲。人名。戰國晚期。

01288 丁㞢鼎 丁㞢

㞢 [201FF] 族徽。商晚期。于省吾釋舉。

01289 丁臺鼎 丁臺 ☞ 01141

01294-5 戩己鼎 戩己

戩 [2C96D] 或讀賊。戩己，族徽。商晚期。

01310 子廎鼎 子廎

廎 [2BDFC] 子廎，族徽。商晚期。

01311-2 子圍鼎 子齔 ☞ 01052

齔 [2C18F] 子齔，族徽。商晚期。

01313 子就鼎 子臮 ☞ 01140

臮 [2B881] 讀若就。子臮，族徽。商晚期。

01320-39 婦好帶流鼎 帚好 ☞ 00793

01344 魯婦鼎 籃婦 ☞ 01174，02368

籃 [2C430] 讀若魯。籃婦，商末周初女子名。

01345 魏公鼎 㟂公。

㟂 2BD7E 从山每聲。讀若魏，姓氏。魏公，或釋魏予，人名。戰國時期 ☞ 05113

01358 圍典鼎 䠯典 ☞ 01052

䠯 2C18F 䠯典，族徽。

01365 宁劦鼎 宁耒

耒 00000 从二耒。或釋作劦。族徽。商晚期。

01373-6 睘冊鼎 睘冊

睘 2C945 从䀠从豕。或讀矍。睘冊，族徽。商晚期。

01418 亞㪤鼎 亞㪤 ☞ 04811

㪤 2BFE1 讀若撫。亞㪤，族徽。商晚期。

01419-20 亞趌鼎 亞趌

趌 2C99A 从走罙聲。亞趌，族徽。商晚期 ☞ 05568

01421-2 亞隇鼎 亞隇 ☞ 03465

隇 28F5A 隇亦隸作隇。

隇 28F5C 族名。亞隇，族徽。亞，分族小宗。商晚期。

01424 亞矣鼎 亞矣 址作器者。

矣 2BD02 族名。亞矣，族徽。亞，分族小宗。商晚期。

01446 亞犮鼎 亞犮

犮 2C15D 讀若犮。亞犮，族徽。商晚期。

01453 宁矢鼎 㝉

㝉 2C471 从矢从宁。或宁矢二字合文。族徽。商晚期。

01455-6 車㓱鼎 車㓱

㓱 206D9 讀若毀或笮。墨刑刑具。車㓱，族徽。商晚期。

01460-1 趡女鼎 趡女。

趡 2C992 趡母，殷商之際女子名。

01477 丸牂鼎 丸宆

宆 2A9C7 从宀从爿。讀若牂。《說文·疒部》从疒省諸字，即从宆。丸宆，或釋叉宆，亦作宆丸，族徽。商晚期。

01478 牂丸鼎 宆丸 ☞ 01477

01488 齒母照鼎 齒女炤嫩。

炤 2AE32 从爻召聲。古文炤。女炤，讀若母照，婦女名。族徽齒。商晚期。

嫩 2A990 女炤二字或釋作嫩。

01490 徹龔鼎 徹龔

徹 ²ᴮᴱ⁶² 與啟同。人名，族徽龔。商晚期。

01498 羛鼎 羛奸。

羛 ²ᴮᴰ⁰ᶜ 讀若義。

奸 ⁵⁹⁷⁸ 从女从干，與妴同，讀若威。☞ J.0060

01502 潗鼎鼎 潗鼎。

潗 ²ᴬᴰᴬ² 地名。戰國時期。

01508 私官匕鼎 厶官匕。

匕 ²ᴮ⁹ᶜ⁸ 从匕甚聲。人名。戰國晚期秦國私官官員。

01537 嚻父乙鼎 嚻父乙 ☞ 01294

嚻 ²ᶜ⁹⁶ᴰ 或讀賊。族徽。商晚期。

01546-7 父乙鼎鼎 父乙鼎

鼎 ²ᶜ⁶ꜰꜰ 族徽。商晚期。

01586 鴟父丁鼎 鴟父丁。

鴟 ²ᶜᴅᶜ⁷ 鴟或隸作鴟。

鴟 ²ᶜᴅᶜ⁶ 或讀鵙。氏族名或族徽。商晚期。

01594 圉父丁鼎 甗父丁 ☞ 01052

01600 聚父丁鼎 聚父丁。

聚 ²ᶜ⁹⁴⁵ 从䀠从豕。或讀戁。族徽。商晚期。

01630 戩父庚鼎 戩父庚 ☞ 01026

01644 剆父辛鼎 剆父辛。

剆 ²ᴮ⁹⁸⁰ 同剆。族徽。商晚期。

01655 敫父辛鼎 敫父辛。

敫 22FEF 从𦫳从攸。讀若萆。人名或族名。西周早期。敫或隸作敁，讀若描，誤。

01662 父辛諆鼎 父辛𢦏

𢦏 2BEF8 从二戎相對。讀若𢦏。族徽。商晚期。

01668 𢻻父癸鼎 𢻻父癸 ☞ 01012

01677 㝈父癸方鼎 㝈父癸。

㝈 2BCC9 从宀从犾。或同犾，讀戒。族徽。商晚期。

01695 㪿父癸鼎 㪿父癸 ☞ 01294，01537

01710 婦姎告鼎 帚姎告。

姎 2BC27 从女羊聲。

01711 黿婦㛗方鼎 黿 帚㛗。

㛗 36C6 从女朵聲。帚㛗，婦女名。族徽黿。商晚期。

01735 太保方鼎 大僳盪。

僳 20359 亦作保，同保。大僳，官名，周輔弼重臣。

盪 250D8 金文鑄。或省皿作𤖕，字變體甚多。

01743-4 亞趄鼎 亞𧶠術 ☞ 00827

01768 猲盍方鼎 猲盍鼎。

猲 2C33A 人名。西周早期。

盍 2C422 同盍。

01771 揮鼎 𢦏作寶。

𢦏 2BE1E 與揮同。古文揮。𢦏，人名。西周晚期。

01772 𢨋作旅鼎 𢨋乍旅。

𢿙²ᴮᴱ³⁸ 人名。西周早期。

01799 䣙莒箕鼎蓋 䣙莒笲。

䣙²ᴮᴰ⁴ᶜ 从垂尚聲。䣙莒，或讀掌芞。

01800 長朘合鼎 長朘會合。

朘²ᴬᶜ⁶³ 未詳。

01801 右圣刃鼎 右圣刃。

圣²ᴬ⁸ᴮ⁶ 从又从土。

01803-6 客豊悡鼎 客鑄客豊悡 ☞ 01250

悡²ᴬᴬꜰᴰ 禮悡，人名。戰國中期。

01807 集䚅鼎 集䚅。五 ☞ 02480, T.01770

䚅²ᴬ⁸³⁰ 从肉从刀舞無聲，讀若膴。字亦作剫。集䚅，王室膳食機構名。字亦作剫，或讀若庖。

01808 四分鼎 膚四分。

膚²²²⁷ᶜ 从肉庸省聲。古文胸。假借作容。見於魏器。

01814 偪作祖戊鼎 福乍且戊 ☞ 00446

福²ᴮᴮᴱᴮ 或讀偪。人名。西周早期。字或釋吳。

01820 亞敺父乙鼎 亞敺父乙。

敺²ᴮꜰᶜ⁸ 从攴匚聲。讀若摅。亞敺，族徽。

01821 扶冊父乙方鼎 扶冊父乙。

扶²ᴬʙᶜ⁸ 讀若扶。扶冊，族徽。商晚期。

01823 踂父乙鼎 丯疋父乙。

疋²ᶜ¹⁷⁷ 从刀从止。讀若翜。丯疋，或釋作踂，族徽。商末周初。

01828 子鼏父乙鼎 子鼏 父乙。

鼏 2C6FF 子鼏，族徽。商晚期。

01831 䳢父乙鼎 冉鼻 父乙。 ☞ J2.0711

鼻 2CDBD 讀若䳢。族徽。商末周初。

01846 亞旎父丁鼎 亞旎 父丁。

旎 2C012 从㫃虹聲。或與旈、畩同。亞旎，族徽。商晚期。

01863 亞羌父戊鼎 亞羌 父戊 ☞ 01029

01865-6 亞斸父己鼎 亞斸 父己。

斸 2BFDB 从攴䇂聲。或釋智。☞ 05004，J2.0686

01868 亞㾁父己鼎 亞㾁 父己 ☞ 00843

01883 亞酓父辛鼎 亞酓 父辛。

酓 2B966 釅、醟所从。亞酓，族徽。商晚期。

01888 逆㱿父辛鼎 逆 㱿父辛。

㱿 2C161 从欠从冊。㱿，人名，族徽逆。西周早期 ☞ 03660

01893-4 何父癸鼎 㝮 何父癸 ☞ 05091

01896 延要父癸鼎 父癸 彶叀。

彶 2C83F 征字繁體，讀若延。彶要，族徽。商晚期。

01906 后母妣康方鼎 姤嫘。

姤 2BA2A 从女从司、厶二聲。亦作妌、姒、姛。姤嫘，周文王之正妃，史書稱太姒。

01910 子䳚君鼎 子䳚君齋 ☞ 01586

䳚 2CDC6 或讀鵑。子䳚君，人名。商末周初。

01944 亞矣方鼎 亞矣每臣𤔲 ☞ 01423

𤔲²ᴬ⁷⁰⁶ 讀若捷。或人名。

01945 徣予右官鼎 徣予右𠂤。

徣²ᴮᴱ⁵⁹ 或疈字初文。讀若廚。徣予，或釋徣公，讀廚宮。

01951-2 筆鼎 筆作寶鼎。

筆²ᴮ⁰⁷ᶠ 人名。西周中期。

01955 鼎之伐𡎐 鼎之伐𡎐。

𡎐²ᴮ⁸⁵⁸ 从夬从壬。讀若班。

01959 䛃其雞鼎 䛃𠙴舊

䛃²ᶜ⁶ᴱ⁵ 从臣从舌。與䛃同。亦作詛。䛃𠙴舊，或族徽。商晚期。

01964 𣪘作寶鼎 𣪘乍寶鼎。

𣪘²ᴮᴰ⁰⁸ 人名。西周中期。亦作遇。參見《□甗》☞ 00948

01965 㜫作寶鼎 㜫乍寶鼎。

㜫²ᶜ¹⁵⁰ 㜫或釋作㜫。或从嗇从尤釋。

㜫²ᶜ¹⁴³ 人名。西周中期。

01967 柅作寶𪔅鼎 柅乍寶𪔅。

柅²ᶜ⁰ᶠᴰ 讀若柅。人名。西周中期。

01968 昜長方鼎 昜長作齋。

昜²ᴮᶜᴰᴱ 昜長，人名。西周早期。☞ 00888

01979 扶作旅鼎 妓乍旅鼎 ☞ 01821

妓²²ᴱᶠ³ 古文扶。亦作㚰。人名。西周早期。

01981-2 作耕從彝方鼎 乍耕仏彝 ☞ 06435

丮²ᴮ⁸⁵⁷从丰从丮。讀若奉。丮似，或作丮似，人名。商末周初。

01990 啟鼎 啟之行鼎。

啟²ᴮꟳᴰ²同摩，指揮。啟，春秋時期人名。☞ 04636

01994 巨萱十九鼎 疌萄。十九。☞ 02301

疌²²⁰¹³古文巨。

萄²⁶ᴅ⁵⁵从艸死聲。死，古文恆。疌萄，地名。或讀巨萱。

01996 魯祖庚父辛鼎 簠且庚父辛 ☞ 01174

02010 宰禣鼎 宰禣宦鑄父丁。

禣²ᴬᴬᴅᴮ从彳箋聲。與歷同。古踄字。宰禣，人名。宰，官職名。西周早期。

02014 父己亞薛史鼎 亞薛 父己史。

薛²⁵ᴬ⁶ᴅ讀若薛。史氏之薛爲小宗，族徽亞薛。

02020 冀母斧父癸鼎 冀 女舒父癸 ☞ 05172

舒²ᴮ⁹²ᴱ斧字初文。族徽或人名。商末周初。

02022 叚父鼎 叚父作寶鼎。

叚²ᴮᴬ³ꟲ叚父，人名。西周早期。

02023 嬰父方鼎 嬰父作旅鼎。

嬰²¹⁸⁸¹亦作嬰，或作期。嬰父，人名。西周時期。

02024 考刍鼎 考刍作旅鼎。

刍²ᴮᴬ⁵ᴱ讀若姒。考刍，人名。西周時期。

02028 亶姜鼎 亶姜作旅鼎。

亶²ᴮ⁸⁸⁰同蟺。讀若檀。亶姜，西周中期姜姓婦女。

02033 亞褱孤竹鼎 孤竹國名 亞褱小宗族名 鹵作器者 ☞ 01423，07293，09810

02036 史㪷鼎 㪷㪷作旅鼎。

㪷 2BA62 㪷㪷，人名。西周中期。

02037 靣鼎 靣作父庚彝。

靣 2A893 人名。或讀宿。西周早期。

02041-2 閦伯鼎 閦白作旅鼎 ☞ 03480

閦 2CB8B 閦伯，人名。西周。

02044 敩伯鼎 敩白作旅鼎。

敩 2BFBE 亦隸作敉，敿。讀若萊。敩伯，敩氏族首領。西周中期。

02051 叔作懿宗方鼎 弔乍懿宗盡。

盡 2C422 同簋。

02060 䣫鼎 䣫作寶䙠彝。

䣫 2C6EB 从畐从曾。人名。西周早期。

02065 萊歎鼎 萊歎作寶䦉。

歎 2AD32 萊歎，即荊歎，西周中期人。

䦉 2B9F8 同鼒。鼎名。

02066 訫鼎 訫啟肈作旅鼎。

訫 2C8A1 从言示聲。作器者名。西周中期。

02067 鼇鼎 鼇作寶齍鼎。

鼇 2892D 同鼇。國族名。

02068 姚鼎 姚作䰈䭎䭎鼎。

䰈 2C30E 人名。西周中期。

02070 遌鼎 遌作寶隩彝。

遌 2CA5A 从辵㫃聲。讀若振。人名。西周早期。

02072 剈鼎 剈作寶彝囗

剈 2B984 从刀㕣聲。亦作𠛱。與㕣同。作器者名。西周早期。

囗 2BA4F 族徽。或內有二畫，亦作豎直似日字形。或讀戶。

02074 㦰鼎 㦰作𡖊隩鼎 ☞ 00837

02080 䍮鼎 䍮作𡖊隩彝。

䍮 2B146 从网妻聲。人名。西周早期。

02084 連迁鼎 連迁之行升䵼，升鼎。兩耳同銘。

迁 8FC0 連迁，人名。春秋時期。

02085 嬭鮴鼎 嬭鮴之飤鼎。

鮴 2B65D 嬭鮴，讀若鄧鯪，人名。春秋中晚期。

02087 悑子棘鼎 悑子棘之鼎。

悑 2BE9F 从心布㱿聲。悑子棘，戰國早期人。

02088-90 左使車工坿鼎 左使車工䵼 ☞ 00971

02098-9 無臭鼎 無臭之饋鼎䤛鼎。

臭 2C407 亦作臰，正作𦟀，罨字初文。無臭，讀若許臭，戰國晚期人。

02104 上范廚鼎 上范厈，膚四分 ☞ 01808

厈 2BDE8 同廚，魏器特有的寫法。韓器銘文作胅。

02105 上樂厈鼎 上樂厈，膚厽分 ☞ 02105

02108 襄門鼎 申腋司夜，掌管時辰職官名之宅襄閈。

閆²⁸ᶜᶜᴱ 汗簡閆，門。裏閆，讀若鬼門，在東北方位。

02109 㸚伯鼎 㸚白作齍鼎◇

㸚²ᴮꜰᴱ⁶ 从攴从絲，絲亦聲。亦作㪒。絲字繁文。國族名。㸚伯，人名，族徽◇。◇讀若齊。西周早期。

02110 𬥋作祖丁鼎 𬥋乍且丁盥隻 盥鑊。

𬥋²ᶜ⁹⁴ᴮ 或讀捫。人名。西周早期。

02111-2 祖辛禹方鼎 𥁕且辛禹 亞頨 ☞ 05201

頨²⁹⁵⁵³ 𥁕族之分族小宗頨族族徽。或與秞同 ☞ 05011, 08771

02118 褰鼎 疋弖 褰作父丙。

褰²ᴮᴅ⁰ᴬ 人名，族徽疋彈。商晚期。

02121 歸作父丁鼎 歸乍父丁寶鼎 ☞ 00920

02132 報賓父癸鼎 匚㠯 作父癸彝 ☞ 02431

㠯²¹⁹ᴮᴮ 同㝎㝏㝐。讀若賓。匚㠯族徽。西周早期。

02139 爻癸婦戠鼎 爻癸 婦戠作彝。

戠²ᴮᴱᴱ⁹ 从戈丯聲。亦作䥫，省作鉎，讀若戠。婦戠，婦人名，族徽爻癸。商晚期。

02141 㺑父鼎 㺑父作㺄始鼎。

㺑²⁴⁷ᴮ⁷ 从犬執省聲。或从豸，隸作㺄。讀若獺。㺑父，西周早期人，夫人爲㺄姒。

㺄²ᶜ³⁰⁷ 讀若瘭。㺄始，瘭姒，西周早期婦女，㺑父的夫人。

02157-9 太保方鼎 徟作陸彝 大僺 ☞ 02372

徟²ᴮᴱ⁶⁴ 或釋遷。人名，太保召公奭的後裔，以大僺爲氏。

僺²⁰³⁵⁹ 大僺，即太保，官名。

02160-1 隤伯方鼎 隤白作寶隩彝。

隤 2CBD9 隤或作隤，从阜鬲聲。

隤 2B54A 隤伯，隤國族首領。西周早期。

02166 敱史鼎 敱史作考隩彝。

敱 2ABD8 从攴晉聲。同摺。敱史，西周早期前段人。

02177-8 眣遲鼎 遲作寶隩彝。

遲 2CA5C 从辵矣疑聲。人名 ☞ 05363

02183 仲媵父鼎 中媵父作尊彝。

媵 2B902 从人興聲。中媵父，人名。西周中期。

02188 考作友父鼎 考乍嗇父隩鼎。

嗇 2C061 讀若友。嗇父，西周早期人，考的長輩。

02190 伯趈方鼎 白趈作隩寶彝。

趈 2C990 同趈。伯趈，人名。西周早期。

02192 彊作邢姬鼎 彊乍井姬用鼎 ☞ 00908

02193 䵼姒鬲 䵼姒作寶隩彝 ☞ 03567《䵼姒簋》。

姒 2BA2A 䵼姒，讀若䵼姒，西周中期姒姓婦女。

02201 排啟鼎 菲攺作保旅鼎。

菲 2BE1D 讀若排。氏族名。菲啟，西周中期人。

02205 韓叟父鼎 鶾妥父作旅鼎。

鶾 9DBE 與翰同。姓氏。鶾叟父，西周中期人。

02212 遣叔鼎 趈甹作旅鼎用。

趈 2E6C9 从走晉聲。趈甹，西周中期人，遣氏公族。

02213 孟浡父鼎 孟浡父作寶鼎。

浡 ²ᴬᴰᴬ³ 讀若浡。孟浡父,西周晚期人。

02215 蔡侯申鼾 布氒黼之飤鼾。

鼾 ²ᶜᴱ⁶⁶ 升鼎。亦作鐙。省作升。鼾因薦升犧牲而得名 ☞ 02065, 02084

02216 蔡侯申鼾 布氒黼之飤鼾。

鼾 ²ᶜᴱ⁶⁵ 亦作𩱱、錳,孟鼎。又稱作鑊,音同假借。字或隸作鼾,从干,誤。

02225 蔡侯申殘鼎 布氒黼之飤鼾 ☞ 02215

02229 沖子鼎 沖子𧮫之行鼎。

𧮫 ²¹¹³⁹ 六書統 𧮫,盧玩切。言語煩亂也。从㗊从叟省。沖子𧮫,戰國早期吳國人。

02231 楚子适鼎 楚子赸之飤䥶 ☞ 02231

赽[2C989]适字之誤釋，从昏不从古。楚子适，器主。春秋中晚期。

鍑[2B9C5]从勹鯀聲。亦作鑠。讀若繁。鼎名，鐈鼎。

02234 鄧尹疾鼎 鄧尹疾之洢盨上蓋下器鄧尹疾之碩頜。

盨[2C425]从皿沱聲。洢盨，讀若礀豼。☞ 02551

頜[29482]从頁它聲。碩頜，亦作洢盨，讀若礀豼。

02237 王蔑鼎 王蔑，弇茬王蔑。

弇[2AAB6]从収帝聲。讀若掃。　茬[2C733]从艸任聲。

02238 須忞生鼎蓋 須忞生之飤鼎。

忞[2C46D]从山或省聲。同忞。須忞甥，戰國時期人。

02239 爰子蚖鼎 爰子沱之飤鍑。☞ 02231

沱[2B919]从它元聲。蚖字或體。爰子沱，人名。戰國早期。

02240 十年弗官容齋鼎 十年 弗鄒，魏地官。䢈齋 ☞ 01808

02241 東陵鼎蓋 東陵楚縣名剈。大右秦。

剈[2BA16]讀若餹。或與爵同，讀若庖。

02243 僌犀恩鼎 余伯僌犀恩之盤銘文反書。

伯[2B8BE]从人柏聲。或釋作佃。未詳。

02244 䰩作祖乙鼎 䰩乍且乙寶陞彝。

䰩[2BB2B]亦作䰩，絺字繁文，讀若肆。國族名。西周早期。

02246 木工冊作妣戊鼎 木工冊乍匕戊鬵 ☞ 00688

02247 蛟冉作父乙鼎 蛟冉乍父乙寶鬵 ☞ 00688

02255 揚作父辛鼎 珇乍父辛寶陞彝。

珇[2B856]从玉从丮。讀若揚。西周早期人名。

02258 㿴父癸鼎 㿴作父癸寶隩彝。

㿴²ᶜ¹⁶¹ 从欠从冊。西周时期人名。

02262 亳鼎 𢈺亞吴 亳作母癸。

亳²ᶜᴰ¹⁶ 从高从老。𢈺侯族亞吴分族人，爲其母亲，即母癸，作器。商晚期。

𦫳²ᶜᴰ¹⁷ 亳或从考，隸作𦫳。

02264-7 自作鄢仲方鼎 自乍隩中寶隩彝 ☞ 02282, 03918

隩²ᴱ⁹⁶⁸ 同鄢，國族名。鄢仲，人名。西周早期。

02272 坃小子鼎 坃小子句作寶鼎。

坃²ᴮᴮ⁵⁸ 从卩土聲。或讀坃。坃小子句，或隸作坃小子启，人名。西周早期。

02274 侯作父丁鼎 厌乍父丁隩彝 袆

袆²ᶜ⁸⁴⁸ 从衣丰聲。讀若袆。

02278 彊伯作邢姬䆸鼎 彊白乍丼姬䆸貞 ☞ 00908

䆸²ᶜ⁵⁰⁷ 从火从穴，或从告聲作窖，竈字初文。䆸貞，讀若竈鼎。獨柱帶盤鼎。

02279 仲義君鼎 中義君作食䰛 ☞ 02231

02282 尹叔作鄢姞鼎 尹弔乍隩姞媵鼎。

隩²ᴱ⁹⁶⁸ 同鄢。國族名。鄢姞，尹叔之女，嫁於鄢國。

02283 卑汈君光鼎 卑汈君光之飤鼎。

汈²ᶜ¹ᴰ⁶ 據古臨摹本錯摹字形所造之字。卑汈君光，當作卑梁君光，春秋時期吳國卑梁邑的封君，名光。

02285 子陝□之孫鼎 子陜□之孫。

陜 2B547 人名用字。春秋時期。

02287 獸侯之孫陝鼎 獸侯之孫𣪘之䵼。

䵼 2CE6B 同䵼 ☞ 02216

02288 昭王之諻鼎 邵王之諻之饙鼎 ☞ 03634

諻 27ACD 同媓。《方言》南楚瀑洭之間，母謂之媓。

02299 鑄客爲集餒鼎 鑄客爲集糒爲之 ☞ 00914

糒 2C5B1 讀若餒。集糒，王室膳食機構名。

02301 巨蒥王鼎 王蒥王。王蒥。十二 ☞ 01994

02302 胲鼎 胲所佸造兌鼎筭鼎。中厀 ☞ 02241

胲 2C090 从肉亥聲。或讀亥。人名。戰國晚期。

厀 2BA16 从厂从刀肴聲。讀若餚。中厀，庖廚名。中厀或釋安效。

02303 襄公上坴鼎 襄公上坴曲昜陽尊耳銘襄公上坴帀曲昜尊器銘。

坴 2BB63 从土爻聲。

帀 2BDC4 同帙。

02304 長信侯鼎 𢅎誫厎私官。西況。己。

𢅎 2C521 同長。

誫 2C8AD 从言身聲。讀若信。

02305 坿夜君成鼎 坿夜君成之载鼎飯鼎。

坿 212A4 或釋埇，讀若墉。字亦釋作坪。坪夜君，見於曾侯乙墓遣冊，是楚國的封君。坪夜，或讀平輿，楚邑名，今河南平輿縣北。

02307 右廩宮鼎 右廩宮莆官杊鎭。

莆 2B20F 或同莆。　　　杊 2AC73 或讀和。或讀私。

鎭 935E 讀若鼎。

02308 容半䈰鼎 內黃魏地。庰半䈰。黃內黃 ☞ 01808

䈰 2A509 同䉥。古容量單位，魏器銘文習見。

02310 徵作祖丁鼎 遄乍且丁隩彝，永寶。

遄 284CF 讀若徵。人名。西周早期。

02311 咸妺子作祖丁鼎 咸妺子乍且丁隩彝 ☞ T.09679

妺 2BC29 讀若妚。或讀妊。咸妺子，人名。商晚期。

02316 亳方鼎 亞引 亳作父乙隩彝。

引 2AABA 讀若弘。亞引，族徽。西周早期。

02318 沴鼎 沴作文父丁䵼䵼臤 ☞ 00688，09298

沴 2C1D7 讀若泓。人名，亦稱中子䵼沴。商晚期。族徽臤。

䵼 2CD3C 讀若燷。或釋䵼，讀俫。　䵼 2B647 讀若鑊。

02323 梓作父癸鼎 梓乍父癸寶隩彝 獥

梓 2CA17 讀若辣。人名，族徽獥。西周早期。

02324 揚作父癸鼎 珥乍父癸寶隩彝 巽 ☞ 02255

02334 裯儴父作䙜妁鼎 裒儴父乍䙜妁𦛙孃鼎。

裒 2C851 同裯。裒儴父，西周中期人，女兒名䙜妁。

02336 伯㦰方鼎 白㦰作㚔父寶薝彝。

㦰 2BEEB 白㦰，人名。西周早期。

薝 2C7CC 同尊。讀若尊。

殷周金文字宝 61

02337 伯六辤方鼎 白六辤作汭皿受祈寶蕁彝盍。

辤 2CA1A 同辞。辭字初文。白六辤，人名。西周早期。

蕁 2C7CC 同尊。讀若尊。　　盍 2C422 同盍。

02339 公太史作姬冬方鼎 公大史乍姬冬寶陝彝。

冬 2C362 从玉羑聲。姬冬，西周早期婦女，公太史的夫人。

02340 季許作宮伯方鼎 季䰜乍宮白寶陝盍。☞ 00575

盍 2C422 同盍。

02342 叔䵼鼎 耒䵼肇作南宫寶陝。

䵼 2CE62 从黽更聲。古䵼字。叔䵼，人名。西周早期。

02344 朏沬遴鼎 朏沽白遴作寶陝鼎 ☞ 05363

沽 2AD7E 地名。亦作浩。或衛邑沬，即妹邦 ☞ 05954

02346 勅敳作丁侯鼎 勅敳乍丁庆陝彝黽。

敳 2CBDF 或讀碑。勅敳，人名。族徽黽。西周早期。

02351 小臣氏樊尹鼎 小臣氏樊尹作寶用。

樊 2163D 與樊同。樊尹，西周中期人，小臣氏。

02352 䠱作鼎 䠱乍鼎，其萬年寶用。

䠱 2BE5C 从彳差聲。讀若蹉。人名。西周中期。

02354 魯內小臣㞢生鼎 魯內小臣㞢生作鼒。

㞢 2BA03 㞢生，西周晚期或春秋早期人，魯國內宮的小臣。

02357 楚叔之孫佣鼎 楚弔之孫佣之飤䤾。

䤾 2DF99 同鼎。亦作䵼鈃錪，盂鼎。又稱作鑊，音同假借。

02360 王后左桐室鼎 王后左桐室。九尉反。

尉[2CDBE] 或同䏡或鵤。九尉反，讀若九掬半。

02362 亞䕋鄉宁鼎 竹國名。孤竹省稱 亞䕋 宦知光斅 卿宁 ☞ 02033

斅[2BFE6] 从攴从絩。未詳。

02363 亞父庚祖辛鼎 亞 陎父丁、陎父庚、保且辛 ☞ 03683

陎[2B557] 从阜胾省聲。人名或族名。

02364 亞父庚祖辛鼎 亞 陎父、陎父庚、保且辛 ☞ 02363

02365 鍛金歸作祖壬鼎 歸乍且壬寶陮彝 段金 ☞ 00920, 03586, 05863

歸[00000] 段金歸，西周中期前段人。段金，族名。

02367 壽監引鼎 壽監引作父己寶齍彝。

壽[2BD28] 亦作壽，䦧本字。邑名。壽監引，西周中期人。

02368 魯婦方鼎 籃婦陮，示己且丁父癸 ☞ 01174, 01344

籃[2C430] 讀若魯。籃婦，商末周初女子名。

02370-1 公太史作姬㝬方鼎 公大史乍姬㝬寶陮彝 ☞ 02339

02372 太保禬作宗室方鼎 大僳禬乍宗室寶陮彝 ☞ 02157

02374 㗒鼎 㗒作比辛陮彝 亞矣

㗒[2A852] 从口夲聲。桔本字。讀若籀。人名，族徽亞矣妣辛，㗒的祖母。西周早期。

02381-4 蘇衛己鼎 穌衛改作旅鼎，其永用。

改[5980] 姓。蘇國己姓。

02397 壽春府鼎 䓥㫄𢉩鼎。書䩞刷鍛䤹。者□ ☞ 02241

02398 醸鼎 □醸京，〔揚〕辟賞，用作言□陮彝。

醸[2CAB7] 醸京，或地名。

02404 伯籲方鼎 白籲作乎宗寶隩彝，鼎鼎。

籲²ᶜ⁰²⁰ 人名。西周早期。舟或皿形，从𠬞从卂，記作籃。

鼎鼎²ᴮ⁷²¹ 从鼎旁聲。鼎名。或指方鼎。

02416 子遇鼎 子遇作寶鼎，子子孫孫永寶用。

遇²ᴮ⁴⁴⁸ 从辵寓聲。人名。西周晚期。

02422 邿造譴鼎 邿艁譴作寶鼎，子子孫孫用言 ☞ 04040

譴²ᶜᴬ⁶⁰ 从欠遣聲。讀若譴。邿艁譴，又作邿譴，春秋時期人名。

02423-4 曾侯仲子㳺父鼎 曾矦中子㳺父自作鼎彝 ☞ 09628《曾仲㳺父方壺》。

㳺²ᴮᴱ⁵ᴮ 从彳斿聲。與遊同。曾侯仲子㳺父，亦名曾仲㳺父，曾國公族，名㳺父。春秋早期。

02425 乙未鼎 乙未，王〔賜〕貝，娞〔賜〕帛，在寢，用作〔寶〕彝。

娞²ᴮᶜ³⁶ 即姒。商末周初姒姓婦女。或作妸、奶。

02427 亞𡚖鼎 亞𡚖宧父癸宅于刂冊亟

刂³⁰²² 或讀二。地名。

02429 𢆶仲鼎 𢆶中□作鼎，子孫永寶用。

𢆶 2C2FD 讀若孷。𢆶仲，西周晚期人，𢆶氏公族。

02431 乃孫作祖己鼎 乃孫乍且己宗寶鬻䵼 匚㠯 ☞ 00688，02132

02440 叔獡父鼎 弔獡父作鼎 ☞ 05119，05775

獡 2AEC0 獵字初文。弔獡父，人名。西周晚期。

02443-7 伯氏鼎 白氏作嬩氏羞鼎，其永寶用。

嬩 2A9A1 嬩氏，即曹氏，曹姓國女子。春秋早期。

02451 梁上官鼎 梁上官。廥厽分叁分之一䵼。冐諯乳子。廥厽分

☞ 01808

諯 2C8AD 从言身聲。冐諯乳子，讀若肯信孺子。或釋作宜諯，謂即魏臣宜信君。宜信也可能是地名。

02452 吳買鼎 陣父之徙馬趣馬吳買作雛鼎用。

陣 2CBD5 从阜畢聲。或同崋。陣父，春秋時期人名。

雛 2905B 同鶉。雛鼎，或讀享鼎。

02453-5 翟父方鼎 休王賜翟父貝，用作氒寶隩彝。

翟 26444 讀若翳。翟父，鄦國公族。西周早期。

02457 繇侯鼎 繇厌隻獲巢，孚氒金冑，用作旟鼎 ☞ 08853

繇 2C5E7 古文韶。亦作䌛。方國名，讀若謠或繇。繇侯，繇國國君。西周早期。

02459 交鼎 交從昷戰，遳即王。賜貝，用作寶彝。

遳 2CA42 迷，讀若仇。遳即，匹次，輔佐。

02465 伯䩑父鼎 白䩑父作寶鼎，其子子孫孫永用 井

䩑 2C527 亦作䩯。伯䩑父，西周晚期人。族徽邢。

02470 榮有嗣再鼎 熒又嗣再作齍鼎，用㝬媵嬴女龏母 ☞ 00679

02471 圂囗鼎 圂囗作鼎，其孑孫永寶用夲

圂 2BB51 人名，族徽幸。西周晚期。

02474 鑄司寇鼎 僚嗣寇獸肇作寶鼎，其永寶用 ☞ T.02825

僚 2B8EC 从示停聲。停，徐在國隸作孰，字讀若鑄或祝，國名。

02477 何朿君兌鼎 何刉君兌罨其吉金，自作旞鼎。

兌 2BD3D 从旡尚省聲。何刉君兌，人名。春秋晚期。

刉 2BA5E 讀若朿。

02479 楚王熊前匜鼎 楚王酓肯作鑄鉈鼎，台共戩裳。

肯 2C079 酓肯，讀熊耂，即楚考烈王熊元。

鉈 9248 或隸作鉇。金文匜。

戩 2BEF4 楚文字歲从月。

裳 2C4C2 台共歲裳，讀若以供歲嘗。《爾雅·釋天》秋祭曰嘗。

02480 鑄客大鼎 鑄客爲集鬻、佶鬻、睘腋鬻爲之 ☞ 01807, T.01770

鬻 2A830 讀若膴。集膴、剖膴、睘腋膴，並王室膳食機構名。字或讀庖。

02481 二年寧鼎 二年，盜冢子太子旻得，冶譜爲肰四分齍。

肰 2C071 讀若載。

02482 四年昌國鼎 三年，昌國豰工帀衺伐，冶夋所爲。

豰 2C965 豰工，或官職名。

衺 2C2E7 从爪从衣，會以手脫衣意，褐字初文。讀若狄。衺伐，工師名。

02485 剌覲鼎 剌覲作寶陾，其用盟盟酱宴嫚日辛。

覲 2C885 从肈从見。讀若肈。

宴 2BCD3 宴嫚日辛，剌的夫人。西周早期。

02486 禽鼎 禽作文考寶鬻鼎，子子孫孫永寶 亞束 ☞ 00688

02491 㠯服駫鼎 㠯舩駫作用寶鼎，其萬年永寶用。

㠯 2A805 从厂吉聲。或同硈。讀若吉，姓氏。字或讀周。

駫 2CCEE 从馬京聲。㠯舩駫，人名。西周中晚期。

02494-5 杞伯每刃鼎 杞白每刃作牧嬘寶鼎 ☞ 02642, 03897, 09688, 10255, T2.0177

牧 2BFAD 讀若邦。國名。

嬘 2A9A1 牧嬘，02495 作黽嬘，讀若邦曹，杞國國君杞伯每亡的夫人。

02497 黃君孟鼎 黃君孟自作行器□，子孫則永祜㝬 ☞ 00687

㝬 2A9D5 金文堡。同㝬，讀若寶。或同祽，讀若福，亦作福。

02498 鄝子賁夷鼎 鄝子賁㙞爲其行器，其永壽用之 ☞ 04545

鄝 2CA9F 讀若邊。字或釋作郎。

㙞 00000 从夷从土。鄝子賁㙞，鄝國公子。春秋晚期。

02499 斉父丁鼎 癸卯，尹商賞斉貝三朋，用作父丁陾彝。

斉 2BE32 人名。西周早期。

02500 伯噱父鼎 白噱父作比鼎，其萬年，孫子永寶用 ☞ 04536

噱 2A894 噱或隸作噱。

噱 2BB05 白噱父，人名。西周晚期。

02502 圉君鼎 圉君婦媿霝〔作〕旟隩鼎，其邁年永寶用 ☞ 09434，T.12353

圉 2A8AC 讀若昆。圉君，西周中期圉國族首領，夫人媿霝。

02506 䰛作祖乙鼎 己亥，王賜䰛貝。用乍祖乙隩田告亞

䰛 2AF5F 从魚田聲。人名。西周早期。

02509-10 屯鼎 屯蔑曆于亢衛，用作䵼彝，父己騳豕 ☞ 01113

02511 叔莠父鼎 弔莠父作隩鼎，子孫其萬年永寶用。

莠 2C767 弔莠父，人名。西周晚期。

02513-4 伯筍父鼎 白筍父作寶鼎，其萬年毛孫永寶用 ☞ 04350

筍 2C547 讀若郇。地名。白筍父，西周晚期人。

02517 芮子仲㲃鼎 內子中㲃作弔媿隩鼎，子子孫孫永寶用。

㲃 2BFDA 讀若㲃。內子仲㲃，芮國國君的次子。春秋早期。

02518 蔡生鼎 □布生𤉨作其鼎，子子孫孫邁年永寶用。

𤉨 2BCC8 讀若坑。□蔡甥𤉨，西周晚期人。

02520 鄭勇句父鼎 奠戚句父自作飤鬴，其子子孫孫永寶用。

鬴 2CE6A 亦作鎡。與鬴同，匜形鼎。

02522-3 武生鼎 武生𣪘作其羞鼎，子子孫孫永寶用之。

𣪘 2AD49 讀若捏。武甥𣪘，春秋早期人。

02524 崩弄甥鼎 崩弄生作成媿䞓鼎孃鼎，其子孫永寶用。

弄 2C32A 讀若犾。崩弄生，春秋早期人，女兒爲成媿。

崩 2BCD5 从宀朋聲。或讀䖵。

68　殷周金文字宝

02526 蘇㝬妊鼎 魿㝬妊作虢改魚母䐳䵼〔鼎〕，子子孫孫永寶用。

㝬 20BFA 蘇㝬妊，蘇國國君的夫人，女兒爲虢己魚母。春秋早期。

改 5980 姓。虢己魚母，蘇㝬妊的女儿，嫁於虢國。

02527 三十年鼎 卅年魏惠王 30 年，B.C.340 虙䇼癰眠事駧冶巡釺。庤四分 ☞ 01808, 02611

虙 2BCD4 讀若虎。魏地。　　䇼 2C523 讀若令。

駧 2CDCD 鵬。人名。擔任視事一職。　釺 28947 从金寸聲。與鑄同。

02528 鄧小仲方鼎 𢾾小中䚷得弗敢取，用作乇文祖寶𩰀䧫盇，用乇畐于囗宮。

䚷 2CDC0 讀若䲙。　　　　　　盇 2C422 同盇。

取 2BA36 从又且聲。弗敢取，亦作弗敢且，讀若弗敢沮。或作弗叚組，同。

02531 雝伯鼎 王令雝白𦤲于㞢爲宮，雝白作寶𨻰彝。

雝 29022 或作灘，即雝。雝白即雝伯，雝國族首領。字譌作雉。

02532 乃牆子鼎 乃牆子作乇文考𨻰彝，其萬年用囗祀。

牆 2AEA1 乃牆子，人名。西周早期。

02535 伯㡪父鼎 白㡪父作羊鼎，其子子孫孫萬年永寶用亯。

㡪 2BDFD 伯㡪父，人名。西周晚期。

02536 鄭登伯鼎 奠𢾾白㕆及韋嬭作寶鼎，其子子孫孫永寶用 ☞ 00597

嬭 2BC71 姓。叔嬭，鄭䇂伯的夫人。西周晚期。

02537 靜叔鼎 靜乇作䡡嬭旅鼎，其萬年眉壽，永寶用。

嬭 2BC9F 从女鞏聲。䡡嬭，靜叔的夫人。西周晚期。

02538 伯堂鼎 白堂肇其作寶鼎，堂其邁年，子子孫孫永寶。

堂 2BD41 讀若尙。伯堂，人名。西周晚期。

02541-5 仲義父鼎 中義父作新客寶鼎，其子孫永寶用 䉵

客 2A9D2 讀若客。新客，人名。西周晚期。

02546 輔伯脽父鼎 輔白脽父作豐孟娟䁲䁲鼎，子孫永寶用。

脽 2C304 輔伯脽父，西周晚期人，輔氏國族首領，長女爲豐孟妘。

02549 許男鼎 䣅男作成姜逗女䠱䧈鼎。

䣅 2C433 許男，許國國君 ☞ 00575

逗 2CA24 與趞壴同。讀若桓。成姜桓母，許男之女，嫁於成國。

02551 裵鼎 裵自作飤硺鼧，其䵣䵣無㫷，永保用之。

硺 2C4A4 从鼎石聲。

鼧 2CE68 硺鼧，亦省作沰盨、硺沱、石盉、碩頜、石沱、石它，
籀口鼎。硺鼧，或讀庶鉈，即煮匜。

㫷 231F3 期。

02556 小臣䖒鼎 䵣公饋匽，休于小臣䖒貝五朋，用作寶䧈彝。

䖒 2C2F5 讀若攄。人名。西周早期。或讀若擄。

䵣 2C701 䵣公亦作鹽公，即召公奭。

02557 師帥鼎 師昌其作寶齍鼎，其萬年子孫永寶用 丂

昌 2B846 古文帥。師昌，人名。族徽丂。西周中期。師，武職名。

02558 師䞣父鼎 師䞣父作䣿姬寶鼎，其萬年子子孫孫永寶用。

䣿 2BD20 从宀䣿聲。同夒，亦作䣿，國族名。䣿姬，師䞣父的夫人。西周中期。

02560 王伯姜鼎 王白姜作季姬福母媵鼎，季姬其永寶用。

福²ᴮᴰ¹⁷ 與福同。季姬福母，周懿王的姐或妹。

02563 曾者子瞭鼎 曾者子𩰬用作滷鼎，用亯于祖，子孫永壽。

𩰬²ᶜ⁹⁴⁷ 讀若瞭。曾者子𩰬，人名。春秋早期。

02566 黃子鼎 黃子作黃甫夫人行器，則永祜福，䰙䰙霝終霝後

☞ 02497

02567 黃子鼎 黃子作黃甫夫人孟姬器，則永祜霝䰙。

䰙²ᴮᴰ⁰⁰ 或同䡄。

02570-1 掃片昶狄鼎 掃片昶狄作寶鼎，其萬年，子孫永寶用亯。

狄²ᴮ³⁸⁸ 从豸买聲。掃片昶狄，春秋時期人。

帚⁰⁰⁰⁰⁰ 从又帚聲。讀若掃。

02573 鄧公乘鼎 鄧公乘自作飤鼒，其眉壽無朞，羕永保用之。

鼒²ᶜᴱ⁶ᶜ 从鼎䋣聲。鼎名，鑄鼎。或稱作鎘、鉻、鈑。

02578 孋作庚鼎 孋乍父庚鼎 㺇冊

孋²ᴬ⁹ᴮ⁰ 人名。商晚期。族徽㺇冊。

02579 嬰方鼎 嬰堇覲于王，癸日，賞嬰貝二朋，用作嬰媵彝。

嬰²ᴮᶜ⁸ᶜ 从女肅聲。人名。商晚期。

02582 辛中姬皇母鼎 辛中姬皇母作媵鼎。

中²⁰⁰⁶⁶ 即中。中氏，姬姓，出嫁到姬姓之有莘氏。中氏之國爲中國，爲周初分封的漢陽諸姬之一，在隨縣均川附近。

02585 鼠季鼎 鼠季作嬴嬴氏行鼎，子孫其覺壽萬年，永用亯。

嬴²ᴮ⁸⁸³ 从羸呈聲。嬴氏，讀若嬴氏。

02586 齊弇史喜鼎 伀弇史喜作寶鼎,其釁鬻萬年,子子孫孫永寶用。

弇²ᶜ³²ᴬ 讀若抙。伀抙史喜,西周晚期人。

02588 遽亥鼎 宋牆公之孫遽亥,自作會鑰鼎,子子孫孫永鬻用之。

牆²ᶜ³⁰ᴬ 同牆,加口旁爲飾。宋牆公,即宋莊公,遽亥的祖父,春秋早期宋國國君,名馮。

02589 弗奴父鼎 弗奴父作孟妅宁䑋鼎 䑋鼎,其釁鬻眉壽萬年,永寶用。

妅²ᴮᶜ⁰⁷ 同姒。讀若姒。孟妅,弗奴父的夫人。春秋早期。

宁²¹⁹ᴰᴮ 讀若府。

02590 十三年上官鼎 十三年,鄴陰命率上官冢子疾,治勝釗,䏍料。☞ 02527,02773

鄴²ᶜᴬ⁹⁴ 从邑梁聲。同梁。地名。

陰²ᶜᴮᶜ⁹ 鄴陰,讀若梁陰,魏國縣名。

䏍²²²⁷ᶜ 䏍料,容半齋之省。

02594 戊寅作父丁方鼎 戊寅,王曰:歔隱馬,彫。賜貝,用乍父丁䁭彝 亞受。

歔²ᴬᴮᴰꟻ 从攴囂聲。

彫²ᴮᴱ⁴⁹ 讀若彤。

隱²ᶜᴮᴰ⁷ 从阜恩聲。歔隱馬,人名,族徽亞受。商晚期。

02603-4 郳子㠯車鼎 唯綮子㠯車作行鼎,子孫永寶,萬年無畾疆。自用 腹銘多此二字 ☞ 10337

綮²ᶜ⁵ᶜᴰ 从糸吒聲。與倪、郳同。國族名。綮子㠯車,讀郳子宿車,郳國人。春秋早期。

02606 曾孫無期鼎 曾孫無期自作飤䵼。眉壽無彊,子孫永寶用之 ☞ 02231

期²ᴮ⁹³¹ 同期。無期,春秋晚期人。

02607 乙鼎 七月丁亥,乙自作飤䵼,其眉壽無期,永保用之 ☞ 02231, 02606

期²ᴮ⁹³¹ 同期。讀若期。

02608 十一年庫嗇夫鼎 十一年,庫嗇夫肖不䇂寅氏大䤴所爲,空容二斗。

䇂²ᴮ⁹ᴱ⁰ 或作䇂。趙不䇂,戰國晚期人,擔任魏寅氏庫嗇夫一職。

寅²⁷ᴰ⁵² 同貯。　　　　　䤴²ᶜ⁵²³ 讀若令。

02609 二十七年大梁司寇鼎 梁廿又七年 梁惠王 27 年,B.C.343 大梁 河南開封 司寇肖㠯智 趙無疾 釸,爲量膚四分〔齋〕☞ 02527

02611 三十五年鼎 卅五年 魏惠王 35 年,B.C.335 虎命周收䀠事犳冶期釸。膚料半齋。下官 ☞ 02527

虎²ᴮᶜᴰ⁴ 讀若虒。魏地。　　　犳²⁴⁷⁶⁹ 从犬矛聲。人名。

02612-3 揚方鼎 己亥,珥見事于彭,車甹賞珥馬,用作父庚彝 竈 ☞ 02255

02614 曆方鼎 曆肇對元德,考𣄪佳井,作寶隩彝,其用夙夕𩰬言。

𣄪²ᶜ⁰⁶¹ 考𣄪佳井,讀若孝友唯型。

02615 鴻叔鼎 鳿甹從王南征,唯歸。唯八月在䣪𡬱,誃作寶鬲鼎 ☞ 03950《鴻叔簋》。

䣪²ᶜ⁶ᴱᴰ 地名。讀若頵。

𡬱²ᴮᶜᴮᶠ 古文居。指周王駐蹕之地。

殷周金文字宝 73

02620 曾子仲諆鼎 唯曾子中諆用其吉金，自作鑄彝，子子孫孫其永用之。

諆 2B33F 从言妻聲。或同諆。

02622 昶伯䇎鼎 唯昶白䇎自作寶䃐盌，其萬年無疆，子子孫孫永寶用亯。

䇎 2AD28 讀若業。昶白䇎，楚國昶氏族人。春秋早期。

盌 2C425 从皿沱聲。䃐盌，讀若䃐䭔。☞ 02551

02623 楚王熊前鼎 集腋。祜鼎以上蓋面集腋以上蓋内楚王酓肯作鑄鐈鼎，以共歲嘗。☞ 02479

腋 8130 从肉豆聲。周法高讀若廚。

祜 2C4AC 从示工聲。讀若工或扛。

02624 樊季氏孫仲嬴鼎 唯正月初吉乙亥，樊季氏孫中嬴〔擇〕其吉金，自作䃐沱。

嬴 23353 同嬴。中嬴，讀若仲芈。

䃐 2C4A4 䃐沱，䃐䭔。☞ 02551

02626-7 獻侯鼎 唯成王大㚔祓在宗周鎬京，賞獻㚒顥貝，用作丁侯障彝亀。

顥 2CC51 人名。獻㚒顥，獻國族首領。族徽亀。西周早期。

02631 南公有嗣鼎 南公有嗣誓作障鼎，其萬年子子孫孫，永寶用亯于宗廟。

誓 2B1D2 从白秋聲。誓字初文。南公有嗣誓，名誓，擔任南公氏族的有司一職。西周晚期。

02634-6 虢文公子伎鼎 虢文公子伎作乕妃鼎 ☞ 00683

02638 弟叟鼎 異庆賜弟叟嗣烕，弟叟作寶鼎，其萬年子子孫孫永寶用。

烕 2AE2C 从戈从凡。嗣烕或讀司烕。

02640-1 邾肇伯鼎 黿肇白作此嬴隓鼎，其萬年眉壽無疆，子子孫孫永寶用。

肇 2B57F 或讀翔。或釋義。黿肇伯，春秋早期邾國人，夫人爲此嬴。

02642 杞伯每刃鼎 杞白每刃作黿嬘寶鼎，其萬年眉壽，子孫永寶用言。☞ 02494

02643 鄧伯氏姒氏鼎 唯登鄧八月初吉，白氏、始氏作嗣婷罘朕嬻鼎，其永寶用。

嗣 23353 同孅。芈婷罘，伯氏、姒氏的女兒。西周宣王時期。

02644-5 歸墼鼎 廊季之白伯，哥歸墼用其吉金，自作寶鼎，子孫永寶用之。

墼 00000 从夷从土。歸墼，人名。春秋早期。

廊 2BDEA 从广皀聲。廊季，人名，歸墼之弟。春秋早期。

02646 叔夜鼎 弔夜盉其餯饋鼎，以征以行，用䰉用䰸，用禰眉壽無疆。

䰉 2C442 讀若䰲。　　　　䰸 2CD3B 讀若烹。

02648 小子䍙鼎 乙亥，子賜小子䍙。王賞貝。才竸師。䍙用作父己寶隓異。

䍙 2C665 䍙，商代晚期人，族徽異。

䬃 2B85C 讀若次。才竸䬃，在竸地駐紮。

02652 徐太子伯辰鼎 唯五月初吉丁亥,涂大子白辰囗作爲其好妻囗〔鼎〕,囗于橐亞,永寶用之。

亞 2C179 从帀从止。讀若次。駐紮。

02654 亳鼎 公厌賜亳杞土麋土粿禾齔禾。亳敢對公中休,用作隩鼎。

粿 2B033 地名。　　齔 2B725 地名。

02659 嗣鼎 王初囗量于成周,溓公蔑嗣曆,賜睘囗夒嬰。嗣揚公休,用作父辛隩彝 內 ☞ 02730

溓 6E93 溓公,亦作濂公,即祭公謀父。

夒 2C2AA 讀若煩。

嬰 2BA4C 从又从眉。夒嬰,或地名。

02660 辛鼎 辛作寶,扣𠂤彊其無疆,㱿家𥞴德,皉用㯻㱿剝剛多友。多友贅辛,萬年唯人仁。

𥞴 2C1B3 同擁。讀若雍。　　㯻 2BA99 同豐,讀若禮。

贅 2C966 从夆从貝。讀若賚。賜福。

02670 旂鼎 唯八月初吉𧻚在乙卯 成王 8 年八月初一,公賜旂僕。旂用作文父日乙寶隩彝 巽

𧻚 2C17E 从止辰聲。亦作𧺰。古蹍字。讀若辰。

02671-2 盅父鼎 盅父作𩂢寶鼎,征令曰:有汝多兄䏍,毋有違汝,唯汝率我多友以事。

𩂢 2CA00 讀若揮。盅父的長輩,西周早期人。

征 224CA 征令,讀若徂命,改命。

違 2CA59 未詳。

02673 羌鼎 □令羌死尸嗣□官，羌對揚君令于彝，用作文考𡨦毛䵼彝，永余寶。

𡨦 2BCDE 𡨦叔，羌的父親。西周早期。

02674 征人鼎 丙午，天君饗禝西酒，在斤，天君賞氒征人斤貝，用作父丁隫彝 黿

禝 2B021 未詳。

02675 徐王糧鼎 郐王䊧用其良金，鑄其饙饋鼎，用䰞魚臘，用雝饔賓客，子子孫孫，世世是若 ☞ 10320

䊧 232BC 郐王䊧，即徐王季糧。

䰞 2CD39 从鬻采聲。讀若菜。或下部从羔，字釋作羹。或與鬻同，讀若饇，蒸。

02676-7 彔伯鼎 井姬晵歸，亦偁列祖考夌公宗室，□孝祀孝祭，彔白彔伯作井姬用鼎𣪘鼎簋。

晵 3AF6 井姬晵，讀若邢姬歸。

02679 𣃔叔樊鼎 𣃔弔樊作昜姚寶鼎，用亯孝于朕文祖，其萬年無彊，子孫永寶用。

𣃔 2C018 从㫃从壺。𣃔叔樊，名樊，𣃔族成員，夫人名陽姚。西周晚期。或謂从章，與旟同 ☞ 05906

02683-9 宗婦鄁鼎 王子剌公之宗婦鄁嬰，爲宗彝䵼彝，永寶用，以降大福，保辥嬖鄁國。

鄁 2CA95 从邑腊聲。國名。或同鄁。

嬰 2BC72 从女䀠聲。姓。䀠，國族名。鄁嬰，嬰姓婦女，嫁於鄁國王子剌公，鄁國宗婦。西周晚期。

殷周金文字宝 77

02695 員方鼎 唯征月旣望癸酉成王13年正月十四日王獸于眡斅，王令鼎執犬，休蕭。用作父甲鷺彝嘦 ☞ 05387

斅^{2BFDD} 从支嗇聲。眡斅，地名，讀若視廩。

02697-700 散伯車父鼎 唯王三年懿王4年八月初吉丁亥，㮰白車父作邿敔隓鼎，其萬年子子孫孫永寶 ☞ 03881, 04126《散季簋》, 09697

邿^{28681} 从邑旡聲，古國名。邿敔，姞姓婦女，散伯車父的夫人。

02701 宫廚左官鼎 公朱左𠂤。十一年周安王11年，B.C.391十一月乙巳朔朔或釋肭，月未盛之明，左𠂤冶大夫杖命冶𢽘鎣鼎，谷容一斛。

𢽘^{2BD6F} 張亞初讀若憚。　　鎣^{28BDC} 同鑾。鎣鼎，鑄鼎。

02702 右正㚆方鼎 丁亥。颯賞又正㚆㚒貝在穆朋二百，㚆辰颯賞，用作母己隓鬻以下器底銘亞異厎夨 ☞ 00688

㚆^{2BBFA} 从大从耳。讀若聯。又正㚆，作器者，異侯族亞厎夨分族人。又正，官職名，或讀有正。

耍^{2BC74}地名。　　　　　　　辰^{2A80D}讀若揚，崇美。

02703 堇鼎 匽灰燕侯令堇饎大儤太保于宗周。庚申，大儤賞堇貝，用作大子癸寶隩饎 丩冊 ☞ 00688，04195

饎^{2CC9F}或省皿作龡，與龡同，籀文飴。或讀若饗。

饎^{2CD3C}讀若煋。或釋饎，讀鍊。

02704 旟鼎 唯八月初吉，王姜康王后妃賜旟田三于待劃，師櫨亦讀師楷酤兄讀若闊貺，厚饋。用對王休，子子孫孫其永寶 ☞ 02740，05387

旟^{2C023}人名，即史旟，周朝史官，周初東征之主將。

劃^{2B99D}讀若割。待劃，地名。或讀徹田之徹。

02706 麥方鼎 唯十又一月，井灰邢侯征延嚃于麥，麥賜赤金，用作鼎，用從井灰征事，用饗多燎寮友 ☞ 09893

嚃^{2A899}亦作爾，鬲，讀若過，至也。

02707 右使車嗇夫鼎 厝里。十三茉，右使車嗇夫鄥痤，工笴。鈞二百六十二刀之鈞。莫□□。癸巳。

彶^{2BE52}同使。

鄥^{2CA9C}讀若齊。鄥虐，人名，擔任中山國右使庫嗇夫一職。

02708 戍嗣鼎 丙午，王商王紂賞戍嚳貝廿朋，在鬳宗，用作父癸寶鼒。唯王瓤鬳大室，在九月 犬魚

嚳^{2BCB1}同嗣。戍嚳，或作戍嗣子，商晚期人，其父考廟號曰癸，族徽犬魚。戍，武官名。

鬳^{2BD28}亦作鬲，閴本字。邑名。

鼒^{2CE69}从鼎从匕束聲。同鬻，即鍊，鼎實。銘文用作鼎名。

02709 尹光方鼎 乙亥，王餗，在彙師。王卿酉饗酒，尹光遷，唯各，賞貝。用作父丁彝。唯王正征井方冋

彙 2C256 地名。　　　　師 2B85C 同帥、次。安營紮寨。

02710 寑宬鼎 庚午，王令帚宬省北田三品，在二月。作冊友史賜賣䙼貝，用作父乙隩羊冊

宬 2C780 帚宬，讀若寑宬，擔任管理宗廟寑室一職。其族徽羊冊。商晚期。

賣 2B83E 囊中貯貝之形，爲計貝之囊的專字。賈貝，貝一囊，計貝三百枚。

䙼 2C972 賣字或隸定作䙼。

02711 作冊豐鼎 癸亥，王迖于乍冊般新宗。王賞作冊豐貝，太子賜東大貝。用作父己寶鸞煌 ☞ 00688

迖 2B41F 从辵从弋。與弋同。弋射。

02712 乃子克鼎 叔辛白蔑乃子克曆，宦絲五十鋝，用作父辛寶隩彝。辛白其竝毌永匋福鼎

叔 2BA38 同敊。亦作叙、敊。叔辛伯，乃子克的上司，西周早期人。

02714 鄗公湯鼎 唯王八月既望，鄗公湯用其吉金，自作薦鼎，其萬年無疆，子子孫孫永寶用言 ☞ 04016

鄗 2B464 从邑冒聲。或曰通郵。鄗公湯，春秋早期鄗地封君，名湯，字伯韮。

02715-6 庚兒鼎 唯正月初吉丁亥，郯王徐王之子庚兒，自作飤䥽，用征用行，用龢用鸞，眉壽無疆 ☞ 02231

02717 王子㝬鼎 唯正月初吉丁亥，王子㝬側羃其吉金，自作飤鼾，其眉壽無諆期，子子孫孫永保用之。

鼾 2A506 鼾字临摹之誤。鼾，亦作鬴、錳，盂鼎。又稱作鑊。

02719 公貿鼎 唯十又二月初吉壬午，羋氏使貧安羃白，賓貧馬繐乘，公貿用牧，休鱻休鮮，休善。用作寶彝。

貧 2C950 人名，字公貿。西周中期。貧，亦作爺。楊樹達：疑泉布之布本字 ☞ 05270

繐 2C60D 同轡。賓貧馬繐乘：紀伯贈送給布馬轡一乘。

02720 井鼎 唯七月，王在莽京。辛卯，王漁于㴬池，呼井從漁，攸賜魚。對揚王休，用作寶隒鼎。

㴬 2A9DE 㴬池，地名。

02721 甋鼎 唯十又一月，師雒父眚衛省道至于獣，甋從。其父蔑甋厤，賜金，對揚其父休，用作寶鼎。☞ 00948

甋 2BD08 人名。西周中期。亦作遇。雒 29022 師雒父，即師雍父。

02722 宿兒鼎 唯正八月初吉壬申，蘇公之孫寬兒，羃其吉金，自作飤𩰫，眉壽無畁，永保用之。☞ 02231, 10261

寬 2BD12 从宀莧聲。讀宿，姓氏。寬兒，春秋時期人。或釋籫。

02724 毛公旅方鼎 毛公旟鼎，亦唯𣪘，我用飲厚𥁞我友，𣪘其用飺，亦引唯考。肆毋有弗譠，昰用壽考。

𣪘 2B3EF 同匓。

飺 2C061 古文友。𣪘其用飺，讀若飭其用侑，侑勸飽食。

肆 2C6AE 讀若肆。語辭，與惟通。

譠 2BDAA 从誩从竟。弗譠，讀若弗順。

殷周金文字宝 *81*

02725-6 歸妞方鼎 唯八月，辰在乙亥，王在葊京。王賜歸妞進金。肄叔對揚王休，用作父辛寶齋 亞束 ☞ 00920

肄 2C6AE 讀若肆。語辭，與惟通。

02729 姅奚方鼎 唯二月初吉庚寅，在宗周，楷中賞毕姅奚逐毛旒旄兩、馬匹，對揚尹休，用作己公寶隥彝。

姅 2BC27 从女羊聲。或讀養。姅奚，周成王時期人。

02730 厚趠方鼎 唯王來各于成周年，厚趠有償于濂公 亦作濂公，即祭公謀父。趠用作毕文考父辛寶隥齋，其子孫永寶 束

償 2B900 从貝偣省聲。讀若貨。

02731 黽鼎 王令趞蔵東反尸 叛夷，黽肇從趞征，攻冊無啻，告于人身，俘戈，用作寶隥彝，子孫其祢寶。

趞 2E6C9 从走昔聲。讀若遣。

蔵 2B24F 古文捷。　　祢 2CA23 同永。

冊 2BAA1 同龠。借作籲，拔也。攻冊無啻，讀若攻籲無敵。

02732 筥太史申鼎 唯正月初吉辛亥，鄦申之孫筥大史申，作其造鼎十。用延以迎，以御賓客，子孫是若。

鄦 2CAA2 或釋鄭，或釋鄁，地名。

申 2BCB9 从宀中聲。鄦申，或讀樊仲，筥國太史申的祖父。春秋中期。鄦申，或釋鄁安。

02734 仲㒑父鼎 唯正五月初吉丁亥，噂白邊及中㒑父伐南淮尸，孚金，用作寶鼎。

噂 565A 噂白邊，即鄩伯邊，鄩國族首領，名邊 ☞ 10221

㒑 2B8D0 讀若催。仲㒑父，人名。西周晚期。

02738 蔡大師鼎 唯正月初吉丁亥，布大師腴媵鄦毛姬可母飤䥬。用旃鬠鬻，邁年無彊，子子孫孫永寶用之。☞ 02231

鄦²ᶜᴬᴬ¹ 亦作鄩、鼆，省作無，今作許，國名，故地在河南許昌。

02739 㘰方鼎 唯周公于征伐東尸，豐白鄦白尃古薄姑咸戈克。公歸，䄜于周廟。戊辰，酓飲秦酓，公賞㘰貝百朋，用作隩鼎。

㘰²ᴮᴮᴮ⁹ 人名。讀若坽。西周早期。

䄜²ᶜ⁴ᶜᶠ 祭名。

02740-1 寍鼎 唯王伐東尸夷漾公溓公，即祭公謀父令寍眔史旟曰：以舿毕眔有嗣後或國戠伐䐗。寍俘貝，寍用作饋公寶隩鼎。☞ 00567、02704

寍²¹ᴬ⁵ᴰ 同寧。讀若膾。西周早期人名。

舿²ᴮ⁸⁵ᴬ 人名。　　　　　戠²ᴬᴮ⁵² 或作戠。戠伐，戡伐。

䐗²ᶜ⁰⁸ᴱ 或同貃，古文貉。讀䝓，古國名。

02743-4 仲師父鼎 中師父作季妓始寶隩鼎，其用言用考，于皇祖帝考，用賜眉壽無彊，其子孫萬年，永寶用言。

妓²ᴬ⁹⁶⁹ 从女支聲。季妓姒，仲師父的夫人。西周晚期。

02746 梁十九年亡智鼎 梁十九年梁惠王 19 年，B.C.351 亾智眔戠齍夫庶庵羃吉金，釙肘鑄鼎少粁半。穆穆魯辟，遵省朔旁徂省朔方，信于兹从，䵼年萬歷萬年丕承 ☞ 02609

庵²ᴮᴱ⁰⁴ 庶庵，人名。　　　　肘²ᶜ⁰⁷¹ 讀若鼐。或讀若載。

02748 庚嬴鼎 唯廿又二年康王 22 年，B.C.1049 三月既望己酉，王歈琱宫，衣卒事。丁子曰王蔑庚嬴曆，賜爵、韎、貝十朋。對王休，用作寶鼎。

欲 238DF 从欠客聲。讀若格，至。

𩰫 2C527 𩰫章合文，即大璋 ☞ 04298

02750 上鄀太子鼎 二曾𠟻姓大子䘭䘭，乃𤔲吉金，自作𩰫彝。心聖若愲，哀哀利錐。用考用言，旣𩱤無測。父母嘉寺持，多用旨食。

愲 2BED6 同慮。

02751-2 中方鼎 唯王令南宮伐反叛虎方之年，王令中先，省南或國𦥑行，𦥑王応在夔陘眞山。中乎歸饋生鳳于王，𦥑于寶彝 ☞ 00949

𦥑 26980 古文串。𦥑行，貫通道路。

𦥑 2C0B4 同埶，藝字初文。讀若設。

02753 下鄀雍公緘鼎 唯十又三月旣死霸壬午，二蠚雝公緘作隩鼎。用追言丂孝于皇祖考，用乞釁壽，萬年無疆，子子孫孫永寶用 ☞ 00059，04183，04600

蠚 881A 亦作蠚、蠚，或稱下蠚，即鄀，西周古國名。西周晚期从邑作鄀，或稱上鄀。

緘 27B76 讀若緘。雝公緘，亦稱蠚公緘，鄀國國君。

02754 呂方鼎 唯五月旣死霸，辰在壬戌，王饇昏大室。呂呂𠟻延延于大室，王賜呂𤔲三卣，貝卅朋。對揚王休，用作寶齋，〔其〕子孫永用。

𤔲 29C24 即秬鬯。

02755 㝵鼎 唯王九月旣望乙巳，遣中令㝵耕嗣莫甸田。㝵拜頴首，對揚遣中休，用作朕文考鼇韋隩鼎，其孫孫子子其永寶。

㝵 2C505 人名。西周中期。

02756 寓鼎 唯二月既生霸丁丑,王在荓京眞□。戊寅,王蔑寓曆。史使廖諄大人賜作冊寓畀倬。寓拜頴首,對王休,用作隩彝。

廖 2BE07 史廖,讀若使諄,輔佐。

02757 曾子斪鼎 曾子斪羃其吉金,用盥烏彝,惠于刺曲,㲿犀下保,臧敔集〔功〕,百民是奠,孔䴊□□,事于三國,用孝用亯,民俱俾饗。

㲿 2BB44 釋作盉 ☞ 00261

02758 作冊大方鼎 公束盥鑄武王成王異匜鼎,唯三月既生霸己丑,公賞乍冊大白馬,大揚皇天尹大僳太保宲,用作祖丁寶隩彝

鳥冊

宲 2BCC7 讀若休。讚賞。　　鳥 00000 鳥冊,族徽。

02762 史顡鼎 叟顡作朕皇考釐中、王皇母泉母隩鼎,用追公孝,用祈匀馭譸、永命、顝宇靈終顡其邁年,多福無彊,子子孫孫永寶用亯。

顡 2CC50 讀若顗。叟顡,即史伯碩父,西周懿王時期史氏家族族長,名顡,字碩父 ☞ 02777《史伯碩父鼎》。

02763 我方鼎 唯十月又一月丁亥。我作禦祏祖乙匕妣乙祖己匕癸,祉衍袷,絜二母。咸,畀异,遣祼。二不㝵,貝五朋。用作父己寶隩彝 亞若

祏 2B009 或讀若盂。祭名。

絜 2C4CA 从叔省束聲。祭名。祉袷絜二母,接續袷祭、叔祭妣乙妣癸二母。

畀 2BE1F 从尸卂聲。讀若輿。　　异 2BE26 畀或釋作异。

殷周金文字宝 85

02764 三十二年平安君鼎 卅二年，坪安邦𤔲客，庸四分䉛，五益
鑞六釿半釿四分釿之冢重。以上蓋銘。以下器銘卅三年，單父上官乳子
憙所受坪安君石它礴䂿。上官 ☞ 01808, 02793

𤔲 2BFFA 讀若司。司客，官名。

02765 蝸鼎 唯三月初吉，蝸蝸來遘覲于妊氏，妊氏令蝸：事使保
𠂤家。因付𠂤祖僕二家。蝸拜頴首。曰：休朕皇君弗醒𠂤寶保
臣。對揚，用作寶䵼。

醒 2CAB6 讀若忘。

02766 徐螯尹瞀鼎 唯正月吉日初庚，郐瞀尹瞀自作湯鼎。𠤎良聖
每，余敢敬明盟祀。以淒涂俗，以知䖵誨。壽躬穀子，眉壽無其
期，永保用之。

瞀 2C968 原字或釋作䝿，讀螯。郐瞀尹瞀，春秋晚期人，擔任徐
國資尹一職。

𠤎 2BB44 𠤎良聖每，讀若溫良聖誨 ☞ 00261

誨 2C8BE 同誨。䖵誨，讀若恤賑。

02767 㱿叔鼎 唯王厲王正月初吉乙丑，㱿𠂤伀姬作寶鼎，其用喜
于文祖考，㱿𠂤罙伀姬其壽考，多宗，永命，㱿𠂤伀姬其邁年
季孫永寶。

伀 3430 古文信。伀姬即㱿姬，㱿叔的夫人。伀，㱿姬之名。

耂 2C689 讀若考。

02768-70 梁其鼎 唯五月初吉壬申，沏其作䵼鼎，用喜考孝于皇且
考，用祈多福，眉壽無彊，畯臣天〔子〕，其百子千孫，其萬年
無彊，其子子孫孫永寶用 ☞ 00187

02771-2 郜公平侯鼎 唯郜八月初吉癸未，郜公平医自作隩錳，用追孝于毕皇祖晨公，于毕皇考犀蚣公，用肠襃壽，萬年無彊，子孫永寶用言。

錳 2CAE2 同盂。亦作鼎 ☞ 02216

蚣 2C41F 从公孟聲。犀蚣公，讀若犀盂公，春秋早期人。

肠 2E324 从肉易聲。用肠襃壽，讀若用賜眉壽。

02773 信安君鼎 器蓋訩安君厶官。膚料。眠事欱冶瘝。十二年，稱二鎰六釿。下官。膚料 ☞ 01808、02527、T.02135

訩 2C8AD 从言身聲。與信同。訩安君，即魏國宰相魏信。

膚 2227C 膚料，容半齋之省。

02774 帥鼎 帥隹懋，靰念王母菫，勹自作後。王母厌賞毕文母，魯公孫用鼎。乃鶪子帥隹，王母唯用自念于周公孫子，曰：余弋母韋又謹。

靰 2C181 靰念王母菫，兄念王母勤。

勹 2B9C0 讀若陶。人名。

厌 2A80A 从厂吴聲。

謹 27B45 母韋又謹，讀若毋庸有忘 ☞ 04205

02775 小臣夌鼎 正月，王在成周，王迖于楚麓，令小臣夌先眚楚庐。王至于迖庐，無遣諿。小臣夌賜貝、賜馬丙兩。夌拜頴首，對揚王休，用作季嫶媜寶隩彝。

迖 2B41F 从辵从弋。與弋同。弋射。

嫶 21900 同媜，讀妘，姓。季妘，小臣夌的妻子。西周早期。

02778 史獸鼎 尹令史獸立工于成周。十又二月癸未，史獸獻工于尹。咸獻工。尹賞史獸爵，賜豕鼎一、舩一。對揚皇尹丕顯休，用作父庚永寶障彝。

舥²⁷⁸E⁰ 从爵角正聲。或釋鉦，爵別稱。字又見 T2.0666《燕侯旨爵》。

02779 師同鼎 羿畀其井，師同從，折首執噽。孚將車馬五乘，大車廿，羊百韌，用造王羞于噩。孚戎金胄卅，戎鼎廿，鋪䤥五十，鐱劍廿，用鑄茲障鼎，子子孫孫其永寶用。

羿²ᶜ¹⁹³ 或作䍁。羿畀，敵酋之名。䍁畀其井師同從，讀若䍁畀其形師同縱，敵人一出現，師同即追擊。

韌³⁴ᴰᴱ 羊百韌，讀若羊百挈，一百捆羊肉。

02780 師湯父鼎 唯十又二月初吉丙午，王在周新宮，在射廬。王呼宰膚賜盛弓，象弭，矢臸，彤干。師湯父拜頴首，作朕文考毛弔䵼彝，其邁年，子子孫孫永寶用。

臸²ᶜ⁶F³ 同䤴。矢臸，讀若矢志，即志矢，帶翼骨鏃。

02782 哀成叔鼎 正月庚午，嘉曰：余鄭㚰之產，少去母父，乍鑄飤器黃鑊。君既安葟，亦弗其孟蔓。嘉是惟哀成韋之鼎，永用禋祀，死尸于下土，以事康公，勿或能㠯。

鄭²ᶜᴰ²⁴ 同鄭。

孟²ᶜ⁴²⁶ 从皿沬聲。孟蔓，讀若黍臞，黏黍米餅。《敦煌.S.617.俗務要名林·飲食部》黍臞，黏米餅也。西周《仲戲父盤》黍作沬。《仲戲父盤》見《三代·17.10.2》，器或偽，未收。

禋²ᴮᴰ⁰ᴰ 讀若禋。

㠯²ᴮᴬ⁵ᴱ 讀若已。

02783 七年趞曹鼎 唯七年十月既生霸，王恭王在周般宮。旦，王各大室，井白入佑趞曹，立中廷，北嚮，賜趞曹𢧵市，冋黃綗橫，䜌䜌。趞曹拜頴首，敢對揚天子休，用作寶鼎，用卿倗眷。

𢧵^2CC2B 讀若緇。《說文》緇，帛黑色。

眷^2C061 用卿倗眷，用饗朋友。

02784 十五年趞曹鼎 唯十又五年 恭王15年 五月既生霸壬午，龏王在周新宮。王射于射盧 廬。史趞曹賜弓、矢、夬 引弦彄、櫕、冑、干、殳。趞曹敢對曹拜頴首，敢對揚天子休，用作寶鼎，用饗倗眷 朋友。

干^2C09B 讀若盾。

02785 中方鼎 唯十又三月庚寅，王在寒𩦡，王令大史兄 貺禍土。王曰：中，茲禍人入史 事，賜于珷王作臣。今兄 貺畀汝禍土，作乃采。中對王休令，𩰤父乙隩。唯臣尙中臣：七八六六六六𠀠，八七六六六六𠀠。

𩦡^2B85C 讀若次，駐扎。　　　禍^4650 从衣从鬲。地名。

中^20066 即中，西周康昭時期人 ☞ 02582

02787-8 史頌鼎 ☞ 04229《史頌簋》。

02789 彔方鼎 唯九月既望乙丑，在𡉚𠂤。王𠚯姜事 使內史友員賜彔 玄衣朱襮裣。彔拜頴首，對揚王𠚯姜休，用作寶𩰤隩鼎，其用夙夜亯孝于厥文祖乙公，于文妣日戊。

彔^00000 人名。亦稱彔伯彔，彔國族首領。

𡉚^2B882 同𡉚，《說文》籀文堂。地名。或从邑作𨛳，即楚地堂谿。才𡉚𠂤，讀若在𡉚次，在𡉚地駐扎。

𡉚^2CD1E 𡉚或釋作𡉚。

妞²ᴮ⁹⁸⁶即俎。王妞姜，周穆王的后妃，姜姓。或釋作刞 ☞ 02072
妣²¹⁶ᴬ⁷金文妣。

02793 平安君鼎 廿八年，坪安邦肆客肼四分齋，六益鎰半鋝之冢
重。卅三年，單父上官嗣䆊所受坪安君石它䃼䃼 ☞ 02764

肼²ᶜ⁰⁷¹讀若肅。或讀若載。

02794 楚王熊悍鼎 器蓋外沿楚王酓忑戰獲兵銅。正月吉日，窒鑄喬
鑄鼎之盍蓋，以供歲嘗器蓋內佀巾專秦，差佐苛滕爲之。集脰器腹外
楚王酓忑戰獲兵銅，正月吉日，窒鑄喬鼎，以共歲嘗。冶師盤埜，
差秦忑爲之器口沿外集脰器腹外三楚器底編號。

忑²ᴮᴱ⁶ᶠ從心干聲。楚王酓忑，即楚幽王熊悍，B. C. 237-B. C. 228
在位 ☞ 10158

窒²ᴬ⁹ᴱ⁷讀若令，善也。或讀若室。
歲²ᴮᴱᶠ⁴即歲，歲祭。楚文字歲從月。
嘗²ᶜ⁴ᶜ²從示尚聲。讀若嘗，秋祭。
佀²⁰¹ᴰᴰ佀巾，官名。佀巾專秦，讀若佀師傅秦。
滕²ᶜ⁰⁹⁰人名。苛滕，楚國冶鑄作坊的冶師。戰國晚期 ☞ 09931
脰⁸¹³⁰讀若廚。

02797-802 小克鼎 唯王廿又三年九月，王宣王在宗周，王命譱夫
克舍令于成周，遹正整頓八自之年，克作朕皇祖釐季寶宗彞，
克其日用礛，朕辟魯休，用匄康勴屯右純祐，覺壽眉壽永命永命靁
㚔令終，邁年無彊，克其子子孫孫永寶用。

勴²ᴬ⁷ᴱ³同龠，讀若樂。

02803 令鼎 王大耤農藉農于諆田，餳觴。王射，有䚄眔師氏小子卿射，王歸自諆田。王駿溓中僕，令眔奮先馬走。王曰：令眔奮，乃若克至，余其舍捨汝臣十家。王至于溓宮，歓。令拜頴首。曰：小子鹵學効。令對揚王休。

卿 2B9FB 讀若佮。匹合。

駿 298D3 同馭。王駿溓中，讀若王馭溓仲。王馭，官名。

僕 2BE06 讀若僕。御車者。　　歓 2BFB1 讀若嬰。悅樂也。

02804 利鼎 唯王九月丁亥，王客格于般宮，井白邢伯，名覜入佑利，立中廷，北嚮。王呼作命內史冊命利。曰：賜汝赤㠯市、鑾旂，用事。利拜頴首，對揚天子丕顯皇休，用飲作朕文考㴾白隩鼎，利其萬年子孫永寶用。

㴾 2C216 讀若漣。㴾伯，漣國族首領。西周中期。

02807-8 大鼎 唯十又五年三月既霸丁亥，王夷王在糲侲宮，大目氒友守。王饗醴。王呼善大騠召大目氒友入攼扞。王召走趣馬雁，令取誰騅駽卅二匹賜大。大拜頴首，對揚天子丕顯休，用作朕剌考己白盂鼎，大其子子孫孫邁年永寶用。

糲 2AF9A 糲侲宮，宮名。糲侲，即歸脤。

騠 2CCEC 从馬更聲。善大騠，當作膳夫騠，西周中期人，擔任膳夫之職。

駽 2CCED 从馬岡聲。公馬。

02809 師旂鼎 唯三月丁卯，師旂眾僕不從王征于方䤱方雷，方國名，事使氒友引以告于白懋父，在芳。白懋父鹵罰得戛古三百鍰，今弗克氒罰。懋父令曰：義敓宜播。㪔，氒不從氒右征。今毋敉，鼎有納于師旂，引以告中史書，旂對乎敶于陵彝。

聶^{2BDE2} 聶古，未詳。　　期^{2B931} 讀若其。

敉^{2BFB6} 同敽。讀若播。意爲播遷，流放。義敉，讀若宜播。

敶^{4773} 亦作敘。讀若劾。或讀讞，議罪也。

02810 鄂侯馭方鼎　王南征，伐角僑遹。唯還自征，在坏邲噩厌敔方納壺于王，乃祼之。馭方蒼王。王休俟，乃射。馭方卿王射，馭方休闌。王寡，咸舍飮。王覘親賜馭〔方玉〕五瑴，馬三匹，矢五〔束，馭〕方撵手頴首，敢〔對揚〕天子丕顯休釐，用作陵鼎，其邁年子孫永寶用☞04459

蒼^{2C061} 讀若宥。　　俟^{2A73F} 讀若宴。

卿^{2B9FB} 讀若佮。　　釐^{2C966} 讀若賚。

寡^{2BCDE} 讀若揚。王寡，王揚闌，王的矢飛越過侯框，即馭方和王都沒有射中。

02811 王子午鼎　倗馮之遹鼒以上蓋。以下腹內壁 唯正月初吉丁亥，王子午擇其吉金，自作彝遹鼎，用亯以孝于我皇祖文考，用誓嚳壽。酉盞龡层，畏期趯趯。敬乎盟祀，永受其福。余不畏不差，惠于政德，悆于威義，闌闌獸獸。令尹子庚即王子午殹敡民之所亟。萬年無諆期，子孫是制☞00261, 02215

遹^{2CA46} 借作飢，讀若載。字从濔从辵，或濔繁文，釋作瀝字異體，讀若歷，義爲陳列。

誓^{2C8C3} 从言旂聲。祈字初文。　　期^{2B931} 畏期趯趯，畏忌翼翼。

悆^{2AAE5} 悆于威義闌闌獸獸，讀若淑于威儀簡簡嘽嘽。

02812 師望鼎 大師小子師朢曰：丕顯皇考宄公，穆穆克盟明氒心，愻氒德，用辟于先王，𣪘屯亾敃德純無愍。朢肇帥型皇考，虔夙夜，出入王命，不敢不㝬不妻，王用弗諻聖人之後，多蔑曆賜休。朢敢對揚天子丕顯魯休，用作朕皇考宄公𩛥鼎。

朢 2C092 讀若望。師朢，人名，太師的屬官。西周中期。

㝬 2B92B 从八丏聲。讀若緬，緬懷。

妻 2C6AA 讀若規。規矩，法度。　諻 27B45 讀若忘。

02813 師奎父鼎 唯六月既生霸庚寅，王各于大室。嗣馬井白佑師奎父。王呼內史駒冊命師奎父，賜戠市冋黃絅橫、玄衣䊽屯純、戈琱䢎、旂，用𦔻乃父官友。奎父拜頴首，對揚天子不杯魯休，用追考孝于剌中，用作𩛥鼎，用匄釁壽、黃耉、吉康，師奎父其萬年子孫永寶用。

奎 21607 師奎父，人名。或稱奎父 ☞ 10322

戠 2CC2B 从韋㦰聲。讀若緇。《說文》緇，帛黑色。

䢎 2BEEF 从戈从肉。讀若馘。指戈較寬厚的柲部。戈琱䢎，戈柲帶有雕琢刻鏤飾紋的戈。

杯 2B82D 不杯，即丕顯，金文習語，指光明正大。

02815 趩鼎 唯十又九年宣王19年，B.C.809三月既望辛卯四月十四日王在周康邵宮康宮內之昭王廟，格于大室，即位。宰訊佑趩，入門，立㔿廷，北嚮。史留太史籀授王令書。王呼內史贏冊賜趩玄衣、純𦃂、赤市、朱橫、䜌旂、鋚勒，用事。趩捧頴首，敢對揚天子丕顯魯休，用作𣪕朕皇考龏白邵伯奠姬鄭姬寶鼎，其釁壽萬年，子子孫孫永寶。

訊 ²ᶜ⁸ᴬ⁰ 與吼、呬同。宰訊，人名，西周晚期擔任宰一職。

02816 伯晨鼎 唯王八月，辰在丙午，王命譻医白晨曰：㕁乃祖考医于譻。賜汝秬鬯一卣、玄袞衣、幽夫巿、赤舄、駒戴、畫呻䪠、虎韔、冟衷里幽、攸鋚勒、旅五旅櫓五具、彤弓、彤矢、旅㫃弓旅㫃矢、矛戈虢胄，用夙夜事，勿灋朕令。晨拜頴首，敢對揚王休，用作朕文考瀕公宮陑鼎，子孫其萬年永寶用。

譻 ²ᶜᴰ²⁰ 同垣。譻医白晨，垣侯伯晨，亦稱師晨，垣國族首領。

西周中期。

㕁 ²ᴮᴬ⁵ᴱ 讀若嗣。

䪠 ²ᶜᶜ²ᶠ 同幬。畫呻䪠㪉，讀若畫紳幬較。

韜²ᶜᶜ²ᴰ同幬。車罩。　　袠²ᶜ⁸⁴ᶠ囊袠，襓裱。

虣²ᶜ⁷ᶠ²讀若甲。虎皮包製之戰甲。虣冑，或省作幸冑，讀若甲冑。虣或作虦，誤 ☞ 09735

02819 裹鼎 唯廿又八年，五月既望庚寅，王在周康穆宮，旦，王各大室，即位。宰頵佑裹，入門，立中廷，北嚮，史淢授王命書。王呼史淢冊賜裹：玄衣黹屯純、赤市䈹、朱黃橫、䜌旂鑾旂、攸鋚勒、戈琱戟、歕必、彤矢。裹搫頴首，敢對揚天子丕顯叚遐休命，用作朕皇考奠鄭白姬隩鼎，裹其邁年，子孫永寶用。

歕²ᶜ¹⁶ᶠ从畀从欠。畀，古厚字。歕必，讀若緱柲。

矢²¹ᶜ⁷⁵彤矢，讀若彤綏。

02820 善鼎 王曰：蠚，昔先王既令汝佐足胥彙侯，今余唯肇䌛先王令，汝佐足胥彙侯，監燮師戍，賜汝乃祖旂，用事。蠚敢拜頴首，對揚皇天子不丕休。

彙²ᶜ²⁵⁶彙侯，彙國族首領。西周中期。

䌛²⁴⁵⁴ᶜ讀若申。重申。　　燮²ᶜ²ᴰᴰ燮師，即幽師，地名。

不²ᴮ⁸²ᴰ不丕，丕顯 ☞ 02813

02824 夨方鼎 夨曰：烏虖嗚呼王唯念夨辟剌考田公。王用肇事使乃子夨，達虎臣御禦灘戎。夨曰：烏虖，朕文考田公，文母日庚弋式休，則尚安永宕乃子夨心，安永襲夨身，毕復官于天子，唯毕事乃子夨萬年辟事天子，母又眈于毕身 ☞ 02789

田²ᴮᴮ⁴²囲。借作甲。　　襲²⁷⁷ᴰᶠ籀文襲。

灘²³ᶠ³²灘戎，讀若淮戎，即淮夷。或釋雍。或作雝。譌作雄。

眈²ᴬᶠᴬ¹讀若尤。母又眈，讀若毋有尤，不受傷害。

02825 善夫山鼎 唯卅又七年正月初吉庚戌，王厲王在周，格圖室。南宮乎入佑蕭膳夫山，入門，立中廷，北嚮。王呼史桒冊命山，王曰：山，令汝官嗣猷飲獻人于㫚，用作憲司寶，毋敢不蕭。賜汝玄衣㡀純、赤市朱橫、䜌旂。山捧頷首，受冊佩以出，反入堇章返納瑾璋。山敢對揚天子休令，用作朕皇考甹碩父即甗陾鼎，用䉷祈匄釁壽，綽綰永命需牙終，子子孫孫永寶用。

㫚 2BDB6 从巳克聲。地名。

02826 晉姜鼎 唯王九月乙亥，晉姜曰：余唯司嗣朕先姑君晉㫃。余不叚暇妄荒寧，巠雝經雍明德。宣卹我猷，用𥁊匹辥辟。每敏揚氒光剌，虔不彖惰。譖覃京㠯，臀我萬民。嘉遣我，易鹵賷千兩，勿灋廢文疾覯令。卑俾貫俑通弘，征繁湯陽雁，取氒吉金，用作寶陾鼎。用康頤妥褱，遠鎼君子。晉姜用䉷祈綽綰、釁壽，作疐惠爲亟極，萬年無彊，用言用德，盷允保其孫子，三壽是利。

辥 2CA1A 同辪。𥁊匹辥辟，讀若紹弼以辟。

臀 2C098 讀若嬖。

賷 27D69 讀若積。易鹵賷千兩，讀若賜旅積千輛。旅積，輜重。

覯 2C882 同覜。與顆、顧同。覯令，讀若顯命。

雁 2C969 地名。

頤 2CC45 擾字異文。康頤妥褱，讀若康柔綏懷。

鎼 2C93E 狀字異體。遠鎼，讀若遠邁。

02830 師𩵦鼎 唯王八祀正月辰在丁卯 恭王 8 年正月初五，B.C.941 王曰：師𩵦，汝克盡乃身，臣朕皇考穆王，用乃孔德璱屯，乃用心引正乃辟安德。叀余小子肇盅淑先王德，賜汝玄袞黼純、赤市朱横、䜌旆、大師金雁太師金膺、鋚勒。用型乃聖祖考，隣明綌令辟前王，事余一人。毃搏頴首，休白大師肩毌，毃臣皇辟天子，亦弗諆忘公上父獸德，毃穛獻厤白大師丕自作。小子夙夕尃古布護先祖剌德，用臣皇辟。白亦克鯀古先祖䵼孫子一毌皇辟懿德，用保王身。毃敢荓䇂王卑俾天子邁年祿䩢，白大師武臣保天子，用乎剌祖介德。毃敢對王休，用妥。乍祚公上父隓，于朕考䪬季易父𢻬秩宗。

璑 2C384 璑屯，讀遯純。

横 2B718 朱横，亦作朱黃，市肩上用以繫佩的紅帶子。經籍作衡。

旆 2C000 䜌旆，讀䜌旂。

肩 2BD54 或讀夷。

毌 2C3B2 从冊甚聲。讀若諶。

鯀 2B389 鯀古，讀若款護。

䵼 2BBC0 讀若盠。人名。

祿 2C86A 祿䩢。參見䩢。

䩢 2B590 讀若緯。祿䩢，或釋柬䩢。《銘文選》釋作華䪬。

䪬 2CD18 同韋。韋季易父，讀若郭季易父。

𢻬 2ABCE 𢻬宗，讀若秩宗。

02831 九年衛鼎 唯九年恭王9年正月既死霸庚辰，王在周駒宮，格廟。眉敖者膚為吏使見覲于王，王大黹。矩取眚車——軺幸、㐭虎冟幎、希韐、畫轉、攴帀鞎、帛䋣乘、金麃鉹。舍矩姜矩之妻帛三兩匹，鹵舍裘衛林䇂里。叔，乎唯顏林，我舍顏陳大馬兩，舍顏姒顏陳之妻䖒君，舍顏有嗣壽商𣀈裘、盄冟。矩鹵𥋎溓粦令壽商𥋎音。曰：顡，履付裘衛林䇂里。則乃成夆封三夆。顏小子具躉助夆，壽商闢。舍盄冟梯羝皮二，從𤔔皮二，鑾舄甬皮二，朏帛白金一釰，乎吳喜皮二。舍溓虡冟缨幸、韅㐭、東臣羔裘、

殷周金文字宝 97

顲下皮二。眾受，衛小子家逆，者諸其䤰，衛臣虢肸。衛用作朕文考寶鼎，衛其邁年永寶用。

歊²ᴮᶠᴰ¹ 眉歊者膚，人名。眉歊亦作眉敖，國名。者膚，職官名。

軞²ᶜ⁹ᶠ¹ 从車从比。軞夆或讀較幩，即較幩。

盲²ᴮᴱ²ᴰ 讀若鞎。車軾。

㡇⁵¹⁹ᶠ 盲虎㡇，讀若鞎虎幎，虎皮覆蓋車軾。

幑²ᴮᴱ⁶⁵ 㒺幑，讀若㒺幬，獸皮做的車幬。

夂²ᴮᶠᴬ⁶ 古文鞭。

帀²ᴮᴬ⁰² 古文蓆。夂帀鞿，皮條編製的馬鞭。

䜌²ᶜ⁶⁰⁴ 同蠻。

鋰²ᴮ⁴⁹ᴰ 金麤鋰，讀若金鑣鋞，青銅的銜鑣鎖。

罟²ᶜ⁰⁶ᴬ 林罟里，或指地名。罟里，或作㫺里，讀若狐貍。

虙²ᶜ⁷ᴱᶠ 从虍乘聲。或同䚇。虙兯，讀若騰絞，青黛色絞衣。

貙²ᴮᴮ⁵³ 同貊。貙裘，讀若貂裘。

畜²⁰ᴰᴮ⁷ 古文意。畜和壽商同爲矩的臣屬。

闚²ᶜᴰ³¹ 或讀若糾，查驗。

䂓²ᴮᴬ³¹ 古文業。䂓舃涌皮，讀若業鞋箬皮。

爕²ᴬᴱ⁸⁸ 同燦。爕夆，讀若鞣黄。 **纕**²ᶜᶜ³⁰ 同纕。

䤰²ᴮ⁹ᶜ⁴ 从刀朕聲。讀若騰。 **虢**²ᶜ⁷ᴱᶜ 人名。裘衛的家臣。

02832 五祀衛鼎　唯正月初吉庚戌，衛以邦君厲告于井白、白邑父、定白、䆿白、白俗父。曰：厲曰余執龏王恭王卹工恤功，于卲大室東逆東朔，東北，䜌營二川。〔厲又〕曰余舍捨汝田五田。正政卤矓厲曰：汝賔田不？厲卤許曰：余㝬審賔貯田五田。井白、白邑父、定白、𤔲白、白俗父卥顙，事使厲誓。卥令參有嗣：
嗣土邑人趞嗣馬頯人邦嗣工陶矩，內史友寺芻帥履裘衛厲田三
田，卥舍寓宇于乎邑。乎逆朔，北疆眔厲田，乎東疆眔散田，乎
南疆眔散田，眔政父田，乎西疆眔厲田。邦君厲眔付裘衛田，
厲韋子夙厲有嗣䰜季慶癸燹麇荆人敢井人偈犀。衛小子者諸其
鄉䖵。衛用作朕文考寶鼎，衛其萬年永寶用。唯王五祀 恭王5年

☞ 09456

寅 27D52 汝寅田不，汝賈田否。　　**審** 2BCE2 古文審。

燹 2C2DD 燹趞，人名。裘衛的家臣。

䖵 2B9C4 从勹朕聲。鄉䖵，讀若饗賸，宴請迎送。

02833 禹鼎 禹曰：丕顯趄趄皇祖穆公，克夾盨紹先王，奠三方。
肆武公亦弗叚遷望忘賸朕聖祖考幽大叔懿叔，命禹仆賸朕祖考，
政于井邦。肆禹亦弗敢惷專，賜惕共恭賸朕辟之命。烏虖哀哉！用
天降大喪于下或國，亦唯噩医駿方率南淮尸、東尸，廣伐南或，
至于歷內。王卥命西六𠂤、殷八𠂤曰：剫伐噩医駿方，勿遺壽幼。
肆𠂤彌忨伇匍匡恇，弗克伐噩。肆武公卥遣禹率公戎車百乘，斯
駿二百，徒千。曰：于遷將朕肅慕，憨助西六𠂤，殷八𠂤伐噩医
駿方，勿遺壽幼。雩禹以武公徒駿至于噩。辜敦伐噩，休獲乎
君駿方。肆禹有成，敢對揚武公丕顯耿光，用作大寶鼎，禹其
萬年子子孫孫寶用。

肆 2C6AE 讀若肆。語辭，與惟通。

仆 4EE6 讀若肖。效法，繼承。04276《豆閉簋》作𠈜，同。

駿 298D3 同馭。駿方，鄂侯名。斯駿，讀若廝馭，職官名。

剫 2B996 同戮。讀若撲。　　**伇** 2B380 伇匍，讀若匐恇。

02835 多友鼎1唯十月,用嚴允放興,廣伐京𠂤,告追于王。〔王〕命武公:遣乃元士,羞追于京𠂤。武公命多友衛公戈,羞追于京𠂤。

興^(2C310) 从廾興聲。與瘋同。嚴允放興,讀若獫狁方興。

02835 多友鼎2癸未,戎伐筍,衣卒俘,多友西追。甲申之辰晨,搏于郲郲多友有斯首,藝噒。凡以公戈斯首二百又囗又五人,藝噒廿又三人,俘戎戰百乘一十又七乘,衣復筍人俘。或又搏于龔共,斯首卅又六人,藝噒二人,俘戰十乘。從縱至追搏于世,多友或右又有斯首藝噒,乃趩追至于楊冢,公戈斯首百又十又五人,藝噒三人。唯俘戰不克吕用,衣焚,唯馬毆毆盡盡復,奪京𠂤之俘。

筍^(2C547) 讀若郇。地名。　　郲^(2CA7B) 地名。

郲^(48CB) 郲亦釋作郲。或即郲。　　噒^(2101A) 古文訊。藝噒,執訊。

趩^(2CA70) 同趩。趩追,讀若軼追,以車突擊。

02835 多友鼎3多友鹵獻俘、馘、噒于公,武公鹵獻于王。〔王〕鹵曰謂武公曰:汝既靜靖京𠂤,賚汝,賜汝土田。丁酉,武公在獻宮,鹵命向父佋多友,鹵迌延于獻宮,公窺親曰多友曰:余肇事使汝,休不噬,有成事,多禽擒,汝靜靖京𠂤,賜汝圭瓚一、湯錫鐘一牆、鐈鋚百鈞。多友敢對揚公休,用作隩鼎,用侕用㫃,其孑孫永寶用。

賚^(2C966) 讀若賫。

牆^(2C30D) 讀若肆。亦作敓、觲。一牆,一套。

㫃^(2C061) 古文友。

02836 大克鼎 克曰：穆穆朕文祖師㽙父，恩聰𢼸𦀚㽙心，宁靜于猷，
盄淑慎㽙德。肆克龏㽯保㽙辟龏王，諫辥𠭯王家，叀惠于萬民，頨
遠能𢼸。肆克口于皇天，琟于上下，旻屯亾叕德純無愍，賜贅無疆，
永念于㽙孫辟天子。天子明哲，顋孝于申，巠經，常也念㽙聖保
祖師㽙父，勔克王服，出入王令，多賜寶休，丕顯天子，天子其
萬年無疆，保辥周邦，䁗允尹三方。王在宗周，旦，王各穆廟，
即位，曬季佑膳夫克，入門，立中廷，北嚮。王呼尹氏冊命
膳夫克。王若曰：克，昔余既令汝出入朕令，今余唯曬橐申就，
重申乃令，賜汝叔巿參冋苪恩。賜汝田于埜，賜汝田于渒，賜汝
丼寓𤔲田于畮以與㽙臣妾。賜汝田于康，賜汝田于匽，賜汝田
于陴原，賜汝田于寒山。賜汝史、小臣，霝龠䤶鼓鐘。賜汝丼
微𤔲人觚。賜汝丼人奔于量，敬夙夜用事，勿灋廢朕令。克拜
頜首，敢對揚天子丕顯魯休，用作朕文祖師㽙父寶䵼彝，克其
萬年無疆，子子孫孫永寶用。

𢼸 2BB30 或釋襄，讀若讓。　　　𦀚 2BB0C 𢼸亦釋作𦀚。
宁 2C41E 讀若寧。　　　　　　肆 2C6AE 讀若肆。語辭，惟。
頨 2CC45 擾字異文。讀若柔。
𢼸 2C93E 狀字異體，釋作獼，讀若邇。《詩·大雅·民勞》柔遠能
　　邇，以定我王。
琟 2C379 或釋碩。　　　　　　贅 2C966 同鼇。讀若賚。
顋 2CC49 景。顋孝于申，讀顯孝於神。
勔 2A7E3 徐中舒釋嗣。
苪 26B15 讀若中。叔巿參冋苪恩，即素韠叁絅中蔥。

𩫆²ᴮ⁹ᶜ⁶ 族名。井寓𩫆田于埈，在埈地井人所居之𩫆田。
𤲁²⁴ᶜ⁸¹ 从山𨸏聲。古峻字。地名。
𨥠²ᴱ⁹⁶⁰ 𨥠原，地名。　　𨡋²ᴮ⁸⁴ᴮ 讀若聘。

02837 大盂鼎 1 唯九月，王在宗周，命盂。王若曰：盂，丕顯玟王，受天有大令天佑大命。在珷王嗣繼也玟作邦，闢乓匿，匍溥有三方，𨸏允正乓民。在雩于御事，歔祖酉酒無敢醶，有侑䫞紫烝祀無敢醸，古故天異翼臨子，灋保先王，[匍]有三方。我睧聞殷述令墜命，唯殷邊戻、田雩甸與、殷正百辟，率肆于酒，故喪自巳師祀。汝妹昧辰有大服，余惟即朕小學，汝勿觚余乃辟一人。今我惟即井啇于玟王正德，若玟王令二三正政。今余唯令汝盂盬召，紹㷉，苟𢼸德至，敏朝夕入讕諫，享奔走，畏接下半段。

闢²⁸ᴰ¹⁴ 古文闢。闢乓匿，讀若闢乓愿，除其惡。
醶²ᶜᴬᴮ⁴ 从火酤聲。醋字異體，讀若酖。典籍亦作湛。字或讀盬。
醸⁰⁰⁰⁰⁰ 从酉从夒。讀若擾。　　觚²ᴮ⁹ᶜ⁹ 同觚。讀若比。
啇²ᴮᶜᴰ⁶ 井啇，讀若型廩，效法秉承。
𢼸²ᶜ¹ᴮ³ 同擁。苟𢼸德至，讀若敬雍德經。

02837 大盂鼎 2。接上半段天畏威。王曰：而乃令汝盂井型，效法乃嗣祖南公。王曰：盂，囟盬夾死嗣戎，敏諫罰訟，夙夕盬詔我一人烝三方。雩我其，遹省先王受民受彊土，賜汝鬯一卣、冂衣、市、舄、戟、馬，賜乃祖南公南宮括旂，用遷。賜汝邦嗣三伯，人鬲自馭至于庶人，六百又五十又九夫，賜尸嗣夷司王臣十又三伯，人鬲千又五十夫。遷𡸁郾自乓土。王曰：盂，若敬乃正，勿灋廢朕令。盂用對王休，用作祖南公寶鼎。唯王廿又三祀康王23年。

盩²⁵⁰ᴰᴰ鹵盩夾死嗣戎，讀若乃詔夾尸司戎。詔夾，輔佐。尸司戎，主管戎兵。

戠²⁸³ᴰ⁶古文車。　　　　遷²ᶜᴬ⁶⁸从辵䚻聲。讀若戰。

駿²⁹⁸ᴰ³亦作駁，即馭，車夫。　𨟻²ᴮᶜᶠᶠ地名。

迺²ᶜᴬ³²从辵亟聲。讀若極，指所賜土地的終點。

02838 曶鼎₁唯王元年六月既望乙亥，王在周穆王大〔室。王〕若曰：曶，令汝更虞乃祖考嗣卜事，賜汝赤舄〔市烏〕，用事，王在遷应，丼弔邢叔賜曶赤金鈞，曶受休〔令于〕王，曶用茲金作朕文孝考究白魏伯䵼牛鼎，曶其〔萬年〕用祀，子子孫孫其永寶。

遱²ᴮ⁴⁵⁵地名。

02838 曶鼎₂唯王三月既眚生霸，辰在丁酉，丼弔在異爲〔理獄官。曶〕事使𠂤小子䙷，以限訟于丼弔。我既賣購，買汝五〔夫效〕父，用匹馬，束絲。限許曰：䟃則卑俾，從我賞償馬，效〔父則〕卑復𠂤絲束。䵼效父鹵許贅。曰：于王參門□□木樅，用債征賣茲五夫，用百鋝。非出五夫〔債，則〕訆匄。鹵䵼有訆眔𣂴金。丼弔曰：才裁：王人鹵賣〔用債〕，不逆付，曶毋卑俾成于䟃。曶則拜頡首，受丝茲五夫，曰隉曰恒曰勚曰蠶曰眚。事使𠂤以告䟃，鹵卑〔饗〕以曶酒汲及羊，絲三鋝，用𨟻茲人。曶鹵每賄于䵼□虎琥□，舍䙷矢五秉。曰：弋尙必當卑俾處𠂤邑，田〔𠂤〕田。䟃則卑俾復令曰：若諾。

䙷²ᴮᶠᴱᴬ人名。曶買方之下屬。

䟃²ᶜ¹ᶜᴬ人名。限賣方之下屬。亦作䵼䵼䵼。

贊²C970同䟿。

贒²C971从貝奞聲。同䣩。人名。

楀²C0B7木楀，讀木榜。

訇²C89B張亞初讀詑。字或釋訡，讀若祈。

匋²⁰⁸ED訇當釋作匋，讀若倍，假借爲背約之背。

䟿²C1CE同䟿。

𫮠²B9A0从斯折省从剈。𫮠金，讀折金，壓價。

陪²CBC2讀若陪。人名。曶得到的五夫之一。

𪝶²A776人名。曶得到的五夫之一。

𦋟²⁶⁰DF貨幣名。或同䝩古 ☞ 02809《師旂鼎》。

致²C6F1同致。

02838 曶鼎₃ 昔饉歲，匡眾𢦏臣廿夫，寇曶禾十秭。〔曶〕以匡季告東宮，東宮迺曰：求乃人，乃𫍯弗得，汝匡罰大。匡迺頊首于曶，用五田，用眾一夫曰嗌，用臣曰疐曰朏曰奠，曰：用兹三夫。頊首曰：余無逌由具寇，足〔秭〕不出，俊余。曶或又以匡季告東宮。曶曰：弋唯朕禾是賞償。東宮迺曰：賞曶禾十秭，遺䭮十秭，爲廿秭。〔乃𫍯〕來歲弗賞，則貟卌秭。迺或又卽曶用田二，又臣一夫。凡用卽既曶田七田，人五夫。曶覓匡三十秭。

朏²³³⁶⁷古文朏。人名。曶得到賠償一眾三臣共四夫中的三名奴隸之一。

俊²B89B讀若鞭。鞭刑。

貟⁰⁰⁰⁰⁰讀若付。

02839 小盂鼎 告曰：王令盂以□□伐䢜方……䞛白□□䢜䎽虘以新□從……盂告鬯白，即位……弓一、矢百、畫轙一、貝冑一、金田干一、戠戈二、矢臺八。

䢜 2AB4E 同由。䢜方，讀若鬼方。

䞛 2B3B5 䞛伯，䞛國族首領，西周康王時期人。

䎽 2AC05 䢜䎽，讀若鬼、獯，並國族名。

鬯 2C95A 鬯伯，鬯國族首領，西周康王時期人。

轙 2C7F2 讀若甲 ☞ 02816

臺 2C6F3 同䩨。矢臺，讀若矢志，即志矢，帶翼骨鏃。

02840 中山王嚳鼎 1唯十三年，申山王嚳詐作鼎，于銘曰：於虖烏乎！語不愋䇦！募人䁎之，蔑其汋於人施，寧汋於困。昔者郾君子噲，觀夆夫豬，辰爲人宔，閉於天下之勿物矣，猶䊹惑於子之而辷其挰，爲天下嫪，而皇才於㪍君虗。

嚳 00000 中山王嚳，中山國國君。讀若措。

愋 00000 同㝴。

䇦 2B9E0 从丝从才，亦作䋣。愋䇦，讀若悖哉。

募 2A7CA 募人䁎之，寡人聞之。

汋 6C4B 讀若溺。蔑其汋於人施寧汋於困，讀若與其溺於人也，寧溺於淵。

噲 5FBB 郾君子噲，即燕王噲。　觀 27895 同叡。

豬 2C93F 同猪。讀若悟。

辰 2C521 同長。辰爲人宔，長爲人主。

䊹 7CAF 从見米聲。同眯。䊹惑，迷惑。

迖²⁸⁴⁵¹ 迖其邔，亡其邦。　　　　磣²³ᴬ⁴ᴰ 讀若僇。辱也。

孚⁰⁰⁰⁰⁰ 从子从小，小亦聲。與少同。皇才於孚君虖，讀若况在
於少君乎。少君，幼君，中山王自稱。

02840 中山王嚳鼎₂昔者，虘先考成王，曅棄羣臣。募人學埵未甬
暂，佳傅姆氏從。天降休命于朕邔，有伻忠臣賙，皮惢皮卑，
亼不逹㠯率夷。敬惢天惪，以犾右佐佑募人。佊暂社禝之賃，臣宔
之㝢義。夙夜不解懈，以詳道募人。

虘²ᴮ²ᴬ³ 讀若吾。　　　　　　　曅⁰⁰⁰⁰⁰ 从日棗聲。與早同。

孚²ᴮᶜᴬᴬ 从子幽聲。與幼同。
埵²ᶜ⁵²⁵ 同重。募人學埵未甬暂，讀若寡人幼冲未通智。
姆³⁴⁴⁴ 同姆。佳傅姆氏從，唯傅姆是從。
賙⁸ᶜᴰ⁹ 人名，或即司馬賙，文獻作司馬憙，字賙。
惢²ᴮᴱ⁷¹ 皮惢皮卑，讀若克順克俾。
佊²ᴮᴱ⁵² 同使。佊暂社禝之賃，使知社稷之任。
詳²ᶜ⁸ᶜ² 从言羊聲。言語調和。詳道，誘導，循循善誘。

02840 中山王嚳鼎₃含舍今余方壯，暂知天若否。侖論其惪、眚其行，
亼不惢道，考氒佳型。於虘！訢緐哲哉！社禝其庶虖幸乎！伻業才
甫在祇。募人聞之：事孚如揕，事愚如智。此易言而難行施也。
非悳與忠，其佳能之。其佳能之，佳虘唯吾老賙，是克行之。於
虘攸緐嗚呼悠哉！天其有猷于緐伻邔。氏是以募人匡賃之邔而去之
遊，亼惷惪之息。

氒⁵³⁸⁷ 同厇，古文宅。考氒佳型，讀若考度惟型。
揕²ᶜ⁵²¹ 同長。事孚女揕，事少如長。

𢿍²ᴮᴱ⁹¹ 从人心玉。讀若信。人心爲信，以玉爲憑。非𢿍與忠其佳能之，讀若非信與忠其誰能之。

𠌳²ᶜ³³³ 同型。又𠌳于绛㚔𢌳，讀若有型於茲其邦。

匢⁰⁰⁰⁰⁰ 魏之簡字。匢賃，讀若委任。

㥑²ᴮᴰ¹⁴ 讀若懅。

𢊛²ᶜ²⁹ᴮ 同煬。讀若惕。懅惕，憂慮、恐懼。

忌²ᴬᴬꜰ⁰ 讀若慮。

02840 中山王䯧鼎 4 昔者虖吾先祖趄王，邵昭考成王，身勤社稷行三方，以㥑忧㚔家。含虖老賙覵達曼甸之眾，以征不宜義之𢌳。敀桴晨鐸，闢啟督彊。方䜏百里，剌城䜏十，皮僑克敵大𢌳。寡人庸用其㥑、嘉其力，氏目是以賜之㚔命：佳又雖有死𪋯，及曼𣪠亾不若，以明其㥑，庸其功。

忧²ᴮᴱ⁹ᴱ 从心炏聲。與悵同。炏或燎本字。㥑忧，讀若憂勞，即操心。

覵⁰⁰⁰⁰⁰ 从目新聲。同親，親自。含虖老賙覵達曼甸之眾，讀若今吾老賙親率三軍之眾。

敀⁰⁰⁰⁰⁰ 同奮。敀桴晨鐸，讀若奮桴振鐸。

督²ᶜ³ᶜ⁶ 同封。闢啟督彊，讀若闢啟封疆。

䜏²ᶜ⁸ᶜꜰ 从言从婁省，同婁。假借作數。方䜏百里，剌城䜏十，讀若方數百里，列城數十 ☞ 09734

𣪠²ᶜ¹⁹¹ 从歹世聲。與世同。曼𣪠亾不若，讀若叁世無不赦。

02840 中山王䯧鼎 5 虖老賙奔走不䪧聽命，寡人懼其忽然不可導得，憚憚慄慄兢兢業業，忎恐隕社稷之光。氏目是以寡人許之，𢗁𢗁皆從，皮克有功，智施也。詒死辠之又若，智知爲人臣之䌛義施也。於虖！念之㿿哉！後人其庸庸之，毋忘尒䪣。

愳 22613 亦作㥒。同謀。愳愳，謀慮。

詒 8A52 與辭通，推辭。詒死辠之又若，讀若辟死罪之有赦。

02840 中山王䦆鼎 6 昔者吳人并併亐越，亐越人敓嫛備恁，五年覆吳，皮克并併之。至于含今，尒毋大而惇，毋富而喬驕，毋眾而嚻。叟䪣難䉃，救人才彷。於虖！念之㿿哉！子子孫孫永定保之，母竝毌䪣。

敓 2CC93 同飧、餕。敓嫛備恁，讀若修教備信。

惇 2BE9F 从心布蔡聲。讀若泰，驕泰。或釋作悷。《揚子方言》肆欲爲悷。

叟 20CF5 从吅文聲。讀若鄰。吅，古文鄰，以比鄰之居，會鄰近意。

䉃 2A9ED 叟䪣難䉃，讀若鄰邦難親。

救 2BEF2 與救同。救人才彷，讀若仇人在旁。

念 2BE90 同念。

竝 7ADD 替字初文。母竝，即毋替，勿替。

02841 毛公鼎 1 王若曰：父厝，丕顯文武，皇天弘猒引厭毌德，配我有周。膺受大命，衞裹率懷不廷方，亾不閈覲于文武耿光。唯天䙅集毌命，亦唯先正罤辥毌辟，嬰堇大命，肆皇天亾旲亡斁，臨保我有周，丕巩先王配命。敃旻天疾畏威，司余小子弗伋及，䪣䙅害吉，翩翩三方，大從縱不靜靖。烏虖！趰余小子圂湛于囏艱，永䩄先王。王曰：父厝，今余唯肈巠經先王命，命汝辥䉑我邦我家內外，懋專于小大政，嶧朕立，虢許赫戲上下，若否亐三方。死

尸毋童動余一人在立，引唯乃智知余非，辜又䛋。汝毋敢妄荒寧，
虔夙夕，叀惠，助我一人，雝我耗小大猷，毋折緘，告余先王若德，
用卬邵仰昭皇天，䣛䌤大命，康能三或四國，俗欲我弗作先王憂。
王曰：父厝，雩之庶出入事于外，專命專政，枻小大楚賦。無唯
正䛋，引其唯王智，鹵唯昰喪我或。厤歷自今，出入專命于外，

-2 接下段。

厝 2BA0F 从厂音聲。父厝，毛國族首領，周宣王的輔弼大臣。西
周晚期。

甾 2AE9F 从甾丮聲。佳天甾集氒命，讀若唯天將集其命。耗甾害
吉，讀若邦將曷吉。

罞 2BAA0 釋作伄。罞辪氒辟，讀若恪夑氒辟，敬謹地輔相其君主。

爯 2BE24 从爵从収。爯堇大令，讀若恭勤大命。

𢕬 2C6AE 讀若肆。語辭，與惟通。 罖 2C65C 囚罖，讀若無斁。

翩 2C2F6 从鬲冊聲。張亞初讀姍，謂翩有惑世亂眾之意，與後世
姍字音義合。

嚊 2BA86 从口甹粤聲。與誇同。嚊朕立，讀若屏朕位。

辜 2CD18 古文墉。辜又䛋，讀若庸有聞。

𤓰 2C1B3 同擁。

枻 2C0A4 从木从丮。鈠字初文。讀若，治也。枻小大楚賦，讀若
枻小大胥賦，治理大小官吏。

02841 毛公鼎 2. +2 接上段氒非先告父厝，父厝舍命，毋有敢惷專，
專命于外。王曰：父厝，今余唯䣛申先王命，命汝亟極一方，㪔
我耗我家。汝顮推于政，勿雝建庶人□。毋敢龏橐拱苞，指賄賂，龏

橐卤矜侮鰥寡。譱效校乃有正，毋敢湎于酉酒。汝毋敢彖惰在乃服，圝夙夕，敬念王畏威不睗易。汝毋弗帥用先王作明井型，俗欲汝弗以乃辟圅陷于𩞁艱。王曰：父厝，已曰，㲀茲卿旌寮僚、太史寮于父即尹，命汝𦗻𤔲公族，雩與參有𤔲、小子、師氏、虎臣，雩與朕褻事，以乃族干吾捍敔，捍禦王身，取𧶠卅寽，賜汝秬鬯一卣，祼圭瓚寶、朱市、悤黃葱𪎭、玉環、玉琮、金車、桒緟較、朱䑞𢎘靳、虎冟冪熏裏、右軛、畫𩌏、畫𩍈、金甬筩、遣錯衡、金𨊠踵、金豙軝、䘏𣪘、金簟弼笰、魚箙、馬三匹、鋚勒、金𨥘、金膺、朱旂二鈴。賜汝茲㚔賸，用歲用政征。毛公厝對揚天子皇休，用作䵼鼎，子子孫孫永寶用。

𢎘 2BE2D 𢎘我邦，讀若弘我邦。

䧴 29022 䧴建，讀若䧴楗，壅塞。

圝 2BB53 从口豩聲。圝夙夕，讀若恪夙夕，敬夙夕也。𤕌圝，讀若申固 ☞ 00358

㲀 2C1A0 从殳少聲。讀若抄。　緟 260D8 桒緟較，雕緟較。

𧶠 2BD91 同賰。取𧶠卅寽，取徵卅鋝。

䑞 2BB3D 从㗊豩聲。亂字異文。朱䑞，《番生簋》作朱𦥛，又作朱虢，讀若朱鞹 ☞ 04326

靳 2BFFB 𢎘靳，讀若鞃靳。　𣪘 2C6FB 䘏𣪘，或讀約轄。

𨥘 2641B 或隸作㗐。金𨥘，讀若金鉤。

鈴 2CAE6 同鈴。

02916-7 弔簋 弔 㢴 ☞ 06331

弔 2BE2F 讀若引。族徽。商晚期。　㢴 2BE25 弔或隸定作㢴。

02919 埶簋枘

枘 2C0A4 从木从丮。埶字初文，種也。讀若藝。族徽。商晚期。

02930 孜簋孜

孜 2ABE2 文之繁文。族徽。商晚期。

02932-5 馘簋馘 ☞ 01026

02937 徯簋徯 ☞ 01029

02944 圉簋歯 ☞ 01052

02945-7 踁簋 ☞ 00361

02954 㝢簋㝢

㝢 2B8D3 族徽。西周。

02970 剢簋剢 ☞ 01644

02971 㱿簋㱿 ☞ 06780, 09161

㱿 2C1A9 讀若殼。人名。商王武丁時期貞人，也見於殷墟卜辭。

03037 爵簋爵

爵 2B93C 从宀从爵。或作舝、舋。又讀功或庸。族徽。商晚期。

03046-8 字簋 㚥。

㚥 2BCC4 釋作字。人名。西周晚期。

03073-4 子妜簋 子妜。

妜 2C6AA 讀若規。子妜，人名。商晚期。

03076 子昦簋 子昦 ☞ J2.0601

昦 2C067 从日从㞢，象人拜日之形。或讀扣。子昦，人名。商晚期。

03077 子㫩簋 子㫩。

㫩 2C063 子㫩，讀若子孤，人名。商晚期。

03081 婦妳簋 帚妳。

妳 2BC16 从女从水。婦女名。商晚期。

03101 亞鱉簋 亞鱉 ☞ 00485

03115 立匍簋 立匍 ☞ 05064

03122 禾侎簋 禾侎

侎 2A730 从人禾聲。禾侎，族徽。商晚期。

03125 㚔虎秘簋 㚔 虎秘 ☞ 01012

虎 2C7E9 从火虍聲。或同虜。虎秘，人名或族名，族徽㚔。《古璽彙編.2208》郍虎。虎亦人名。

03151 趣父乙簋 趣 父乙。

趣 2C992 族徽。商晚期。

03175 父丁㝐簋 父丁 㝐 ☞ 04736

㝐 2B848 从幸从刂。族徽。商晚期。

03177 ⌷父丁簋 ⌷父丁。

⌷ 2B873 或耕字之省。族徽。商晚期。

03189 ⌷父戊簋 ⌷父戊 ☞ 01069

03200 ⌷父辛簋 ⌷父辛 ☞ 00826

03219 ⌷父癸簋 ⌷父癸。

⌷ 2A788 八田合文。族徽。西周早期。

03227 㫃女鳶簋 㫃母 鳶。

㫃 2ABF3 㫃或釋作㫃 ☞ 09490

㫃 2C004 从女从爪。㫃母，人名，族徽鳶。

03229 咸婦婉簋 帚婉咸

婉 2BC53 从女从配。婦婉，婦女名。商晚期。

03236 弢作旅簋 弢乍旅 ☞ 00901

03241 踘叁簋 豐乭叁 ☞ 01823

03242 耳伯隌簋 耳白隌。

隌 2CBC2 从阜言聲。讀若陪。耳伯隌，人名。西周早期。

03246 亞趣衒簋 亞萱衒 ☞ 00827

03302 齊罩旆父乙簋 ◇罩旆父乙 ☞ 02374

03305 歉作父乙簋 歉乍父乙。

歉 2C170 从𣎆从欠。人名。西周早期。

03335 賁作父辛簋 賁乍父辛 ☞ 05290, 09288, 09773

賁 27D81 同賁。亦作賺，人名。西周早期。

03341 何父癸簋 何父癸 𤸫 ☞ 05091

03346 考母作琱璉簋 考母乍医聅 ☞ 00470

03367 晨作寶餿簋 晨乍寶𫏯。

𫏯 2B3EF 同餿。借作𣪘。

03368-9 𫨘作寶簋 𫨘乍寶𣪘。

𫨘 2CA18 人名。西周早期。

03376 閿作旅簋 閿乍旟𣪘 ☞ 02041

03378 𢦚簋 𢦚作㫃𣪘 ☞ 00837

03394-6 戈𫪟作匕簋 戈𫪟乍𢀲。

𫪟 2BA9F 咬字初文。戈𫪟，人名。

03417 西單㔶祖己簋 西單㔶 且己 ☞ 06364，07495，08808

㔶 2B1C6 西單㔶，族徽。

03436 繐父癸簋 𬙄作父癸彝。

𬙄 2C604 从絲惠省聲。讀若繐。

03443 栣暥簋 栣𬗏作寶𣪘。

𬗏 2C3CF 栣𬗏，讀若栣暥，人名。西周中期。

03444 季㚤簋 季㚤作旅𣪘。

㚤 2BFC5 从攴𣎵聲。季㚤，人名。西周中期。

03445-6 舟虡簋 舟𬏨𬏧作旅𣪘。

𬏨 2C7E8 从虍夫聲。舟𬏨，人名。西周中期。

𬏧 2C7E7 𬏨或釋作𬏧。

03452 姜𫸮簋 姜𫸮作隣彝。

𫸮 2BE2E 从弓束聲。姜𫸮，人名。西周早期。

03458-9 豢馬作旅簋 乍从㫃殳 騳豢 ☞ 01113

03462 䭜矩父簋 䭜父作寶殷。

䭜²ᴮᴰ¹⁹ 从巨猷聲。讀若胡。䭜父，人名。西周早期。

03464 圸父簋 圸父作車登。

圸²ᴮᴮ⁵⁸ 从卩土聲。或讀坧。圸父，人名。西周早期。

03465 隴簋 隴作寶隩彝 ☞ 01421

隴²⁸ᶠ⁵ᴬ 人名。西周早期。或隸作隴。

03467 䏶簋 䏶作寶隩彝。

䏶²ᶜ⁸⁰⁶ 人名。西周早期。

03474 果簋 果作欳旅殷。

欳²ᴬᴰ²⁹ 从欠方聲。讀若昉。人名。西周中期。

03475 阹簋 阹作寶殷 冉

阹²ᴮ⁵⁴⁰ 从阜夲聲。人名，族徽冉。西周中期。

03480 聚伯簋 敫白作旅毁。

聚 2C941 敫或釋作聚。

敫 2BFD8 从攴从㬎。讀若琢。同墓出土有《閔伯鼎》，爲同一人做器，則敫或同閔。☞ 02041, J2.0731

03488 伯𨦼簋 白𨦼俥作𦘕毁 ☞ 00741

𨦼 2B9FD 白𨦼，人名。西周早期。

03490 伯𦥔簋 白𦥔作嬔毁。

𦥔 2C6F1 同致。西周中期前段人。　嬔 2A99D 未詳。

03516 㱿作父庚簋 㱿乍父庚寶彝。

㱿 2C5CE 人名，西周早期。

03517 揆作父庚簋 殽乍父庚旅彝 ☞ 00882

03518 𨦃作父辛簋 𨦃乍父辛䵼彝 ☞ 01981, 10560

03519 窓作父辛簋 窓乍父辛寶彝。

窓 2A9DD 讀若密。人名。西周早期。

03521 敄工簋 敄工作父癸䵼彝 ☞ 08189, J.0985

敄 2D8E5 敄工，人名或族名。　敄 2BFAB 敄或隸作敄。

03524-5 隃伯簋 隃白作寶䵼彝 ☞ 02160

03526 亶簋 亶白作寶䵼彝。

亶 2B880 同蟺。讀若檀。亶伯，西周早期檀氏家族首領。

03536 伯艁簋 白艁作寶䵼彝。

艁 2C71A 艁亦隸作艁，讀若艁。

艁 2C719 伯艁，人名。西周早期。

03551 城虢仲簋 䧡虢中作旅殷。

䧡 2CD21 金文城从𩫏郭。䧡虢仲，西周晚期人。☞ 03866

03557 季娰簋 季㚸作用殷䀠。☞ 02425, 09827

㚸 2BC36 讀若娰。亦作姁㚸姛姛始。季㚸，即季姁巤，娰姓婦女，族徽䀠。西周早期。

03558 嬴季簋 嬴季作寶隣彝。☞ 05240, 05860

嬴 2BA01 讀若嬴。嬴季，西周早期人，嬴國公族。

03571 姜林母簋 姜林母作𪙊殷。

𪙊 2BD24 讀若錯。

03573 師蘬簋 師蘬其作寶殷。

蘬 2C7D5 師蘬，人名。師，官職名。西周早期。

03579 年娰簋 年㚸作用殷䀠。☞ 03557

03583 史緅簋 史緅作寶隣彝。

緅 2C5B3 史緅，人名。西周中期史官。

03586-7 鍛金歸簋 段金歸作旅殷。☞ 00920, 02365, 05863

03588 屐作鼇伯簋 屐乍鼇白寶殷。

屐 2AA0D 讀若役。人名。西周中期。

03589 苪侯簋 苪疢作登寶殷。☞ 09995, J2.0938

苪 26B15 國名。或亦作邴。苪侯，苪國國君。西周晚期。

03606 隹簋 隹作文父日丁彜。☞ 05362, 05877

隹 2CBF4 从心隹聲。人名。西周早期。

03608 牢作父丁簋 牢犬乍父丁饙饋彝。

牢 2D4DF 从宀午聲。牢犬，人名或族名。西周早期。

03610 坴作父戊簋 坴乍父戊寶隩彝。

坴 2A8B6 从土从坴。人名。西周中期前段。

03613 哦作父辛簋 㖧乍父辛寶隩彝。

㖧 2BA8B 从口我聲。讀若哦。人名。西周早期。

03615 坒㨪伯簋 𩛥敿白具作寶殷。

𩛥 2C1BB 从韋比聲。古文坒。韋，古墉字。

敿 2BFCB 讀若㨪。𩛥敿伯具，人名。西周早期。

03619 義伯簋 義白作宴婦隓敊。

隓 28F50 同陸。宄婦陸姞，義伯的夫人，姞姓。西周中期前段。

03620 媃仲簋 媃中作乙白寶殷。

媃 2BC58 讀若媛。媃仲，西周晚期。其父親爲乙伯。

03623 伓沽簋 伓沽作父卯寶殷。

伓 2B82D 伓沽，人名。或釋伓售。

03626-7 㪿簋 㪿作文祖寶隩彝 ☞ 02109

03628 㫊簋 㫊作寶隩彝，用饙饋。

㫊 2C010 从㫃攵聲。人名。西周早期。

03630 𥘻簋 𥘻作寶殷，用日䇂。

𥘻 00000 从丰从兄。人名。西周中期前段。

03632 寧遹簋 寧遹作田婣隩殷。

田 2BB42 即囲，古文柙。田婣，讀若甲姒，西周早期婦女。

03634-5 昭王之諻簋 卲王之諻之膚殷 ☞ 02288

膚²ᴬ⁸¹⁴ 膚殷，薦殷。

03653 子阰作父己簋 子阰乍父己寶隩彝。

阰²ᴮ⁵³ᴱ 从阜耳聲。子阰，人名。

03654 猩作父壬簋 猩乍父壬寶隩彝 射

猩²ᴮ⁹¹ꜰ 从兄皇聲。與觊同。人名，族徽射。西周早期。

03656-8 集屑作父癸簋 集 屑乍父癸寶隩彝。

屑²ᴬᴬ¹⁸ 从尸躢省聲。或讀征。人名，族徽集。西周早期。

03660-2 欥作父癸簋 欥乍父癸寶隩彝 旅

欥²ᶜ¹⁶¹ 从欠从冊。欥，人名，族徽旅。西周早期。☞ 01888

03668 鄂侯弟屑季簋 噩庆弟屑季自作殷 ☞ 05325, 05912

屑²ᴮᴬ¹⁷ 屑季，鄂侯之弟。西周早期。

屑²ᴮᴬ¹ꜰ 屑亦作屑。

03671 旒嗣土樴簋 旒嗣土樴作寶隩殷。

旒²ᶜ⁰⁰ꜰ 从㫃妻省聲。國族名。旒嗣土樴，人名。西周早期。

03676 旐簋 旐作寶殷，其萬年用。

旐²ᶜ⁰¹⁴ 从㫃从涉。或从兆釋旐。人名。西周中期。

03678 伯蔡父簋 白布父作 女婑寶殷。

婑²ᴮᶜ⁷⁹ 从女裹聲。女婑，西周中期婦女名。

03683 亞保祖辛簋 亞 艅父、隊父庚、保且辛 ☞ 02363

03684 劃函作祖戊簋 劃函乍且戊寶隩彝 㚿

劃²ᴮ⁹⁹ᴮ 劃函，西周早期人，族徽㚿或同劃 ☞ 04378

03686 □开洺冀作父癸簋□开洺冀乍父癸寶隩彝。

开 2AA81 从幵从干。开洺冀，或釋开廷冀，人名。西周早期。

03689 □異亞矣作母辛簋□ □異□ □亞矣□乍母辛彝以上蓋。以下器 □異□ □亞矣□ □旅□

乍女辛母辛寶彝03689.1爲尊，即T2.0784；03689.2爲簋，即T.04573。

旅 2C013 从瓜从衣。異侯族亞矣分族人，旅爲其母亲，即母辛，作此器。西周早期。

03692-3 □伯燗簋蓋□白燗作媿氏旅，用追考孝。

燗 2C2C9 伯燗，人名，夫人爲媿氏。西周中期。

03694 □叔宆簋□甹宆作日壬寶隩彝 □冉□

宆 2B053 从穴从侃。甹宆，人名，族徽冉。西周中期。

03695 □義叔聞簋□義甹聞烽作彝，用饗賓。

烽 2C477 从矢从攵。讀若肇。

03700-1 □兟簋□兟作隩殷，其壽考寶用。

兟 2BAA8 人名。西周中期。

03710 □西替會□西替作其妹斳餕鉦鐬 ☞ 04503

斳 2BFFD 从斤从喜。人名，西替之妹。戰國早期。

鐬 28B57 器名。似盆，淺腹。亦作會。餕鉦鐬，讀若饋征會。

03711 □祖乙告田簋□作且乙虇厌甹隩彝 □告田□

虇 2CBF7 从差从虐。或雛字初文。祖乙虇侯叔，虇國族首領，族徽告田。商晚期。

03712 □鳳作祖癸簋蓋□玌賜鳳王，用作祖癸彝 □玨□

玌 2BDD6 从干从乚。人名。商晚期。字或釋作玌。

王 2F929 古文玉。

03719 㓚伯簋 㓚白㡁肇作守，作宝寶隮彝。

㡁 2BF10 㓚伯㡁，西周中期人。 㓚 2BA5E 讀若姒。族名。

03721 康伯簋蓋 㽌白作彝用飤𥧸，萬年寶。

𥧸 2BD01 或器名。

03724 叔盂簋 弔盂作寶段，其邁年永寶。

盂 2C41E 从皿宇聲。弔盂，人名。西周早期。

03730 季㪇簋 季㪇作旅段。

㪇 2C1A8 同㪇。季㪇，人名 ☞ 09676

03731 𡋀簋 𡋀作寶段，用饗王逆洀迎受事。

𡋀 2BB58 从卩土聲。或讀坭。人名。西周早期。

03737 夅簋 夅作豊嫞寶段，子子孫孫永用。

夅 2E604 从夊从言。人名。西周中期。

豊 27BF4 讀若豐。

嫞 2A9A7 讀若祁。豐嫞，婦女名。西周中期。

03739 蘇公簋 穌公作王改𠷎段，永寶用。

改 5980 姓。蘇國己姓。

𠷎 2503F 同粤。亦作甹。祭名。甹簋，亦作𢈾簋。

03740 齊史逗簋 𠫤史逗作寶段，其萬年用。

逗 2CA24 與𧼯豈同。齊史逗，西周中期人。

03746 𡣐𥧾㱃簋 𡣐𥧾㱃用作𠣞辛𢈾段 𢈾冊

𡣐 2BC6B 人名用字。 𥧾 2BCF0 人名用字。

㱃 2BE45 𡣐𥧾㱃，人名。西周早期。

03747 仲爯簋 中爯作又㜏寶彝，用饗王逆衍。

衍 275DF 道。逆衍，迎導。亦作逆洀，辭例同 ☞ 03731, J.0484, T2.0939《芮伯盤》。

03750 彀見駒簋 彀見駒用作父乙隓彝 羊仸

彀 2BF11 从戉从孑。彀見駒，人名，族徽羊仸羊，私名。仸，族名。西周早期。

03751 秼父甲簋 秼作父田寶毁，邁年孫子寶。

秼 2C4E8 讀若禚。人名。西周中期前段。

田 2BB42 即囲，古文枏。父田，讀若父甲。

03762 伯喬父簋 白喬父作頯毁，子孫永寶用。

頯 29757 讀若優。

03767-8 㮆徣簋 㮆徣作寶毁。

㮆 2C1FB 㮆徣，西周中期人。

03770 絳人鰯簋 降人鰯作寶毁，其子子孫孫邁年用。

鰯 2B9C5 降人鰯，人名。絳氏家族。西周中期。

03785 虡吾妊簋 虡吾妊作寶毁，子孫孫永寶用亯。

吾 2BA7C 讀若吾。虡吾妊，人名。西周晚期。

03788 逵簋 逵作寶毁，其萬年，子孫永寶用 ☞ 06516《趞觶》, T.05661

逵 2C994 从走夅聲。人名，或即邢叔。

03789 史䠇父簋蓋 史䠇父作隓毁，其萬年永寶用。

䠇 2C521 从立長聲。與長同。史䠇父，人名。西周晚期。

03790 臣椚殘簋 大俫賜乎臣椚金。

椚 2C0D9 人名。讀若剛。

俫 20359 大俫，即太保，指召公奭。亦作倈。《集韻》寶古作俫。

03793-6 伯梁父簋 白梁父作嬛敀陮毁，子子孫孫永寶用。

嬛 2BC9F 嬛敀，讀若羹姞，伯梁父的夫人。西周晚期。

03797-01 歸叔山父簋 歸韋山父作疊姬陮毁，其永寶用 ☞ 00920，03816

歸 00000 歸叔山父，歸國公族。西周晚期。

疊 66E1 孀字之省，同孀，國族名。疊姬，婦女名。西周晚期。

03804 姑衍簋蓋 姑衍作寶毁，其邁年，子子孫孫永寶用 ☞ J2.0044

姑 2BBE4 同猷，讀若胡。姑衍，人名。西周晚期。

03807 叡年伯簋 唯九月初吉，叡年白自作其寶毁。

叡 2A82E 从又容聲。讀若搯。叡年伯，或讀叡先伯，人名。西周晚期。

03816 齊孀姬簋 侖孀姬作寶毁，其萬年子子孫孫永用。

孀 2BC9F 亦作劗，省作疊，國族名。或同孀。《集韻》姪，或作孀。字或釋姐。齊孀姬，西周晚期姬姓婦女，嫁於齊國公室。

03826 耳臣戡簋 耳臣戡作䵼□□陮辝乙□□癸文考，〔其〕永寶用 拓片上方皇祖公父于五字系後人偽刻。

戡 2BF00 从戈旻聲。耳臣戡，人名。西周早期。

陮 2A7F0 从阝佫聲。

03828-32 滕虎簋 滕虎敢肇作乎皇考公命中寶陮彝。

𣴉²ᴬᶜ⁶ᴬ 文獻作滕，國名。滕虎敢，西周中期滕國人，名敢，字虎。

03845 妣叟簋 妣叟母作南旁寶殷。子子孫孫，其永寶用。

叟²ᴮᴬ⁴⁶ 或讀理。西周晚期婦女。

03846 刉伯逹簋蓋 刉白逹作寶殷，覭萬年，孫孫子子其永用。

刉²ᴮᴬ⁵ᴱ 族名。

逹²ᶜ⁹⁹⁴ 刉白逹，刉國族首領。西周晚期。

覭²ᴮ⁹³¹ 讀若其。

03847 倗伯簋蓋 倗白㠯自作隩殷，其乎孫永寶用亯。

㠯²ᴮᴬ²¹ 从厂从虘。人名。倗伯㠯，西周晚期倗國族首領。

03848 遣小子䩦簋 遣小子䩦以與其友，作䲩男王姬𢍰彝。

䩦²ᶜᶜ²ᴬ 遣小子䩦，人名，遣氏。 遣²ᴱ⁶⁹ 讀若遣。

䲩²ᶜᴬᴮ⁹ 國族名。䲩男、王姬，䩦的父母。䲩或作䲩。

03861 亞古作父己簋 己亥，王賜貝在𩰫闌，管，用乍父己隩彝

亞𠳋 亞古。

𩰫²ᴮᴰ²⁸ 亦作𩰫，闌本字。邑名。

03873 檾簋 檾其作寶殷，其邁年壽考，子子孫孫永寶用。

檾²ᶜ⁴ᶠᴬ 从禾㭒聲。人名。西周晚期。

03874-6 㡀嫘簋蓋 㡀嫘作隩殷，㡀嫘其邁年子子孫孫永寶用

☞ 03945

㡀²ᶜ⁰¹ᴰ 㡀嫘，𨻷姬之女，嫘姓。西周晚期。

03877 季㚘父迖簋蓋 季㚘父迖作寶殷，其萬年子子孫孫永寶用。

迖²ᴮ⁴²⁷ 从辵扶聲。季㚘父迖，西周晚期人，名迖，字㚘父。

03881-6 散車父簋 柀車父作鄅敔餴殷，其萬年子子孫孫永寶。

鄅²⁸⁷¹⁴ 鄅敔，亦作邘姞，散伯車父的夫人。

03887 伯遲父簋蓋 白遲父作嬣寶殷 ☞ 05363

03888-9 叡簋 叡其肇作殷，其萬年盢䰫，子子孫孫永寶用。

叡²ᴮᴬ⁴⁸ 从又惠聲。讀若揸。人名。西周晚期。

盢⁰⁰⁰⁰⁰ 盢䰫，讀若眉壽。

03892 師㝬父簋 師㝬父作寶殷，𠂊孫其萬年，永寶用葟。

葟²ᶜ⁷⁴⁷ 同喜。

03894 㜏父簋 㜏父作姬獻䕻嬣殷，其萬年眉壽永寶用。

㜏²ᴬ⁹ᴮᴰ 从子戌聲。氏族名，姬姓。㜏父，人名，女兒名姬獻。西周晚期。

03895 䡈仲鄭父簋 䡈中奠父作隓殷，其萬年子子孫孫永寶用。

䡈⁰⁰⁰⁰⁰ 䡈中奠父，西周晚期人，字鄭父，䡈氏公族 ☞ 09718

03897-902 杞伯簋 杞白每刃作鼀嬣寶殷，子子孫孫，迊寶用𠤎

☞ 02494

迊²ᶜᴬ²³ 同永。

03904 小子𠭯簋 乙未，卿旟賜小子𠭯貝二百，用作父丁隓殷 𢆶

☞ T2.0398

𠭯²ᶜ⁶ᴱ⁷ 从匿从子。人名。族徽𢆶。

旟²ᶜ⁰⁰⁸ 从㫃从曳。卿旟，官職名。又師旟 ☞ 04216, 04279

03907 過伯簋 迥白從王伐反𠂤荊。

迥²⁸⁴ᴮ⁵ 同過，亦作濄，國名 ☞ 08991

03908 量侯簋 量厌尉柞作寶隩殷，手孫邁年永寶，卲斷勿喪。

尉 271AF 讀若豺。量侯尉，量國族首領。西周早期。

03910-1 是孁簋 唯十月，昰孁作文考寶殷，其子孫永寶用。

孁 21897 古文要。或釋作娄。昰孁，人名。西周中期。

03912-3 再簋 鳧生甥穰茂再曆，用作季日乙妻，子子孫孫永寶用。

妻 2C6AA 讀若規。借作簋。

03915 周繇甥簋 周繇生作楷敫娸媵殷，其孫手永寶用 宙 ☞ 10120

繇 2C6F7 甲骨文作槱。地名。周繇生，西周中期人。族徽宙。

敫 2A508 亦作媯，娪。《正字通》敫，籀文妘字。《說文》妘，祝融之後，姓也。楷敫娸，亦作楷媯，周繇生之女，嫁於楷國公室。

宙 2A9C8 族徽。西周。

03917 是騘簋 昰騘作朕文考乙公隩殷，子子孫孫永寶用 鼎

騘 2CCEB 是騘，西周中期人，其父親爲乙公，族徽鼎。

03918 鄩仲孛簋 隩中孛作父日乙隩殷，手孫其永寶用 C 半。

隩 2E968 同鄩，國族名。鄩中孛，人名。族徽半。西周中期。

03919 郘公聞簋 郘公聞自作餴殷餴簋，其邁年，子子孫孫，永壽用之。

郘 2CA8A 从邑𠂤复聲。地名。郘公聞，人名。西周晚期。

03921-2 叔斳父簋 韋斳父作朕文母剌列考隩殷，子子孫孫永寶用。

斳 2BFFB 讀若靳，姓氏。叔斳父，西周晚期人。

03925-6 命父諲簋 命父諲作寶殷，其萬年子子孫孫用喜考受寶。

寶 2BD29 同福。喜考受寶，讀若享考受福。

03927 伯田父簋 白田父作丼妧寶殷，其萬年子子孫孫永寶用。

妧 2A96C 从女允聲。姓。邢妧，伯田父的夫人。西周晚期。

03928-30 鄂侯簋 噩矦作王姞朕殷，王姞其萬年手孫永寶。

姞 21729 同姞，姓。王姞，鄂侯之女，周王后妃。

朕 2C068 从日朕聲。讀若縢。

03935 㠱生簋 㠱生□作寶殷，子子孫孫其䒒年用言。

䒒 2B268 从奴萬聲。讀若萬。

03940 鳥簋 亞舟 乙亥，王賜鳥𢼸王十丰章，用作祖丁彝。

鳥 5D8C 同鴜。

𢼸 2BFE6 从攴从𩁹。鳥𢼸，人名，族徽亞舟。商晚期。

王 2F929 古文玉。王十丰章，讀若玉十珏璋，玉璋十殼。

03943 伯祈簋 白誓作文考幽中隩殷，誓其萬年寶，用饗孝。

誓 2C8C3 从言旂聲。祈字初文。白誓，人名。西周中期。

03945 觴姬簋蓋 鬺姬作旃嬭縢殷，旃嬭其邁年，子子孫孫永寶用

☞ 03874

鬺 2C2FA 同觴。讀若唐。鬺姬，西周晚期姬姓婦女，旃嬭之母。

旃 2C01D 旃嬭，鬺姬之女，嬭姓。西周晚期。

03949 季魯簋 季魯肇作秊文考丼乇寶隩彝，子子孫孫其永寶用。

魯 2CAB0 从㐬酉聲。季魯，人名，邢叔之子。西周中期。

03960-1 孟㛛父簋 孟㛛父作寶殷，其邁年手孫永寶用。

㛛 2BE3A 孟㛛父，西周晚期人，女兒為幻伯妊 ☞ 03962

03962-3 孟孴父簋 孟孴父作匄白妊 䢅嬢殷八，其萬年，子孫永寶用 ☞ 03960

匄²²¹ᴮ¹ 金文匄。匄伯妊，孟孴父之女。匄氏族名，妊姓，傳出黃帝。

03971-3 虢季氏子組簋 虢季氏子緻作殷 ☞ 00661

03975 聅簋 辛子巳王畣歈多亞，耴纛遝。賜貝二朋，用作大子丁耴頁

耴²⁶⁵³ᴮ 聅字初文。人名，族徽耴髭。商晚期。耴纛遝，或讀聅就列。

03976 犾馭簋 犾馭從王南征，伐楚荊，有得，用作父戊寶陴彝吳 ☞ 09300

犾²⁴⁷ᴮ 或作琢。犾馭，讀若獼馭，人名。族徽吳。

03979 呂伯簋 呂白作𠭯宮室寶陴彝殷大牢，其萬年祀𠭯取考 ☞ 06503

取²ᴮᴬ³⁶ 取考，讀若祖考。

03990 亞劅父乙簋 亞 辛巳，劅昌官尋館?，在小圃，王光賞劅貝，用作父乙彝沚 ☞ 00741

03993 翏簋 翏作北子別子柞殷，用興𠭯祖父日乙，其萬年子子孫孫籲

籲²ᴮᴰ²ᴮ 从畐从寶。同寶。

03996 㘩㕰簋 㘩㕰作朕文考日辛寶隩毁，㕰其萬年子子孫孫永寶用 ☞ T2.0411

㘩^2A837 史之繁文。

㕰^2BCBE 㘩㕰，西周晚期人。

04007 沃伯寺簋 沃白寺自作寶殷，用賜眉壽，其萬年子孫孫永寶用言。

沃^2AD73 从水矢聲。或作矢，西周時期國族名 ☞ 05291《矢伯卣》。

04009 毛伯簋 毛白䁂父作中姚仲姚，毛白䁂父之妻，姚姓。寶殷。

䁂^2A884 讀若䁂。毛伯䁂父，西周晚期毛國族首領。字亦作䁂，讀鉤。

04010 夂儑生簋 夂層生作尹故隩殷，其萬年無彊，子子孫孫永寶，用言考孝。

儑^2B8D4 層或隸作儑。讀若略。

層^2BD64 夂層甥，西周晚期人，夫人爲尹姞。

04016-7 鄦公伯盉簋 鄦公白盉用吉金，用作寶殷，手孫永用言，萬年無彊 ☞ 02714

盉^2C424 从皿非聲。讀若沸。鄦公伯盉，春秋早期鄦地封君，名湯，字伯盉。

04019 曹伯狄簋 曹白狄作夙奺公隩殷，其萬年眉壽，手孫永寶用言 ☞ 04593

奺^2BC09 姬字譌省。宿奺公，曹伯狄的長輩，姬姓。春秋早期。

04027 伯頵父簋 白貊父作朕皇考㝬白吳姬隩殷，其邁年子子孫孫永寶用 ☞ 02649《伯頵父鼎》。

貊^2C940 頵字誤釋。伯頵父，人名。西周晚期。

04029 魯侯方座簋 明公簋唯王令㫃公，遣三族伐東或東國，即東方諸國。在㽙，魯庆即大祝禽又囧工，用作旅彝。

㽙[2B44D] 地名。

囧[211A5] 同凷。卜骨有占兆形，會禍意。又囧工，讀若有卟功，卜卟之功。

04030-1 史䚃簋 乙亥，王䇂 畢公 畢公高，廼賜史䚃貝十朋。䚃由于彝，其于之朝夕監鑑。

䇂[2B332] 从収从言。亦作䇂。古文誩。

䚃[2C6E5] 从臣从舌。與䚃同。史䚃，人名。史，官名。西周早期。

04032 官奪父簋 官奪父作義友寶殷。

奪[2C09D] 人名用字。官奪父，或讀若管奪父，西周晚期人。

04033-4 向劏簋 唯王五月甲寅，向劏作旅殷，劏其壽考萬年，孫孖永寶用 ☞ T2.0416

劏[2C096] 从刀䏌聲。向劏，人名。西周晚期。

04036-7 筥小子簋 筥小子赴守弗受授遬用作毕文考隩殷，其萬年子子孫孫永寶用。

赴[28495] 从辵付聲。讀若跗。人名。筥小子赴，筥國國君的小兒子。西周晚期。

遬[2CA4A] 从辵欶聲。讀若趣。或亦筥小子名。

04038 章叔簋 章韋將自作隩殷，其用追孝于朕敵考，其孖孫永寶用之。

敵[2ABD9] 从攴啻聲。或同敵。讀若嫡。

04040 㓰譴簋 㓰遘作寶毁，用追考于其父母，用賜永壽，子子孫孫，永寶用亯。☞ 02422

04041 禽簋 王伐䢼医，周公某謀禽伯禽，周公旦長子祌，禽有啟祌，王賜金百鋝，禽用作寶彝。

䢼 2C0DA 讀若蓋。國名。鄁即郁。

祌 2C4AF 讀若祈。神職名。也指祭祀。

啟 6550 同振。啟祌，讀若振祈。

04042-3 易旁簋 易旁曰：趞曱休賞賜于小臣貝三朋，臣三家，對乎休，用作父丁隩彝。

趞 2C98F 趞曱，或讀遣叔，人名。西周早期。

04047 陡貯簋 □陡寊眔子鼓鼍鑄旂毁。唯巢來伐，王令東宮追以六𠂤之年。

陡 28E3D 人名。　　　　　　伐 2BFA9 通迮或笮，迫，侵迫。

04055 鄧公簋蓋 唯𢍼九月初吉，不故屯夫人㠯乍俎𢍼公，用爲屯夫人隩諆毁。

㠯 2BA5E 讀若以。㠯乍𢍼公，讀若以俎鄧公，往嫁鄧公。

諆 2C8AB 諆毁，或讀謀簋。

04059 沬司徒迡簋 康侯簋王束來伐商邑，祉令康医啚鄙于衛。沬嗣土迡眔啚，作氒考隩彝朙。☞ 05954

迡 2CA5C 沬嗣土迡，即沬伯迡，西周早期擔任沬地司土。☞ 05363

04065-7 𪓾叔𪓾姬簋 𪓾曱𪓾姬作白媿媵毁，用亯孝于其姑公伯媿的公子子孫孫其萬年，永寶用以上蓋銘。以下器銘内曱墜父作寶毁，用亯用考孝，用賜寶賣耆，子子孫孫永寶用。

猢 ³⁷⁶ᶜ 讀若胡。猢叔，人名。西周晚期。猢國公族，媿姓。其妻猢姬，長女伯媿。

𨥫 ²ᴮᴰ²⁷ 人名。芮叔𨥫父，芮國公族。西周晚期。

賓 ²ᴮᴰ⁰⁹ 或作賓，讀若眉。賓壽，眉壽 ☞ 04188

賓 ²ᴮᶜᴰᶜ 賓或隸定作賓。

04068-70 叔疾父簋 牧師父弟毕疾父御于君，作敲姚寶殷，其萬年子子孫孫永寶用言。

疾 ²⁴ᴰ⁹⁷ 或隸作痍。毕疾父，人名。西周晚期。

04071-2 孟姬㳄簋 孟姬㳄自作饙饋殷，其用追考孝于其辟君武公，孟姬其子孫永寶。

㳄 ²ᴮ⁹⁴⁹ 从欠旨聲。或脂字異文。孟姬㳄，姬姓，名㳄，武公的夫人。西周晚期。

04075 逾簋 逾作朕文考胤白陨殷 ₀₄₀₇₄ 與此同銘，或偽刻。

逾 ²ᶜᴬ³ᶜ 讀若傳。人名。西周晚期。胤伯，逾的父親。今或釋作僆。

04076-87 宗婦都嫛簋蓋 王子刺公之宗婦都嫛，爲宗彝齍彝，永寶用，以降大福，保辥𩂯都國 ☞ 02683

04096 陳逆簋 冰月十一月丁亥。陳氏裔孫逆，作爲㙉且大宗殷。以䝴兼令永命頝壽眉壽，子孫是保。

㙉 ²ᴮᴮ⁶⁰ 同坖。㙉且，讀若皇祖。

䝴 ²ᶜ⁹⁵¹ 同貺，古文貺。

04098 奘簋 唯八月既生霸，奘作文且考陨寶殷，用孝于宗室。奘其萬年，孫孫子子永寶。

奘 ²ᴮᴮᶠᴬ 从大从耳。讀若聯。人名。西周中期。

04099 敱簋 唯八月初吉丁亥，白氏賠敱，賜敱弓、矢束、馬匹、貝五朋。敱用從，永揚公休。

敱 2BFCD 从支黃聲。同擴。人名。西周中期。

賠 2C964 从貝宧聲。伯氏賠敱，賠或與宧同，亦獎賞之義。

04104-6 賢簋 唯九月初吉庚午，公毌康叔初見視察于衛，賢從。公命吏，晦賄，賞賜賢百晦畝䕶，用作寶彝。

䕶 2AF9E 字从量聲。或釋糧。

04108 叔𤸎父簋 毌𤸎父作孟姜隙殷。

𤸎 2B905 人名。叔𤸎父，西周晚期人。

04113 邢南伯簋 唯八月初吉壬午，井南白作鄭季姚好隙殷，其邁年子子孫孫永寶，日用言考。

鄭 48DA 鄭季姚好，邢南伯之妻。西周中期。《說文》鄭，南陽穰鄉。

04116-7 師害簋 麋生召父師害及中召，以召紹其辟，休毌成事，師害作文考隙殷，子子孫孫永寶用。☞ 00017

麋 2CE3F 从鹿䒑聲。讀若虞。麋甥召，人名。西周晚期。

04118-9 宴簋 唯正月初吉庚寅，宴從厎父東，多賜宴，宴用作朕文考日己寶殷，子子孫孫永寶用。

厎 2BA0C 从厂頁聲。厎父，人名，宴的上司。西周晚期。

04122 彔作辛公簋 白雝父來自獣，蔑彔曆，賜赤金。對揚白休，用作文祖辛公寶𩰲殷，其子子孫孫永寶 ☞ 05419

雝 29022 讀若雍。白雝父，又稱師雍父，雍國族首領。字或作雄，譌。

04123 妊小簋 白艿父事使糒犢觏尹人于帝師，妊小從糒，又顯，用作妊小寶殷，其子子孫孫永寶用 支

顯²ᴮ³ᴬ⁵ 从貝顯聲。又顯，或讀有顯貝三字。

04128 復公仲簋蓋 復公中若我曰：其睪吉金，用作我子孟婚寢小隩賸嬐殷，其萬年永壽，用狙柔萬耗。

婚²ᴮᶜ⁵⁹ 从女昏聲。昏當作㫪，婚讀若媿。孟媿，復國公族仲若我的長女，媿姓。春秋晚期。

寢²ᴮᶜᴱᴱ 从女寢聲。讀若寢。

04130 敖叔微簋蓋 唯王三月初吉癸卯，敖乓歕景于西宮，蒜益，賜貝十朋，用作寶殷，子子孫孫其邁年永寶用。

景²ᴮ⁰¹ᴰ 未詳。

04131 利簋 珷征商，唯甲巤子朝。歲鼎，克暗聞夙有商。辛未，王在𠭯𠂤。賜又吏利金，用作爐公寶隩彝。

珷⁷³ᶠ⁷ 从王从武，武王合文專稱。亦稱珷帝。☞ J2.0292

𠭯²ᴮᴰ²⁸ 亦作𠭯，闌本字。邑名。在𠭯𠂤，在闌駐扎。

爐²ᶜ⁰¹ᴱ 爐公，即檀伯達，利之父。

04132-3 叔簋 唯王奉祾于宗周，王姜史使叔事使于大儌太保，賞叔鬱鬯、白金、趡芻牛。

儌²⁰³⁵⁹ 大儌，即太保。

賞²⁷ᴰ⁹ᶜ 或作賣，即賞。

04137 叔妣簋 韋妣作寶隩殷，罙中氏邁年，用侃喜百生姓，俪友罙子婦，子孫永寶，用夙夜亯孝于宗室。

妣³⁶ᴬ⁴ 叔妣，西周晚期妣姓婦女。

04138 小子𠭰簋 癸巳，𢔉賞小子𠭰貝十朋，在上𠻳。唯𢔉令伐人方夷𠭰，賓儐貝，用作文父丁隩彝，在十月三商帝辛10年十月 𠻳 2CAB0 上𠻳，地名。☞ 03949

04140 太保簋 王伐录子𠠷，𢾭，𥃌反叛。王降征令于大保召公大保克敬亡遣讓王永𠈇大保，賜休集土，用茲彝對令。𠠷 2653B 古文聽。录子聖，即武庚祿父。

04141 函皇父簋 函皇父作琱敽般盤盉隩器殷具，自豕鼎降十又殷八、兩鑢、兩鐈。敽 2A508 琱敽，周妘 ☞ 03915 鑢 9458 同罍。鐈 2CB05 同壺。

04144 䎽簋 戊辰，弜師賜䎽𠂤戶𠦪貝，用作父乙寶彝。在十月一唯王廿祀翌日商帝乙20年十一月初二，B.C.1082𨒋于匕妣戊武乙奭儷戴一 夆旅 ☞ 02710 䎽 2C6AE 亦作䎽。人名，弜師下屬。弜師系商代帝辛時期的執政大臣。𠦪 20D64 讀若惠。翌 2BA7B 从口氼聲。翌日，翌祭之日。

04145 陳侯午簋 唯十又三年，陳庡午齊桓公午以羣者庡諸侯獻金，作皇妣考大妃祭器鋓鐈，台烝台嘗以烝以嘗，保又佛㲃保佑齊邦，永𦀗毋忘 ☞ 04646 妃 216B1 大妃，或讀大姒。鋓 2B497 亦作鈬。讀若鈬。《爾雅·釋器》鼎附耳外謂之鈬。字或釋鐈，讀若膳。

鐪²ᴮ⁴ᴰᶜ 錞本字。鈚鐪，讀若鈚敦。

埊²ᶜ⁵¹ᴮ 从世从立，與世同。

04150 膳夫梁其簋 蕭夫梁其作朕皇考惠中，皇母惠妊隩殷，用追言孝，用匃眉壽，壽無彊，百字子千孫，手孫永寶用言。☞ 00187

妌³⁶ᴬ⁴ 姓。或㚈姓分支。《詩‧鄘風‧桑中》云誰之思，美孟弋矣。弋，姓也。

04152 筥侯少子簋 唯五年正月丙午，鄌庆少子斨，乃孝孫不巨，鎀趣吉金，妳乃作皇妣□君中妃祭器八段，永保用言。段殷。

鄌²⁸⁷ᴱᴰ 國名。鄌庆少子斨，讀若筥侯小子斨，筥國國君鄌侯的小兒子，丕巨的父親。

鎀²ᶜ⁸³⁹ 从龠从攴。同敠。鎀趣，讀若拾取。

04156 伯家父簋蓋 唯白家父鄯迺用吉金，自作寶殷，用言于其皇取、文考，用賜害匃，予也眉壽黃耇靁㝬 老壽靈終，萬年子孫永寶用言。

取²ᴮᴬ³⁶ 同且。讀若祖。

04157-8 蛇乎簋 唯正二月既死霸壬戌，竜乎作寶殷，用耴聽夙夜，用言孝皇且、文考，用匃眉壽永命，乎其萬人年永用束

竜²ᶜᴱ⁵ᶠ 从黽从它，讀若蛇。竜乎，人名。西周晚期。

04159 黽簋 唯正月初吉丁卯，黽徙公，公賜黽宗彝一隩，賜鼎二，賜貝五朋。黽對揚公休，用作辛公殷，其萬年孫子寶 ☞ 06005

黽²ᶜᴱ⁶⁰ 同蜎。人名。先祖名辛公。西周中期。

徙²ᴬᴬᴰ⁸ 亦作㣦。或讀若延。

隩²ᶜᴮᴰ³ 借作肆，陳列。一隩，一套 ☞ 04269, 05430

04160-1 伯康簋 白康作寶殷……康其萬年眉壽永寶茲殷，用夙夜無㝬。

㝬 2BA5E 已。夙夜無㝬，夙夜不停。

04162 孟簋 孟曰：朕文考眔毛公遣中征無䍙，毛公賜朕文考臣，自氒功，對揚朕考賜休，用宣茲彝，作氒，子子孫孫其永寶。

䍙 29089 同需。無䍙，亦作無殳，讀若無輸，不繳貢納。

宣 2BCC7 讀若鑄。用宣茲彝，用鑄茲彝。

04165 大簋 唯六月初吉丁巳，王在鄭，穢大曆，賜芻羊犅。曰：用啻褅于乃考。大拜頴首，對揚王休，用作朕皇考大中隩殷 ☞ 06011

犅 2C66E 即牸，赤色牛。《說文·新附》作䮶。羊犅，紅色去勢的公牛。芻羊犅，犓犅犅。

04166 敔簋 唯三月初吉丁亥，王在周，各于大室，王穢敔曆，賜玄衣、赤袥。敔對易王休，用作文考父丙䵼彝，其萬年寶。

袥 2C843 从衣从土。或釋袞。

04167 㝬簋 㝬頴首，休朕匃寶君公白，賜氒臣弟㝬丼五量，賜袡冑干戈。㝬弗敢朢忘公白休，對揚白休，用作祖考寶隩彝。

頴 4AD9 頴頴首，讀若拜稽首。

袡 4625 从衣甲聲。袡冑，或讀甲冑。字或釋作袪。

04169 庸伯取簋 唯王伐逨魚，俗伐淳黑。至，燎于宗周，賜韋白取貝十朋。

取 2BA3E 或省作取。韋白取，讀若庸伯陞，人名。西周早期。

俗 2BE54 或作徣。讀若延，延續。

韋 2CD18 同韋。

04170-7 㿇簋 㿇曰：覣皇祖考嗣威義司威儀，用辟臣事先王，不敢弗帥用用作表率夙夕。王對㿇㭁懋，勉勵，賜佩，作祖考毁，其盩祀大神天神，大神綏多福，㿇萬年寶。

覣²ᶜ⁸⁷ᶠ 讀若覛，顯也。覣皇，光明輝煌。

盩²⁵⁰ᴬ⁶ 盩祀，或釋升祀 ☞ 00247

04178 君夫簋蓋 唯正月初吉乙亥，王在康宮大室，王命君夫曰：價求乃友。君夫敢妦奉揚王休，用作文父丁鼒彝，子子孫孫其永用之。

價⁵¹²⁵ 價求乃友，讀若睦述乃友，善待你的朋友。

4179-80 小臣守簋 王事指使小臣守事出使于侏。

侏⁴ᶠ⁸⁷ 國名。或同夷。

04188 中再父簋 中再父大宰南䜌甹鬲，作其皇祖考遟王監白隩毁，用亯用孝，用賜賓耇，純祐，康勵，邁年無彊，子子孫孫永寶用亯 ☞ 04189

04189 中再父簋 南䜌白大宰中再父甹鬲作其皇祖考遟王監白隩毁。用亯用孝，用賜賓耇，純祐，康勵，邁年無彊，子子孫孫永寶用亯。

䜌²⁴⁵⁴ᶜ 讀若申。南䜌，即申國，在今河南南陽。南䜌白，即申伯。

鬲²ᶜ²ᶠ⁹ 同辭。仲稱父，字甹鬲，大宰，申國之相。西周晚期。

遟²²⁵⁴ᶜ 遟王監白，讀夷王監伯，仲稱父的祖，考兩代。

賓²ᴮᴰ⁰⁹ 賓耇，眉壽。

勵²ᴬ⁷ᴱ³ 同龠，讀若樂。

04190 陳貼簋蓋 唯王五月，元日丁亥。貼曰：余，陸中斎孫，盧
甶枳子。龏嘉禩鬼神，敦龏畢恭畏忌。瞂鼉吉金，作茲寶殷，用追
孝於于我皇。殷鑄。

貼²ᴮ³⁹² 人名。戰國早期。

斎²ᴬᴮᴱ⁸ 產字初文。陸中斎，讀陳仲彥，陳貼的祖父，陳厲公之子。

盧²ᴬ⁹ᶠ³ 盧甶枳子，讀鼇叔支子，陳鼇子乞庶出之子。

盦²ᴮᴰ⁰³ 从寅从皿。讀若寅。

瞂²ᴮᴱ²¹ 从犀从米，亦作厰。瞂鼉，讀若選擇。

鑄²⁸ᴮ⁵⁷ 器名。似盆，淺腹。亦作會。殷鑄，簋蓋。

04191 穆公簋蓋 唯王初女如嗣，廼自商自復，還至于周。王夕饗
醴于大室，穆公眷。卬，王呼宰利賜穆公貝廿朋。穆公對王休，
用作寶皇殷。

嗣²ᴮᴰ⁴⁶ 地名。

眷²ᶜ⁰⁶¹ 同友。讀若侑。

04192-3 豨簋 唯十又二月既生霸丁亥，王事使荧機曆，令蚍鼀，
乎賜鑾旅，用保垩鼀。豨對揚王休，用自作寶器，萬年以與垩孫
子寶用。

曆²ᴬ⁸¹ᴬ 同厤。機曆，讀茷曆，誇讚。

蚍²ᴬᴰ³⁸ 讀若往。

豨²ᴮᴱ⁴⁷ 豨字初文。人名。西周中期。

04194 友簋 王穫眷𣄰，賜牛三。眷既拜頶首，升于垩文取考，眷
對揚王休，用作垩文綮隩殷。

眷²ᶜ⁰⁶¹ 讀若友。西周中期人。

𣄰²ᶜ⁴ᶠ⁶ 同曆。

取²ᴮᴬ³⁶ 同且。取考，祖考。

綮²ᴮᴰᴰᶠ 从幺从考。同考。

04195 萳簋 唯六月既生霸亲辛巳，王命萳眔禹豨父歸饋吳姬𩜣器。自黃_{吳姬之夫}儐萳璋一、馬兩，吳姬儐帛束。萳對揚天子休，用作隩殷季姜_{季姜尊簋}。

𩜣^{2CC96} 同𩞁，讀若飴。《說文》𩞁，籀文飴，从異省 ☞ 02703

04197 卲訬簋 唯元年三月丙寅，王_{恭王}格于大室，康公_{密康公}佑卲訬。〔王〕賜〔卲訬〕織衣、赤環市，曰：用訇乃祖、考事，作嗣土_{司徒}。訬敢對揚王休，用作寶殷，子孫其永寶。

卲^{2A801} 从卩合聲。

訬^{2BA68} 从口夗聲。讀若盈。卲訬，讀若卲盈，人名。西周晚期。

訇^{2BA5E} 同嗣。用訇乃且考事，繼承你祖和父的事業。

04198 蔡姞簋 布敢作皇兄尹弔隩𥃩彝，尹弔用綏多福于皇考德尹_{蔡姞父}叀姬_{蔡姞母}，用旛匄𤲮壽綽綰永命，彌氒生霝冬。其萬年無彊，子子孫孫永寶用亯。

彌^{2BE43} 同彌。彌氒生霝冬，彌氒生靈終，意爲此生得善終。

04203-4 曾仲大父螽簋 曾中大父螽迺用吉攸啟雒金，用自作寶殷。螽其用追孝于其皇考，用賜眉壽黃者霝冬終，其邁年子子孫孫永寶用亯。

螽^{2B2D2} 讀若蛕。曾中大父螽，人名，字大父，鄫國公族。西周晚期。

啟^{2ABCC} 或同攺。吉攸啟雒金，讀若吉鑒拏錯金。

04205 楷伯簋 十枻不諲獻身在畢公家，受天子休。

枻^{67BB} 讀若世。

諲^{27B45} 讀若忘。十枻不諲，十世不忘。

04206 小臣傳簋 唯五月既望甲子，王〔在莽〕京，令師田父殷
覲成周年。師田父令小臣傳非余琲琮，玉珠。傳□朕考罜，師田父
令余嗣□官，白烱父賞小臣傳□，揚白休，用作朕考日甲寶。

罜 2C655 或讀恤工。

烱 2B986 讀若俎。伯烱父，人名。西周早期。或釋作刞 ☞ 02072

04207 遹簋 穆穆王穆王滿在莽京。乎漁于大池。

漁 23FE1 亦作潕、𩵋、鱻，並漁字初文。

04208 段簋 唯王十又三祀十又一月丁卯昭王14年十一月初五，B.C.1009 王
鼎畢烝。戊辰初六，曾贈。王蔑段曆，念畢中孫子，令龏颰遣
大則于段。敢對揚王休，用作毁，孫手萬年用亯祀。孫子取引。

颰 229BB 即颰。龏颰，人名。　　　　遣 2CA37 同遣。讀若饋。

則 207FB 古文則。大則，指采地。

04213 魯殿敖簋蓋 戎獻金于子牙父百車，而賜盠屛敖金十鈞，
賜不諱。屛敖用䣂用璧，用卲信首。其佑子歀史孟，屛敖覲，用
豹皮于史孟。用作寶殷，屛敖其子子孫孫永寶。

盠 2CD49 與魯同。

屛 00000 或同屖。讀若殿。盠屛敖，人名。西周晚期。

䣂 2B288 同擯。字或釋報。　　信 2A735 頿。信首，頿首。

歀 2C169 讀若嘟。子歀，人名。西周晚期。

04214 師遽簋蓋 唯王三祀三月恭王3年四月既生霸辛酉，王在周。客
各新宮，王徂正師氏。王呼師朕賜師遽貝十朋。遽拜頿首，敢
對揚天子不㔻休，用作文考旄甬隩殷，世孫子永寶。

㔻 2B82D 不㔻，丕顯 ☞ 02813

04215 㝬簋 唯王正月，辰在甲午，王曰：㝬，命汝嗣成周里人，眔者厌諸侯，大亞，嗾訟罰，取賸五鋝。賜汝尸夷臣十家，用事。㝬拜頴首，對揚王休命，用作寶殷，其子子孫孫寶用。

㝬 2CE5C 人名。西周厲王時期。　　嗾 2101A 古文訊。

04216-8 五年師旋簋 唯王五年九月既生霸壬午，王恭王曰：師旋，令汝羞追于帠齊,地名，儕借作齎，賜汝干五昜錫，銅泡、簦盾生鳳畫柄、戈琱戜、歇必彤㫄，敬毋敶速。旋敢揚王休，用作寶殷，子子孫孫永寶用。

旋²ᶜ⁰⁰⁸ 師旋，人名。西周晚期 ☞ 04279

歍²ᶜ¹⁶ᶠ 从臯从欠。臯，古厚字。歍必，讀若緱秘。

敫²³⁰¹⁵ 同敗，古文敗。敫速，敗績。

04219-24 追簋 追敢對天子覭揚。

覭²ᶜ⁸⁷ᶠ 讀若顯，顯也。對天子覭揚，當作對揚天子覭 ☞ 04170

04229-36 史頌簋 唯三年五月丁巳，王幽王在宗周，令史頌省穌蘇，國名。己姓㴋友，里君，百生百姓，帥䚋整于成周，休有成事，穌賓償璋，馬三匹，吉金。用作𪓄彝。頌其萬年無彊，日逞天子覭令，子子孫孫永寶用 ☞ 02787

㴋²ᶜ²⁵ᴮ 从水圓聲。或釋姻。   䚋²ᶜᴰ²³ 堣。借作偶，結伴。

逞²ᶜᴬ²ᴰ 借作揚。頌揚。

覭²ᶜ⁸⁷ᶠ 覭令，英明的命令 ☞ 04170

04237 臣諫簋 唯戎大出于軝，井厌厴戎，征徙令臣諫□□亞旅處于軝，侗王□□，臣諫曰：拜手頴首。臣諫□厶母弟同母胞弟，引韋有長子□，余弁俤，遵皇辟厌，令𧻗㰝〔作〕朕皇文考寶陘，唯用妥康令于皇辟厌，勹〔永福〕。

厴²ᴬ⁸¹¹ 井厌厴戎，讀若邢侯搏戎。

侗³⁸ᴰᴬ 與週同。讀若同。   彳²ᴮᴱ⁴ᴮ 侗或誤隸作彳，讀從。

韋²ᶜᴰ¹⁸ 古文庸。引韋，讀若矧擁。

𧻗²ᴮᴱ⁴⁷ 同豨。讀若肆。   㰝²ᶜ¹⁶³ 或讀服。

04238-9 小臣謎簋 叔！東尸大反東夷大叛白懋父即衛康叔之子康伯髦，史書稱王孫牟以殷八自師征東尸。唯十又一月，遣自𡱳自，述東陝，伐海眉。雩毕復歸在牧自次，駐次白懋父承王令，賜自殷八師達征自五鰢貝。小臣謎蔑曆，眔賜貝。〔謎〕用作寶隮彝。

謎 2C8C6 讀若誎。小臣謎，人名。西周早期。小臣，官名。謎或釋作謎。

翯 2BB30 从孨象聲。讀若相或讓。翯自，地名。

陕 2B540 或讀若隥。東陕，東夷的山麓。

鰢 2B709 即隅，海隅。五鰢東夷的海濱。

04240 免簋 王在周，昧𣉻，王各于大廟，井毛邢叔，姜姓有佑免，即令。王授作冊尹者書，卑俾冊命免。曰：令汝疋胥，輔佐周師𤔲𢻊，賜汝赤環市，用事。

𣉻 23255 昧𣉻，讀若昧爽，早旦。

𢻊 2BFE3 𤔲𢻊，讀若司廩，官名，主管糧草。

04241 榮作周公簋 井侯簋 王令𤇾眔內史曰：䔰井侯服。賜臣三品：州人，重人，𩫏人。捧拜䭫首，魯天子𡨦氒瀕福。克奔走上下，帝無穽終令于有周。追考孝對，不敢㒸惰。卲昭朕福盟盟，朕畯臣天子。用典王令，乍周公彝。

𤇾 2C287 讀若榮。西周康王時期重臣 ☞ 02837，02839，04121。

䔰 26D6F 割。䔰井侯服，分封邢侯官職。

𩫏 2CD18 同𩫏，古文庸。

𡨦 00000 𡨦氒瀕福，受其頻福。

04242 叔向父禹簋 毛向父禹曰：余小子司嗣朕皇考，肇帥型先文祖，恭明德、秉威儀。用𤕌圝奠保我邦、我家，作朕皇祖幽大毛隮𣪘。其嚴在上，降余多福緐孷繁釐，廣啟禹身，勵于永命。

圝 2BB53 𤕌圝，讀若申固 ☞ 00358　勵 2A7E3 讀若擢。

04243 救簋蓋 唯二月初吉，王在師嗣馬宮大室，即位，井白入佑救，立中廷，北嚮。內史尹冊賜救：玄衣㡘屯繡純，旂三日繪有四個太陽的鑾旂，用大葡備于五邑守埅。拜頴首，敢對揚天子休，用作寶殷，其萬年子子孫孫永寶用。

救^{23A8B} 即救。人名。西周中期。　　埅^{2A8DA} 即堰。

04246-9 楚簋 唯正月初吉丁亥，王各于康宮，中倗父內又入佑楚，立中廷，內史尹氏冊命楚：赤環市，鑾旂，取賸五鋝，嗣㝬啚官，內師舟。楚敢拜手頴首，靊揚天子丕顯休。

㝬^{2B8BF} 莽俗省。地名。嗣㝬啚官，司莽鄙館。

靊^{2BBC3} 同叀。靊揚，對揚。

04250 卯簋 曰：嗣嗣琱宮人虤㩴，用事。

㩴^{2C022} 虤㩴，琱國宮人之名。

04253-4 弭叔師㝨簋 唯五月初吉甲戌，王在莽。各于大室，即立中廷，井乎邢叔入佑師㝨。王呼尹氏冊命師㝨：賜汝赤舄，鋚勒，用楚胥弭白，師㝨拜頴首，敢對揚天子休，用作朕文祖寶殷。弭乎其邁年子子孫孫永寶用。

㝨^{21A03} 人名。師㝨，亦稱弭叔，弭國公族，夫人爲犀妊。師，官名。西周晚期。㝨字或釋作察 ☞ 00572, J2.0071

田^{2BB42} 囲。借作甲。

04255 載簋 唯正月乙巳，王各于大室，穆公入佑載，立中廷，北嚮。王曰：載，令汝作嗣土徒，官嗣耤藉田，賜汝織衣，赤環市，鑾旂，楚徒馬，取賸五鋝，用事。載拜頴首，對揚王休，用作朕文考寶殷，其子子孫孫永用。

戠²⁷⁹ᴱᶜ 人名。西周中期 ☞ 09571。《六書統》戠，職吏切。記也。从言从戴省，言戴所以記也。鍾鼎文。詀，省文。誌，小篆从志。又《字彙補》有詊字，具義切音芰。謀也。或與戠同。

04257 㝬伯師耤簋 熒白入佑師耤，即立申廷。王乎內史尹氏冊命師耤：賜汝玄衣，㴑屯純，鉽市，金鈧衡，赤舃，戈琱㦴，彤䩌蘇，鋚勒，鑾旂五日，用事。㝬白用作䵼殷。

熒²ᶜ²⁸⁷ 熒白，榮伯，榮國族首領。西周恭懿時期。

鉽²ᶜᴬᴰ⁰ 从金弌聲，假借爲素。鉽市，素色的蔽膝。

04258-60 害簋 唯三月初吉，王在犀宮，宰犀父佑害立，王冊命害，曰：賜汝奉賁朱黃橫、玄衣㴑純、朳旂、攸革鋚勒，賜戈琱㦴、彤㫒，用鷖乃祖考事，官𤔲司尸夷僕、小射、底魚。害頴首，對揚王休命，用作文考寶殷，其子子孫孫永寶用。

㦴²ᴮᴱᴱꟻ 戈琱㦴，亦作戈畫㦴 ☞ 00093

鷖²ᶜᶜ⁹⁹ 讀若饔。

04261 天亡簋 〔乙〕亥，王武王有大豊禮王凡般，般辟三方。王祀于天室，降。天亾霍叔處，文王子，武王弟又佑王，衣殷祀于王，丕顯考文王，事喜糦上帝，文王德在上。丕顯王乍𤯔，丕䋣肆王乍庚，丕克气訖衣王殷王祀。丁丑，王饗，大宓，王降亾勛勛爵復觶，唯朕有慶，每䫉敏揚王休于䵼白殷 ☞ 02710

庚²ᴮᴰꟻ⁵ 讀若庚。乍庚，則續。

勛²⁷ᴰ²⁷ 釋勛。

04262-5 倗生簋 唯正月初吉癸巳恭王 8 年正月初一王在成周。格白取良馬乘四匹于倗生媿姓，孚賓卅田，則析。格白遷，殹妊倗生之妻，妊姓伋伒㐷從格白痎，伋伱甸殷㐷剚雩谷杜木邊谷旀桑，涉東門。㐷書史馘武立盨成瑿，鑄保寶𣪘，用典格白田。其邁年，乎孫永保用宙。☞ 06511

賔²⁷ᴰ⁵² 同貯，賈。讀若價。

遳²ᶜᴬ⁵ᴰ 郭沫若：疑爲還異文。裘錫圭：讀履。依所析之契約踏察田界。

痎²²¹ᴰ⁸ 同安。讀若按，察也。

剚²ᴮ⁹⁸ᴱ 从刀索聲。讀若割，栔也。

雩²ᴮ⁵⁵ᴰ 或霎字。雩谷，田界上的地名之一。

旀²ᶜ⁰⁰⁵ 旀桑，田界上所封樹名之一。

盨²ᶜ⁴²ᶜ 从皿畐聲。同甾。立盨，立椿。

瑿²ᴮᴮᴮ³ 同邠。成瑿，成巷。　　宙²ᴬ⁹ᶜ⁸ 族徽。西周。

04266 趞簋 唯三月，王在宗周。戊寅，王各于大廟。宓乎佑趞，卽位，內史卽命。王若曰：趞，命汝作𣪘𠂤家嗣馬，啻官僕射士噞小大右隣，取賜五鋝，賜汝赤市、幽亢衡、鑾旂，用事。趞拜𩒨首，對揚王休，用作季姜隩彝，其子子孫孫邁年寶用。

趞²⁷ᶠ⁴ᴬ 人名。西周中期。

宓²ᴬ⁹ᴰᴰ 宓乎，讀若密叔，密國公族。西周中期。

𣪘²ᴮᶠᴱᴮ 作𣪘𠂤家嗣馬，擔任𠂤師地區的家司馬一職 ☞ 09411

噞²¹⁰¹ᴬ 古文訊。

04267 申簋蓋 王命尹册命申：𡩋乃祖考疋胥太祝，官嗣豊鄭人眔九𢍰祝，眑賜汝赤市、縈黃幽横、鑾旂，用事。

𢍰²ᶜ⁴⁴¹ 从皿戲聲。九𢍰祝，官名。

04268 王臣簋 唯二年三月初吉庚寅幽王2年三月初一，B.C.780王各于大室，益公入佑王臣，卽位中廷，北嚮。呼內史年冊命王臣：賜汝朱㭁䢅親貴襯、玄衣繡純、䜌旂五日五個太陽爲飾、戈畫胾、厈嚲必、彤㫃，用事。王臣手拜頴首，不敢顯天子對揚休，用作朕文考易中隩殷，王臣其永寶用。

胾 2BEEF 戈畫胾，同戈琱胾 ☞ 00093

厈 2BA23 厈必，讀若緱柲。

㡀 2BA20 同厈。

04269 縣改簋 唯十又二月既朢，辰在壬午，白犀父休于縣改。曰：戲！乃任縣白室。賜汝婦：爵、䬅之戈、周琱玉、黃璜口。縣改姘奉揚白犀父休。曰：休白罘甿卹縣白室。賜君我，唯賜壽僖。我不能不眾縣白萬年保。肄敢陳于彝。曰：其自今日，孫孫子子毋敢朢忘白休。

䬅 229BB 讀若謁。李零。

罘 2627C 或同罳。

甿 2C41D 疑同盂。或同吾。罘甿，未詳。

肄 2C6AE 讀若肆，語辭。

陳 2CBD3 讀若肆，鋪陳。陳于彝，銘刻在彝器上。

04270-1 同簋 唯十又二月初吉丁丑，王在宗周，各于大廟，焂白佑同，立中廷，北嚮。王命同：𤲞右吳大父𨒥易林吳牧，自淲東至于洞，乓逆朔，北至于玄水。世孫孫子子𤲞右吳大父，母女又閑毋汝有閒。對揚天子乓休，用作朕文万考更中隩寶殷，其邁年，子子孫孫永寶用。

燮²ᶜ²⁸⁷ 燮白，榮伯 ☞ 04257

𨛅²⁰⁹ᴬᶜ 差之省。𨛅右吳大父𤔲易，佐佑虞大父司場。

浿²ᶜ²⁰ᴬ 同河。黃河。

04273 靜𣪕 唯六月初吉，王穆王在莽京。丁卯，王令靜𤔲射學宮。小子眔服眔小臣眔尸僕學射。雩八月初吉庚寅，王以與吳奉吳伯呂㓨卿敹盇自邦周射于大池，靜學教無㽙。王賜靜鞞㓨 ☞ 05408
《靜卣》，J2.0547

㓨²ᶜ³²⁷ 讀若㓨。呂㓨，亦稱呂伯，呂國族首領。人名。西周中期。

卿²ᴮ⁹ᶠᴮ 讀若佮。會同。　　敹²ᴮᶠᴱᴮ 讀若幽。

盇²⁶ᶜ⁰⁶ 从皿芳聲。敹盇自，西周中期人。

㽙²ᴬᶠᴬ¹ 讀若尤。無㽙，沒有過失。

㓨²⁰⁷⁶ᴱ 張亞初讀若璲，亦讀鞦或縿。鞞㓨，亦作鞞鞛，刀劍鞘飾。

04276 豆閉𣪕 用倂乃祖考事，𤔲窐艅邦君𤔲馬弓矢官名。

倂²ᴮ⁸ᴬ¹ 讀若肖。效法，繼承。02833 禹鼎 作仢，同。

窐²ᶜ⁵⁰ᴬ 窐艅，讀若竅俞，邦君之名。西周中期。

04277 師俞𣪕蓋 唯三年三月初吉甲戌，王在周師彔宮。旦，王各大室，即位，𤔲馬共佑師艅，入門，立中廷。王呼作冊內史冊命師艅：㸚𤔲㽙人，賜赤市、朱黃橫、旂。

㽙²ᴮᴰᴬᴰ 㽙人，或釋保氏，官名。

04279-82 元年師旋𣪕 唯王元年三月既生霸，王恭王在減𤰈居。甲寅，王各廟，即位，遲公入佑師旋，即立中廷。王呼作冊尹克堪冊命師旋。曰：備于大左，官嗣豐還豐縣，佐佑師氏。賜汝赤市冋黃絅橫、麗般屬鞶，敬夙夕用事。旋拜頴首，敢對揚天子丕顯魯休令，用作朕文祖益中隩段，其邁年子子孫孫永寶用。

旋^{2C008} 師旋，人名。西周中後期。

湤^{6DE2} 地名。

04284 師瘨簋蓋 唯二月初吉戊寅，王穆王在周師嗣馬宮，各大室，卽位，嗣馬丼白親佑師瘨，入門，立中廷。王呼內史吳冊命師瘨。曰：先王旣令汝，今余唯䡣先王令。，令汝官嗣邑人，師氏，賜汝金勒。瘨拜頴首，敢對揚天子丕顯休，用作朕文考外季隩段，瘨其萬年，孫孫子子其永寶，用亯于宗室。

瘨^{24E2B} 師瘨，西周中期人。其父外季，外氏公族。

親⁴⁶⁸⁴ 嗣馬丼白親，司馬邢伯親，邢國族首領。西周中期。

䡣^{2454C} 讀若申。重申。

04286 輔師嫠簋 唯王九月旣生霸甲寅，王在周康宮，各大室，卽位，㚔白榮伯入佑輔師嫠。王呼作冊尹冊命嫠。曰：叜廬乃祖考嗣輔。㦰賜汝戠市、鯀黃素橫、鑾旂。今余曾增乃令，賜汝玄衣黹屯純、赤市朱黃橫、戈彤㫃蘇珚戲、旂五日，用事。嫠拜頴首，敢對揚王休令，用作寶隩段，嫠其萬年，子子孫孫永寶用事。

嫠^{20B70} 輔師嫠，人名，西周恭懿時期擔任輔師一職。輔師是掌管鐘鼓的樂官名。

㦰^{2AB4B} 讀若哉，始也。

戠^{2CC2B} 讀若緇。戠市，緇韍。

㫃^{2ABFD} 或釋旟、㫃。鑾㫃，鑾旂。

04287 伊簋 唯王廿又七年正月既朢丁亥，王廙王在周康宮，旦，王各穆大室，卽位。䚅季入佑伊，立中廷，北嚮。王呼命尹𩰬冊命伊：𤔲官𤔲康宮王臣妾百工。賜汝赤巿幽黃𢆶，鑾旂，攸鋚勒，用事。伊拜手頴首，對揚天子休。伊用作朕丕顯文皇祖考𢼛弔寶䵼彝，伊其萬年無彊，子子孫孫永寶用𦎫。

䚅 2454C 䚅季，申季，人名。西周厲王時期人，䚅國公族。

𩰬 2C3C6 尹𩰬，讀尹封，人名。西周厲王時期執政大臣。

04288-91 師酉簋 唯王元年正月，王在吳𧆞，姬姓，各吳太廟，公族㝬蔑入佑師酉，立中廷。王呼史牆冊命師酉：𤔲𤔲乃祖，啇嫡，承嗣官邑人、虎臣、西門尸、𥃝尸、秦尸、京尸、弁瓜尸弁狐夷、新。賜汝赤巿朱黃中𦁐、鋚勒，敬夙夜勿灋廢朕令。師酉𢷎拜頴首，對揚天子丕顯休令，用作朕文考乙白宴姬䵼殷，酉其萬年子子孫孫永寶用。

𥃝 2C256 地名。𥃝尸，𥃝夷。

𦁐 2C5F6 同綱。朱黃中𦁐，讀若朱橫中綱。

宴 2BCD3 讀若宮。

04292 五年琱生簋 唯五年正月己丑，琱生有事使𠵩來合事。余指琱甥獻寢氏以壺，告曰：以君氏令曰，余君氏老止之。公僕㚔土田多諫，弌式，發語詞白氏召伯虎從許。公宕當其參，汝召伯虎則宕其貳；公宕其貳，汝則宕其一。余𪔂于君氏大璋，報寢氏帛束、璜。𠵩白虎曰：余旣𪍽，戾我考我母令，余弗敢𤔔亂，余或致我考我母令。琱生則堇圭觀珪 ☞ 04293，J2.0587

𠵩 250DD 即召。𠵩白虎，召伯虎。

寑²ᴮᶜᴱᴱ 从女宴聲。讀若寢。寑氏，職官名。

韋²ᶜᴰ¹⁸ 墉。僕韋，讀若附庸。　　譂²ᴮ³⁴⁵ 讀若擾。

蠹²ᶜᴱ⁶² 同蟪。讀若惠。或从熏从黽，讀若問。

嚵²¹⁰¹ᴬ 訊初文。

庆²ᴬᴬ⁹⁹ 楊樹達讀趣。庆令，讀趣命，即遵從命令。字或讀寔。

04293 六年琱生簋 唯六年三月甲子，王在莽。𧊒白虎告曰：余告慶。曰：公指琱甥毕禀廉貝，用獄譂爲白，有爯有成，亦我考幽白幽姜令。余告慶。余以邑嚵有嗣，余典勿敢叀。今余既嚵，有嗣曰：庆令。今余既一名典，獻白氏，則報璧。琱生奉揚朕宗君其休，用作朕刺祖𧊒公嘗殷，其萬年子子孫孫寶用，言于宗。

譂²ᴮ³⁴⁵ 讀若擾。

甹²⁴ᶜᴬ⁵ 抵字初文。有甹，讀若有底，訓有定，指訴訟結束。

嚵²¹⁰¹ᴬ 訊初文。　　　　　　　嚳²ᶜ³ᶜ⁶ 同封，封畫田界。

04294-5 揚簋 唯王九月既眚生霸庚寅，王在周康宮。旦，各大室，卽位。嗣徒單白入佑揚。王呼內史史耂冊命揚。王若曰：揚，作嗣工司空，官名，主營造，官嗣量田佃，眔嗣立，眔嗣芻，眔嗣寇，眔嗣工司事，賜賜汝赤师市、鑾旂。嚵訟，取賄徵五鋝。揚拜手頧首，敢對揚天子丕顯休，余用作朕刺考憲白憲伯寶殷，子子孫孫其萬年永寶用。

耂²ᴮ⁸²⁴ 讀若敖。亦釋作年或岁。張亞初讀俇。內史史耂，人名，西周晚期擔任內史一職。

竝²ᴮᶜᴮᶠ 古文居。嗣竝，官職名，司王之行帳。

肺²⁵¹¹⁴ 讀若畢。赤肺市，紅色環狀蔽膝。

嚇²¹⁰¹ᴬ 訊初文。

04297 鄦簋 唯二年正月初吉，王在周邵宮。丁亥，王格于宣榭。毛伯入門，立中廷，佑祝鄦。王呼内史册命鄦，王曰：鄦，昔先王既命汝作邑，䢔五邑祝，今余唯䕻橐乃命，賜汝赤市、同䚇黃、鑾旂，用事。鄦拜頶首，敢對揚天子休命，鄦用作朕皇考𦙞白隩𣪘，鄦其眉壽邁年無彊，子子孫孫永寶用言。

鄦²⁸⁷ᶜᴮ 同鄦。省作鄦。祝鄦，人名。西周幽王二年接受册封，擔任祝官，主管祭祀禱告。

䕻²⁴⁵⁴ᶜ 讀若申。

橐²ᴮ⁸⁸¹ 就。䕻橐：重申。

䚇²ᴮ¹⁴⁶ 同䚇黃，讀若絅緌衡。

04298-9 十二年大簋蓋 唯十又二年三月既生霸丁亥 夷王12年三月初九，B.C.882 王在𥹬侲宮。王呼吳虞師召詔大，賜趣睽里。王令蕭膳夫豖曰謂趣睽曰：余既賜大乃里，睽賓償豖璋、帛束。睽令豖曰謂天子：余弗敢斁。豖以與睽履大賜里。大賓豖䚇璋、馬兩，賓睽䚇璋、帛束。大拜頶首，敢對揚天子丕顯休，用作朕皇考剌白隩𣪘，其子子孫孫永寶用。

𥹬²ᴬꜰ⁹ᴬ 𥹬侲宮，宮殿名。

趣²ᶜ⁹⁹⁵ 趣睽，西周晚期人。

睽²ᶜ⁴⁶ᴬ 讀若睽。趣睽，西周晚期人。

斁²ᴮꜰᴇ³ 讀若吝。吝嗇。

䚇²ᴮᶜꜰ⁶ 䚇章，即䚇璋，讀胡璋，大璋也。合文作䚇。

04300-1 令簋 唯王于伐楚。白在炎鄉，唯九月既死霸丁丑成王8年九月二十三日作冊夨令隩宜于王姜，姜賞令貝十朋、臣十家、鬲百人。公尹白丁父兄既于戍。戍冀嗣乞司訖。令敢揚皇王宕，丁公文報，用頔稽後人亯，唯丁公報。令用奉辰于皇王，令敢辰皇王宕，用作丁公寶殷，用隩事于皇宗，用響王逜迸，用匌寮人婦子，後人永寶 鼻冊

奉 2A705 讀若深。

辰 2A80D 讀若揚，崇美。　　逜 00000 从辵从舟。讀若復。

匌 5313 用匌寮人婦子，讀若用飽僚人婦子。

鼻 00000 鼻冊，族徽。

04302 彔伯戎簋蓋 王若曰：彔白戎，䌛自乃祖考，有𤔲于周邦，佑闢三方，惠𠭯天令，汝肇不豕憜，余賜汝𩰠鬯一卣、金車——㭱䔗𨎠、㭱𠭯朱虢斳、虎冟棐裏、金甬箙、畫䩜靷、金厄𩋆、畫轉、馬三匹、鋆勒。彔白戎敢捧拜手頴首，對揚天子丕顯休。

戎 00000 彔伯戎，彔國族首領。

𤔲 2BE24 从爵从収。讀若功。

𠭯 2BE2D 惠𠭯，讀若助弘。又讀若靷。㭱𠭯朱虢斳，讀若貢靷朱鞹斳。

𩰠 29C24 秬本字。𩰠鬯，黑黍香酒。

䔗 26E9A 讀若幬。按，此艸頭或爲収，屬上字。

𨎠 2C9F6 同較，車箱。㭱䔗𨎠，讀若貢幬較。

棐 2B04D 虎冟棐裏，讀若虎幦朱裏，虎皮的面，朱紅色的裡襯。

對 2C96B 讀若對。

04311 師獸簋 唯王元年厲王元年，B.C.878正月初吉丁亥，白龢父即共伯和若曰：師獸，乃祖考有𤔲于我家，汝有隹雖小子，余令汝死尸我家，翿䨮我西偏、東偏，僕馭百工、牧臣妾，東𢧜內外，毋敢否善不善。賜汝戈琱㦰、〔歆〕必、彤㫃、干五鍚銅泡、鐘一肆五金，敬乃夙夜用事。獸捧頴首，敢對揚皇君休，用作朕文考乙中齍𣪘，獸其萬年子子孫孫永寶用亯。

獸 2C34A 師獸，西周厲王時期擔任師之職。獸曾隸定作毁，誤。

𤔲 2BE24 讀若功。

𢧜 2BEED 東𢧜，讀若董裁。

㫃 21C75 彤㫃，讀若彤綏。

歆 2C16F 歆必，讀若綏柲。

敽 2BFD4 讀若肄。或釋作磬。

04312 師頴簋 唯王元年九月既望丁亥,王懿王在周康宫。旦,王格大室,嗣工液白入佑師頴,立中廷,北嚮。王呼內史通或釋遣冊命師頴。王若曰:師頴,才先王既令汝作嗣士,官嗣邡闇,今余唯肇醽申乃令,賜汝赤市朱橫、鑾旂鋚勒,用事。頴捧頴首,敢對揚天子丕顯休,用作朕文考尹白隩殷,師頴其萬年子子孫孫永寶用。

頴 2CC4A 師頴,西周晚期擔任周朝的師和司土等職。

04313 師寰簋 王若曰：師寰戈，淮尸繇我員晦臣。今敢博薄氒眾叚，反氒工吏，弗速蹟我東䣙。今余肇令汝，率齊師曶犛樊尿，左右虎臣，征淮尸，即質氒耴䵼酋，曰冄、曰簝、曰鈴、曰達。師寰虔不彖惰，夙夜血氒牆將事。休既有功，斲首執嘛，無諆譱徒馭，歐殹俘士女、牛羊，俘吉金。今余弗叚組不遐沮。余用作朕後男巤隥簋，其萬年，孫孫子子，永寶用言。

寰³⁷⁶⁸ 師寰，人名。西周厲王時期擔任師之職。

戈²ᴮᴬ³⁵ 讀若拔。　員²ᴬᶠ⁷ᴱ 讀若帛。

䣙²ᶜᴬ⁸⁷ 同國。

尿²ᴮᴰ⁵⁵ 國名。或釋殹，殹後 ☞ 12088

質²ᶜ⁹⁶¹ 讀若餮。或讀讞，議罪也。

簝²ᴮᴱ²² 从艸棻聲。讀若燎。敵酋名。

04315 秦公簋 秦公曰：丕顯朕皇祖，受天命，鼏宅宓宅，安居禹責跡。十又二公，在帝之坏堷，嚴龏䡫天命，保𤣩氒秦，虩赫事蠻夏。余雖小子，穆穆帥秉明德，刺刺趄趄，邁萬民是敕以上蓋銘。以下器銘咸畜胤士，趩趩文武，鎣靜不廷。虔敬朕祀，作尋彤宗彝，以邵昭皇祖，期嚴遯各，以受純魯多釐，眉壽無彊。畯疐在天，高引有慶𪞙，竈造囿有三方宜 ☞ 00267

䡫²ᴮᴰ⁰³ 龏䡫，讀若恭贊。　𤣩²ᴮᴬ³¹ 古文業。

穆²⁵⁸⁷ᴮ 同穆。

趄²⁷ᴱᴰᴬ 刺刺趄趄，讀若烈烈桓桓，威武貌。

趩²ᴮ³ᴮᴰ 趩趩，讀若藹藹。

鎣²⁸ᴬ⁰ᴮ 从金炅聲。鎮字或體。鎣靜，鎮靖。

期^{2B931} 讀若其。

巛^{2CA57} 从巛尤聲。期嚴巛各，讀若其嚴尤格，威儀特別莊正。

04316 師虎簋 唯元年六月穆王元年，B.C.1003既望甲戌，王在杜㠯，洛于大室，丼白邢伯入佑師虎，卽立𠂤廷，北嚮。王呼內史吳曰：冊命虎。王若曰：虎，𢦏先王既令乃取考事，啻嫡官嗣左右戲敏荊繁纓，今余唯帥型先王令，令汝叓乃取考，啻官嗣左右戲繁荊，敬夙夜勿𢊾廢朕令。賜汝赤舄，用事。虎敢捧頧首，對揚天子不杯魯休，用作朕剌考日庚隙殷，子子孫孫其永寶用。

㠯^{2BCBF} 同应，古文居。指周王駐蹕之地。

𢦏^{2CC8F} 从食戈聲。讀若載。初，始，往昔。

取^{2BA36} 同且。取考，祖考。　杯^{2B82D} 不杯，丕顯 ☞ 02813

04317 㝬簋 王曰：有余隹雖小子，余𠆢康無空晝夜，坙蹼先王，用配皇天。簧𦧆廣侈朕心，墜于三方。肄余以饋士獻民，再𠭰倗庚先王宗室。㝬作𩰹彝寶殷，用康惠朕皇文剌祖考，其各前文人，其瀕在帝廷陟降，𩰹圝皇帝大魯令，用綒保我家，朕位，㝬身，陀陀降余多福壽釋憲烝，宇慕遠猷。㝬其萬年，寶朕多禦，用莘被壽，匄永命，畯在位，作壴在下。唯王十又二祀。

𢿘^{2C1B3} 同擁。經𢿘，常擁。

肄^{2C6AE} 讀若肆。語辭，與惟通。

饋^{2CC92} 饋士，翼輔天子的士大夫。

𩰹^{2BB53} 𩰹圝，讀若申固 ☞ 00358

綒^{2A7F9} 同紟。讀若令。

壴^{2BBC3} 同㐁。訓本。

04320 宜侯夨簋 王令虞侯夨吳王熊遂曰：䙴侯于宐，賜鬯一卣、商罬一□。

䙴 2C938 同遷。或曰䙴邑，同秅邑。

罬 2BB0B 同羼。商罬，讀璋瓚。

04321 詢簋 王若曰：詢，丕顯文武受令，則乃祖奠周邦。今余令汝啻嫡官嗣邑人，先虎臣後庸：西門尸、秦尸、京尸、彙尸、師笒、側新、□琴尸、弁狐尸、𩰤人、成周走亞、戍□人、降人、服尸。賜汝玄衣𧝬屯繡純、載市冋黄、戈琱戚歇必、彤沙蘇、鑾旂、攸鋚勒，用事。詢頴首，對揚天子休令，用作文祖乙白同姬隩𣪘。詢邁年，子子孫孫永寶用。唯王十又七祀，王在射日宮。旦，王各，益公入佑詢。☞ 04288, 04343

彙 2C256 地名。彙尸，彙夷。

𩰤 2B9D9 國名。𩰤人，或即于夷，西周時期一個以大鳥鳥爲圖騰的部落，在今江蘇宿遷。

載 2CC2B 讀若緇。載市冋黄，緇市絅橫。

歇 2C16F 从𦣻从欠。𦣻，古厚字。歇必，讀若縧柲。

04322 𢽳簋 唯六月初吉乙酉，在𡍄𠂤師，次。戎伐馭，𢽳達有嗣、師氏，遂追𢷾戎于𢧰林，博搏戎獻。朕文母競敏𩐩行，休宕氒心，永襲氒身，卑俾克氒啻敵，獲馘百，執噝二夫，孚戎兵：盾矛戈弓備𦘕矢裨胄，凡百又卅又五𦥑。孚捋戎孚人：百又十又三人。衣博卒搏，無眈于𢽳身。乃子𢽳拜頴首，對揚文母福剌，用作文母日庚寶隩𣪘，卑俾乃子𢽳萬年，用夙夜隩亯于氒文母，其子子孫孫永寶。

殷周金文字宝　159

壼 2B882 同臺，《說文》籀文堂。壼或釋作甕。地名 ☞ 02789

歔 2BA4A 地名。所在未詳。

𨛘 2B9FD 襲擊之襲的本字。

畷 3F63 畷林，地名，或即棫林，在許地。

䂂 2BD1F 未詳。

𣂩 2BA40 譌作叡。讀若款。件。

眈 2AFA1 無眈，讀若無尤。

04323 敔簋 唯王十月，王在成周，南淮尸遷殳𨍰，內伐溻鼎鼺泉裕敏陰陽洛，王令敔追𨛘于上洛㤈谷，至于伊班。長榜戠首百，執嚻卌，奪俘人三百，膚獻于烊白之所，于㤈衣肆，復付氒君。唯王十又一月，王各于成周大廟，武公入佑敔，告禽擒馘百，嚻卌。王蔑敔曆，事使尹氏授贅敔：圭珤瓉，叒貝五十朋，賜田于敓五十田，于早五十田。敔敢對揚天子休，用作隩段，敔其邁年，子子孫孫永寶用。

溻 2C212 地名用字。

鼎 2C06C 讀若昂。溻鼎，地名。

陰 2CBD6 陰陽洛，地名。《永盂》作湆易洛 ☞ 10322

𨛘 2B9FD 襲擊之襲的本字。

㤈 2C286 㤈谷，地名。

戠 2C79B 讀若載。

贅 2C966 讀若賓。

叒 2BC31 地名。

敓 2BFB5 讀若扲。地名。

04326 番生簋蓋 丕顯皇祖考，穆穆克哲氒德，嚴在上，廣啟氒孫子于下，勵于大服。番生不敢弗帥型皇祖考不杯元德，用䚢圝大令，粤王位，虔夙夜，溥求不朁德，用諫䉲三方，頨遠能㨈。王令虢嗣公族卿事太史寮，取賸廿鋝，賜朱市恩黃蔥衡、鞶鞍、玉環、玉琮、車、電軫、奉緙較貢緙較、朱䰧䰧䡗、虎冟冪繡裏、造錯衡、右厄軛、畫轉、畫䡐、金童踵、金豙軛、金簟弼艿、魚葡箙、朱旂廬、金芃二鈴。番生敢對天子休，用作毁，永寶。

勵 2A7E3 讀若擢，擢拔。

杯 2B82D 不杯，丕顯 ☞ 02813

圝 2BB53 䚢圝大令，讀若申固天命 ☞ 00358

粤 24C80 同粤。假作屏，輔佐。

頨 2CC45 擾字異文。讀若柔。

㨈 2C93E 或作犾，獼，讀若邇。

鞍 2CC27 从革豩聲。即鞁。鞶鞍，劍鞘飾。

䰧 2BE2D 朱䰧䰧䡗，讀若朱鞹靶靳。

廬 2C01E 讀若廬，旃。

04327 卯簋蓋 唯王十又一月既生霸丁亥。榮季入佑卯，立中廷。榮白呼令卯曰：䫟䡙乃先祖考死尸嗣榮公室，昔乃祖亦既令乃父死嗣莽人。不盠淑取我家窯，用喪。今余非敢夢先公有雚涿，余懋禹先公官。今余唯令汝死莽宮，莽人。汝毋敢不藘，賜汝𩵋章三毂、宗彝一牆寶。賜汝馬十匹、牛十。賜于乍一田，賜于宫一田，賜于隊一田，賜于𢦏一田。卯拜手頁頫手首，敢對揚榮白休，用作寶隩毁，卯其萬年子子孫孫永寶用。

燅²ᶜ²⁸⁷即榮，國族名。燅季，燅白榮伯之弟。

窠²⁵⁹⁸⁸讀若棟，橡也。不盠取我家窠，指卯的祖考不幸去世。

𨒫²ᴮᴱ⁶⁹𨒫𢓲，亦作𨓚遂，或釋進退。

䲹²ᴮᴮ⁰ᴮ同兩。䲹章，讀若瓚璋。

牆²ᶜ³⁰ᴰ讀若肆。　　　　　　戜²ᴮᴱᶠᶠ地名。

04328-9 不娶簋 唯九月初吉戊申 宣王 13 年九月初一，B.C.815 白氏曰：不娶，駿方，厥狁獫狁廣伐西餘俞王令我羞追于西。余來歸獻禽擒。余命汝御禦追于罟，汝以我車宕伐厥狁于高陶。汝多斨首執噘，戎大同恫，從縱追汝，汲戎大臺敦戜，汝休弗以我車陷于艱，汝多禽擒，斨首執噘。白氏曰：不娶，汝小子，汝肇誨敏于戎功。賜汝弓一、矢束、臣五家、田十田，用從永乃事。不娶拜頤手首休，用作朕皇祖公白孟姬隩殷，用匃多福，眉壽無彊，川屯永純霝宇靈終，子子孫孫其永寶用言。☞ 10173

罟²ᴮᴬ⁹ᶠ讀若洛。地名。　　　　戜²ᴮᶠ⁰¹古文搏。

04330 沈子它簋蓋 它曰：撲頤首，敢毗卻告朕吾考，令乃䳄嬗沈子作綟于周公宗，陟二公，不敢不綟。休同公克成妥吾考，以于顯顯受令。烏虖嗚呼，唯考取又念自先王、先公，廼妹昧克卒告剌成功。叡吾考克淵克，乃沈子其頴裒懷多公能福。烏虖，乃沈子妹昧克蔑見猷厭于公休，沈子肇敦狃賓稹。作玆殷茲簋，用甗饗己公，用各恪多公，其刊哀愛乃沈子它唯福，用水永霝命，用綏公唯壽。它用裒懷逵我多弟子，我孫克又井敦。歚懿，父廼昰子慈。

毌²⁵¹²⁸ 敢毌昭告，未詳。

紉^{2C5C5} 从糸及聲。同䋫。古文緼。

敢^{2BFAC} 同敢。使也。敢又，或讀肇有。

顥^{2B5A4} 从頁烏聲。或讀於，語首助詞。或讀顧。

貀^{2C93D} 敦貀，地名。　　寅^{27D52} 同貯，賈。

穦^{258BC} 金文从㐭朿聲，穦字初文。寅穦，讀若貯積，指實物貢
　　賦。

敩⁶⁵⁸⁵ 同教，效法。又井敩，讀若有型效。

04331 [䨳伯歸夆簋] 唯王九年九月甲寅，王命益公征眉敖，益公
至，告。二月，眉敖至見覩，獻賁。己未，王命申㽷歸䨳白緐
裘。王若曰：䨳白，朕丕顯祖玟珷，膺受大命，乃祖克逨遠先王，
異翼，輔翼自它㽷，有市于大命，我亦弗宲深宮㽷，賜汝緐裘。䨳
白拜手𩒨首天子休，弗望忘小屑㽷。歸夆敢對揚天子不㭁魯休，
用作朕皇考武䨳幾王隩殷，用好孝宗朝廟，宮夙夕，好佣友雩與
百者諸婚遘媾。用㩁屯彔祈純祿永命，魯壽子孫。歸夆其邁年，日
用㱃于宗室。

䨳^{2006C} 或讀乖。䨳白，䨳戎人部族首領，名歸夆，部族名眉敖，
　　亦作眉戲。西周中晚期。

賁^{2C95D} 讀若帛。

㽷^{2C6F1} 即致。㽷歸，讀若致饋，贈送。

緐^{2B9CA} 或同絲，古文韶。或讀狐。

市^{2BDC4} 从巾共省聲。亦作芾。與幇同。讀若功。

屑^{2BA1D} 从哀聲，讀若裔。　　㭁^{2B82D} 不㭁，丕顯 ☞ 02813

04332-9 頌簋 唯三年五月既死霸甲戌,王在周康卲宮。旦,王各大室,即位。宰引佑頌入門,立中廷。尹氏授王令書。王呼史虢生甥冊命頌。王曰:頌,令汝官嗣成周賈,監嗣新寤賈用宮御。賜汝玄衣㯱純、赤市朱黃、䜌旂鋚勒,用事。頌拜頜首。受令冊,佩以出,反入堇章返納瑾璋。頌敢對揚天子丕顯魯休,用作朕皇考龏弔、皇母龏始似寶隣簋,用追孝,䰻匄康𤲯純祐,通祿永令。頌其萬年眉壽無彊,畯臣天子霝冬令終,子子孫孫永寶用。

寤 2BCE9 从彳从宀告聲。同造。古文造。

04340 蔡篹 唯元年旣朢丁亥懿王元年八月十四日，B.C.928王在𢆶应。旦，
王各廟，卽位，宰𦉫入佑布，立𠁩廷。王呼史㝬冊命布。王若
曰：布，昔先王旣令汝作宰，䢐王家。今余唯䊼橐申就乃令，令
汝眔𦉫䵼疋胥對，各从㢵從䢐王家外內，毋敢有不聞。䢐百工，
出入姜氏令，㫳有見有卽令，㫳非先告布，毋敢疾有入告。女
母汝毋弗饎敩校姜氏人，勿事使敢有疾止從縱獄。賜汝玄袞衣、赤
舄，敬夙夕勿灋廢朕令。布拜手頴首，敢對揚天子丕顯魯休，
用作寶隣殷，布其萬年眉壽，子子孫孫永寶用。

𢆶 23F32 釋雍，國名。字从沓。或作雝。譌作雖。

㝬 2B824 史㝬，史敄，人名。西周中晚期任內史一職。或釋作史
佞、史年。

疾 221FB 同疾。《篇海》疾，古文知字。《說文》𤴻，籀文疾。與
古智作𥏾溷。

04341 班篹 唯八月初吉，在宗周，甲戌，王令毛白叟虢諴公服，
𩁅王位，作三方亟，秉繁、蜀魯地、巢令。賜鈴、𨬰。咸，王令
毛公以邦冢君、土駿徒馭、或人伐東或痡戎。咸，王令吳白虞伯
曰：以乃師左比毛父。王令呂白呂伯，名欄曰：以乃師右比毛父。
遣令曰：以乃族從父征。诰諴衛父身，三年靜東或靖東國，亾不
成。眈天畏，否畀屯純陟。公告㫳事于上：唯民亾诰才。彝𢽟
天令，故亾。允才㦰顯，唯敬德，亾迪仪違。班撰頴首曰：烏虖！
不杯乩丕顯揚皇公受京宗懿釐，毓育文王、王耔聖孫，陞于大服，
廣成㫳功。文王孫亾弗裏井無不懷型，亾克竟㫳剌競其烈。班非敢
印抑，唯乍則邵昭考爽益諡曰大政，㫃孫多世其永寶。

殷周金文字宝 165

馘²ᶜᴰ²¹ 城初文从䇞郭。虢城公，西周昭穆時期人，封于虢城。

嗛²⁴ᶜ⁸⁰ 同甹。假作屏，輔佐。

徣²ᴮᴱ⁵⁴ 或作徦。徣馘，出城。又民凵徣才，讀若民氓誕哉。徣訓欺。

㦒²ᴮᴱ⁷ᴮ 从心未聲。或愚昧之昧的本字。彝㦒天令，常昧天命。昧，冒犯。

伓²ᴮ⁸²ᴰ 不伓，丕顯 ☞ 02813

娞²ᴮᶜ³⁶ 王娞，即王姒，亦稱太姒，周文王之后妃。

04342 師詢簋 王若曰：師訇，丕顯文武膺受天令，亦則繇唯乃聖祖考克㕝厷股肱先王，作乎爪牙，用夾醞乎辟奠大命，盩厂雯于政，肆皇帝凵吳亡斁，臨保我有周，雩三方民凵不康靜靖。王曰：師訇，哀才哉。今日天疾畏威降喪，囗德不克妻，古故凵承于先王。嚮汝汲屯純岬周邦，妥立余小子，觍載乃事。唯王身厚穧，今余唯龤熹乃令，令汝叀辥我邦小大猷，邦弘灒辭。敬明乃心，率以乃友干菩捍禦王身，谷欲汝弗以乃辟圅于囏陷於艱。賜汝秬鬯一卣、圭瓚、尸允訊三百人。訇頷首，敢對揚天子休，用作朕剌祖乙白同益姬寶殷，訇其萬囨斯年，子子孫孫永寶，用作州宮寶，唯元年二月旣瑩庚寅，王各于大室，焭入佑訇 ☞ 04321

醞²⁵⁰ᴰᴰ 讀若紹。夾醞，輔助。

厂²ᴮᴬ¹⁸ 龢俗省。盩龢，亦作敷龢，致和，修和。

肄²ᶜ⁶ᴬᴱ 讀若肆。

妻²ᶜ⁶ᴬᴬ 讀若乂。德不克妻，德不足以治國。

觍²ᶜ¹ᴮ³ 同擁。叀觍，助擁。

灒²ᴮᴱ²ᴮ 邦弘灒辭，讀若邦有潢壁，國家得到大治。

04343 牧簋 1唯王七年十又三月既生霸甲寅 夷王7年十三月初九王在周，在師淲父宮，各大室，卽位，公族絅入佑牧，立中廷。王呼內史吳冊命牧。王若曰：牧，昔先王既令汝作嗣士，今余唯或有𢼒改，令汝辟百寮僚。有叩事囚，迺多亂亂，不用先王作型，亦多虐庶民。毕訊庶右䚓，不型不中，迺夭之糌籍，以今籥司匍服毕皋罪昏故辜。—2接下半段。

𢼒 2BCF7 从宀殳聲。𢼒改，讀若揆改。

䚓 2C5BF 从叩㚇聲。讀若鄭。官名。

04343 牧簋 2. +2接上半段王曰：牧，汝毋敢弗帥先王作明型用，雩乃訊庶右䚓，毋敢不明不中不型，乃甹貫政事，毋敢不尹，不不中不型。今余唯䰜臺乃命，賜汝秬鬯一卣、金車、奉較雕較、畫輈、朱虢韗𢍰㫃、虎冟幎繡裏、旆、余驋〔馬〕三匹、取〔徵〕□鋝，敬夙夕勿灋廢朕令。牧拜頴首，敢對揚王丕顯休，用作朕皇文考益白寶䵼簋，牧其萬年壽考，子子孫孫永寶用。

𢍰 2BE2D 讀若鞃。車軾。𢍰㫃，鞃靳。

04346 䧹伯簋 䧹白作中敧䵼。

䧹 00000 从𨸏圣聲。國族名。讀若隆。䧹伯，隆國族首領。西周晚期。

敧 21729 同姞。仲敧，䧹伯的夫人，姞姓。

04347 鄧伯簋 登白作妠彊用。

妠 2BC0E 从女牙聲。

彊 2BE40 妠彊，西周晚期婦女，鄧伯的夫人。

殷周金文字宝 167

04350 伯筍父盨 白筍父作旅盨 ☞ 02513

筍²ᶜ⁵⁴⁷讀若郇。地名。白筍父，西周晚期人。

04357-60 彔盨 彔作舉頮㲂，其永保用。

㲂²ᴬ⁸¹⁴从厂殳聲。舉頮㲂，讀若鑄盨簋。

04374 苗姦盨 苗姦作盨，其子子孫孫永寶用。

姦²ᴮᶜᴱ³从女姦聲。苗姦，人名。西周晚期。

04378 劏叔盨 劏㠯作旅須，子子孫孫永寶用。

劏²ᴬ⁷ᴰ从刀，呂因皆聲。亦作劏。或讀剧。或讀劈，从刀。劏叔，西周晚期人 ☞ 03684，04484

04379 陳姬小公子盨 陳姬小公子子豙㠯嫣飤盨。

豙²ᶜ⁹³ᶜ或釋作爲。

04411 項燹盨 項燹㘉作旅盨，其萬年子子孫孫永寶用言。

燹²ᶜ²ᴰᴰ讀若幽。項燹，人名。西周晚期。

04416-8 遣叔吉父盨 遣㠯吉父作虢王姞旅須，手孫永寶用。

遣²ᴱ⁶ᶜ⁹讀若遣。遣叔吉父，西周中期人，遣氏公族。

04419 伯多父作鄌姬盨 白多父乍成姬多母 伯多父夫人 䨻盨，其永寶用言。

䨻²ᴮᴰ²⁴讀若鐳。

04420-1 㦰孟妊盨 徙走亞㦰孟妊作盨，妊其萬年永寶，子子孫孫用 ☞ 02429

㦰²ᶜ²ꜰᴰ㦰孟妊，讀若斝孟征，人名，㦰氏公族，西周中期擔任徒亞一職。

04422 筍伯大父盨 筍白大父作嬴改鑄甸寶盨，其子孫永甸寶用。

筍 2C547 亦作筍、荀、郇。國名。筍伯大父，郇國族首領。西周晚期。

04423 鑄子叔黑臣盨 盨子韦黑臣肇作寶須，其萬年豐壽永寶用。

盨 250D8 金文鑄。國族名。盨子叔黑臣，春秋早期人。

04428 滕侯蘇盨 滕庆穌作乎文考滕中旅殷，其子孫萬年永寶用。

滕 2AC6A 文獻作滕，國名。滕侯穌，滕國國君，西周晚期。

04436 犀盨 犀作姜涍盨，用言考孝于姑公，用旙眉壽屯純魯，子孫永寶用。

涍 2ADA3 讀若涍。

04438-9 伯窺父盨 唯卅又三年厲王 33 年八月既死既望之誤辛卯，王在成周，白窺父作寶須，子子孫孫永用。

窺 25980 从穴从見。窺字初文。白窺父，人名。西周晚期。

04442-5 紀伯子㝜父盨 異白子㝜父作其延征盨。其陰其陽，以延以行。割勾眉壽無彊，慶其以臧臧 ☞ 10081

㝜 2BCD9 从宀妅聲。異伯子㝜父，即異伯㝜父，春秋早期人，紀國國君的長子，姜姓。

04454-7 叔尃父盨 鄭季盨唯王元年宣王元年，B.C.827王在成周，六月初吉丁亥，韦剌父作奠季寶鐘六、金䧹盨三、鼎七。奠季其子子孫孫永寶用。

剌 2B982 同剌。韦剌父，西周晚期人。

04458 魯伯愈盨 魯白愈用公䵼恭，其肇作其皇考，皇母旅盨殷。愈夙鳳用追孝，用簞祈多福。愈其萬年眉壽永寶用言。

鳳 2BD6A 同興。夙鳳，晨起。

04459-61 翏甥盨 王征南淮尸，伐角津，伐桐遹儵翏生從，執噝斬首，俘戎器，俘金，用作旅盨，用對剌。翏生眔大嬔，其百男百女千孫，其邁年眉壽永寶用 ☞ 02810

嬔 2A508 亦作嬬、娟。《正字通》嬔，籀文妘字。

04465 膳夫克盨 唯十又八年十又二月初吉初吉或既望之誤庚寅，王宣王在周康穆宫。王令尹氏友史趛典膳膳夫克田，人。克拜頡首，敢對天子丕顯魯休揚，用作旅盨，唯用獻于師尹、倗友、聞邁婚媾，克其用朝夕言于皇祖考，皇祖考其數數彙彙，降克多福眉壽永命，畯臣天子。克其日賜休無彊，克其萬年子子孫孫永寶用 ☞ 00049，00204，02797，02836

04466 䰙比盨 唯王廿又五年㞋王25年,B.C.854七月既望□□戊寅,七月十四日王在永師田宮,令小臣成友逆迎接□□、内史無瞏瞏、太史旟。曰:章賞夨䚄夫吒䰙比田,其邑旃纮瀫。复友復賄䰙比其田,其邑复歔言二邑。畁俾䰙比复夨小宮吒䰙比田,其邑彶眔句商兒眔雠戈。洀復限余予䰙比田,其邑競㮅甲三邑,州瀘二邑。凡复友賄䰙比田十又三邑。夨佑蕭夫克。䰙比作朕皇祖丁公,文考㠱公盨,其子子孫孫永寶用襄

瞏 2BBD8 無瞏,内史名。　　瞏 2BBD4 瞏亦作瞏。

旟 2C021 太史名。　　䚄 2B14B 同畧。或人名。

䰙 29C2C 同䰙。土釜。讀若鍋。䰙比,人名。

旃 2C006 邑名。　　纮 20AEC 讀若鄰。邑名。

瀫 2C666 讀若置。邑名。　　邑 2CA74 挹。讀若邑。

㠱 2B207 讀若芞。西周晚期人名。　　㮅 2C104 讀若槌。邑名。

04467 師克盨 王若曰:師克,丕顯文武,膺受大命,匍溥有三方,則緐唯乃先祖考有爵于周邦,干害扞禦王身,作爪牙。王曰:克,余唯巠經乃先祖考,克鮱臣先王,昔余既令汝,今余唯䚲𠤎乃令,令汝更乃祖考,𩜙嗣左右虎臣,賜汝秬鬯一卣、赤巿、五横、赤舄、牙槾邪幅、駒車、崋較雕較、朱虢䪁𩩅、虎皀冪繡裏、畫轉轉、畫輯、金甬箛、朱旂、馬三匹、銮勒、䜌戈素鉞。敬夙夕勿灋廢朕令。克敢對揚天子丕顯魯休,用作旅盨,克其邁年子子孫孫永寶用。

爵 2AAB9 或作𩰚、𦥑。讀若功。　　鮱 2C5EA 从素令聲。讀若令。

䪁 2BE2D 讀若軜。車軾。朱虢䪁𩩅,朱鞹䪁靳。

04469 㮯盨 器在宋代出土時已失上篇又有進退，䨻䚵人疋人肯人師氏人，有皋有故辜，廼䮃佣卽女，廼繇宕搖蕩，卑俾復虐逐㠯君㠯師，廼作余一人咎。王曰：㮯，敬明乃心，用辟弼我一人，譱效校乃友內辟，勿使戲虐從縱獄，爰奪㱙行衢。㠯非正命，廼敢疾㷼人，則唯輔天降喪，不〔盥〕唯死。賜汝秬鬯一卣，乃父芾、赤舄、駒車、犇較䤻較、朱虢䩸、䡇䩯、虎𢧢䍘、繡裏、畫轉𨍱、畫輻、金甬䨶、馬三匹、鋆勒，敬夙夕勿灋廢朕令。㮯捧顀首，對揚天子丕顯魯休，用作寶盨，㲃䚵父㲃故邁年子子孫孫永寶用。

㮯 2BBA9 从土从臼冉聲。讀若坤。人名，字邦父。西周晚期。

䮃 2CCEB 未詳。

辟 2BD0E 从宀辟聲。內辟，讀若入踔。

戲 2BEFA 从虎从戈。同戯。戲虐，暴虐。

㱙 20B6F 讀若阻。爰奪㱙行衢，援奪阻行道。

䡇 2BE2D 䡇䩯，靯䩷。

04478 左使車工㽅 左使車工𦎫 ☞ 00971

04484 劊伯盨 劊白作孟姬錯匜 ☞ 04378

劊 2A7D4 劊伯，劊氏族首領。西周晚期。

04487 樊君盨 樊君䚍之飤臣。

䚍 2CC1F 人名。樊君䚍，樊國國君。春秋早期。

04488-9 曾子遼盨 曾子遼之行𦈢。

遼 28615 曾子遼，亦稱曾子墾、曾侯𩓣，曾國國君 ☞ 09996，11180

04500 蔡公子義工盨 布公子義工𢦏飤𦈢。

𢦏 2BEF5 从告从戈。古文造。

04501 王孫㬎簠 王孫㬎作布姬飤匿。

㬎[2C348] 从丙焱聲。王孫㬎，人名，楚國王孫，其夫人爲布姬。

04502 慶孫之子峠簠 慶孫之子峠之饙匿。

峠[2AA34] 从山朱聲。人名。春秋晚期。

04503 西替簠 西替作其妹靳隩鈷 ☞ 03710

04516 冶遣簠 冶遣作寶匩，子子孫孫永寶用。

匩[2B9D6] 从匚黃聲。讀與匿同。

04517-20 魯士閈父簠 魯士孚父作飤匲，永寶用。

孚[2BF0D] 从戶孚聲。讀若閈。魯士孚父，春秋早期人，字孚父，魯國的士。

匲[2B9DA] 同匿。

04522 密姒簠 寀姒作旅匿，其子子孫孫永寶用。

寀[2A9DD] 讀若密。寀姒，西周晚期姒姓婦女。

寀[2BCE1] 寀或作隸作寀。

04523 史夐簠 叓夐作旅匿，其永寶用。

夐[23B10] 从史邑聲。叓夐，人名。西周晚期。

匿[2095F] 从金匿聲。與匿同。

04525 伯旟父簠 白旟父作旅匿，用倗旨飤。

旟[2C024] 从㫃从鰲。白旟父，或讀伯旅父，春秋早期人。

04528-9 曾子杲簠 曾子杲自作行器，則永祜福。

杲[21C75] 曾子杲，曾國公子。春秋晚期。

04533 伊譒簠 伊譒作簠。用事于丂考，永寶用之。

諛 ²ᶜ⁸ᴮ⁸ 讀若謠。伊諛，西周晚期人。

04534 姅仲盨 姅中作甫妣媵䚽臣，子子孫孫永寶用。

妣 ³⁶ᴬ⁴ 姓。亦作弋。甫妣，姅仲之女，嫁至甫國。春秋時期。

04536 伯噽父盨 白噽父作饙䚽臣，□其邁年永寶用 ☞ 02500

04539 鄶山奢淲盨 鄶山奢淲鑄其寶簠。

鄶 ²ᶜ⁶ᴱ⁸ 鄶山奢淲，人名。或作鄶山旅虎。鄶山氏。春秋早期。
鄶字或釋作彙。

04540-1 鄶山旅虎盨 鄶山旅虎鑄其寶簠 ☞ 04539

04544 叔牫父盨蓋 八田曰，子禹牫父作行器，永古畐㝬福。

牫 ²ᶜ³¹ᴬ 讀若牫。叔牫父，春秋晚期人。

04545 鄒子盨 鄒子作飤臣，塦為其行器，永壽用 ☞ 02498

鄒 ²ᶜᴬ⁹ᶠ 讀若邊。鄒子，鄒國公子。春秋晚期。

塦 ⁰⁰⁰⁰⁰ 从夷从土。鄒子名莨塦。

04546-8 薛子仲安盨 脖子中安作旅臣，其子孫永寶用言。

脖 ²⁶⁶ᴰᴮ 脖子中安，即薛子仲安，春秋早期薛國公子。

04550 楚王熊前盨 楚王畲肯㚻鑄金臣，以共䏧嘗 ☞ 02479

04561-2 䚵侯盨 䚵夨作禹姬寺男膡䚽臣，子子孫孫永寶用言。

䚵 ²ᶜ⁷ᶠ³ 从盧从串。䚵侯，䚵國族首領，三女兒為叔姬寺男，姬姓，名寺男。

04573 曾子原魯盨 唯九月初吉庚申，曾子逸魯為孟姬鄙盤賸媵䚽臣。

鄙 ²ᶜᴬ⁹³ 从邑奋聲。孟姬鄙，春秋時期姬姓婦女，曾子原魯的長女。

04575-7 楚子賸簠 唯八月初吉庚申，楚子賸鑄其飤臣，子孫永保之。

賸 2C962 或讀媵。楚子賸，人名。春秋中期。

04579 史免簠 叟免作旅匡，從王征行，用盛䅆梁，其子子孫孫永寶用言。

䅆 2C01D 假借作稻。䅆梁，稻梁。

04580 叔邦父簠 韦艳父作医，用征用行，用從君王，子子孫孫其萬年無〔疆〕。

医 20931 从匸夫聲。《說文》古文箙。

04582-7 番君召簠 番君𫞩作饎饙臣，用言用養，用祈眉壽，子子孫孫永寶用之。

𫞩 2C701 潘君𫞩，楚國貴族，潘氏家族首領。春秋晚期。

養 2B5CD 从食，孝省聲。

䪆 2C069 同蘄。讀若祈。

04593 曹公簠 䵼公媵嬭孟妠恚母匡筐臣，用瀹祈眉壽無彊，子子孫孫永壽用之。☞ 04019，10144

妠 2BC09 姬字譌省。姓。孟妠恚母，10144《曹公盤》作孟姬恚母，曹公的長女，姬姓。春秋晚期。

04596 齊陳曼簠 齊陳曼不敢逯康，肇堇肇勤經德。作皇考獻叔饎饙殷，永保用臣。

逯 8FD6 讀若逐。 殷 2BA15 讀若盤。

04598 曾侯簠 韦姬霝乍祖黃艳，曾庆作韦姬、邛嬭䑞嬬器𢍰彝，其子子孫孫其永用之。

嬭 ²ᴬ⁹ᴮ³ 亦作嫡，或省作羋，今文作羋，楚姓。曾侯的三女兒叔姬霝往嫁黃國，邛羋或爲娣。

04599 鄀伯受簠 鄀白受用其吉金，作其元妹弔嬴爲心媵饙簠，子子孫孫其永用之 ☞ J.0117

鄀 ²ᴮ⁴⁶⁹ 从邑羕聲。國名。即漾國。鄀白受，人名。

04600 都公諴簠 螀公諴作旅簠，用追孝于皇祖，皇考，用賜眉壽萬年子子孫孫永寶用 ☞ 02753

螀 ²⁷³⁷⁷ 同蠚，即都，古國名。

04603-4 陳侯作王仲嬀姉簠 唯正月初吉丁亥，敶医乍王中嬀姉媵嬿簠，用䱸眉壽無彊，永壽用之 ☞ 10279, J2.0959《陳侯匜》。

姉 ²ᶜ³⁰⁸ 或隸作婐、㾖。王仲嬀姉，嬀姓的陳國次女嫁於周王室。姉或疑國名。

04606-7 陳侯作孟姜婐簠 唯正月初吉丁亥，敶医乍孟姜婐㾖媵嬿簠，用䱸眉壽，萬年無彊，永壽用之。

婐 ²ᶜ³⁰⁹ 同姉 ☞ 04603

㾖 ²ᶜ³ꜰ⁹ 婐或隸作㾖。

04608-9 考叔詣父簠 唯正月初吉丁亥，考弔詣父自作隃簠，其眉壽萬年無彊，子子孫孫永寶用之 ☞ 10276

詣 ²ᴬᴱ⁹ᴱ 从言旨聲。讀若莊。考弔詣父，春秋早期人。

04612 楚屈子赤目簠蓋 唯正月初吉丁亥，楚屈子灸目胺嬭中嬭璜飤簠，其眉壽無彊，子子孫孫永保用之。

嬭 ²ᴬ⁹ᴮ³ 中嬭璜，讀仲羋璜，楚大夫屈子赤目息公子朱之次女，羋姓。春秋晚期 ☞ 04598

04615 叔家父盨 弔家父作中姬匡筐，用成䭪粱，用遫先後者䚄，用䢇眉考老無彊，悲德不囗，孫子之甡。

䭪 2C016 用成䭪粱，讀若用盛稻粱。

遫 2CA2E 或速之異文。用遫先後者䚄，讀若用速先後諸兄。《玉篇》速，疾也，召也。

甡 2CE51 同䮻。孫子之甡，子孫之旺。

04616 許子妝盨蓋 唯正月初吉丁亥，鄦子妝擇其吉金，用䥷其臣，用饙䊁孟姜許子長女㫚嬴娣，其子子孫孫羕永保用之。

鄦 2876C 同鄦，姜姓古國，文獻作許。鄦子妝，或即鄦子㠯自

☞ 00153

04617 許公買盨 鄦公買擇氒吉金，自作飤簠 ☞ 00575

鄦 2C433 鄦公買，許靈公之子，魯襄公二十七年即位，昭公十九年，病，太子止進藥，誤殺之，諡悼公。見《公羊傳·昭公十九年》。

04620-1 叔朕盨 唯十月初吉庚午，弔朕擇其吉金，自作䕻臣，以歔稻粱，萬年無彊，弔朕眉壽，子子孫孫永寶用之。

䕻 2BE20 从収䕻聲。同薦。

歔 2C166 从欠孚聲。同呼。

04622 叔朕盨 唯十月初吉庚午，弔朕擇其吉金，自作䕻薦臣，以歔稻粱，萬年無彊，弔朕眉壽，□□𣪘之寶。

𣪘 2C163 未詳。

04623 邿太宰盨 唯正月初吉，邿大宰㠯子䚃鑄其饎臣。曰：余諾䕻恭孔惠，其眉壽以饎，萬年無畺期，子子孫孫永寶用之 ☞ 00086

殷周金文字宝

㔲²ᶜ³ᶜ⁴春秋早期邾國人，太宰㔲之子。

04625 長子䚟臣盨 唯正月初吉丁亥，長子䚟臣擇其吉金，作其子孟嬭之女䙲媵盨，其眉壽萬年無楉，子子孫孫永保用之。

䚟²ᶜᶜ⁵² 長子䚟臣，春秋中期人，晉國大夫，以封邑長子爲氏。

嬭²ᴬ⁹ᴮ³ 亦作嬭，今文作芈，楚姓。

楉²ᶜ¹¹ᴮ 無楉，讀若無期。

04626 免盨 唯三月既生霸乙卯，王在周，令免作嗣土徙，嗣奠還鄭縣𢿒、眔吳虞、眔牧，賜戠緇衣、緣鑾。對揚王休，用作旅𪊽彝，免其萬年永寶用。

𢿒²ᴮꜰᴱ³ 還𢿒，或讀園林。

04627 弭仲簠 弭中作寶匽，羃之金，鏤銑鎛鏽，其𣪘其玄其黃，用成朮㱃糦籾，用饗大正，音歆王賓，䉵具俱旨飤。弭中受無彊福，諸友飪飤具俱餇餇弭中毕壽。

匽 2B9DB 讀若璉。

鏽 2CB1A 亦作鋁。鎛鏽，指銅礦銅料。

𣪘 2BA10 同㱃。

㱃 2C016 从𣎆舀聲。或作牖，同。用成朮㱃糦籾，用盛秔稻穤粱。

04628 伯公父簠 白大師小子白公父作簠，羃之金，佳鐈佳鏽，其金孔吉，亦玄亦黃。用成秬㱃霝粱，我用召鄉事卿士辟王，用召諸考諸兄，用䉵眉壽，多福無彊，其手孫永寶用𩰲。

㱃 2C016 讀若稻。用成秬㱃霝粱，用盛糦稻糯粱。

䉵 2C00D 讀若祈 ☞ 04692

04629-30 陳逆簠 唯王正月初吉丁亥，公子陳逆曰：余，陳趄武裔孫，余寅龏事㒼厌，懽血歡卹宗家，羃乎吉金，以作乎元配季姜之祥器，鑒䜌鏽茲簠笶。以𩰲以養于大宗，生楒，生妣，生丂皇考皇母。乍友祚祓永命，眉壽萬年，子子孫孫羕永保用。

簠 2C959 从𠔼从貝。同容。𠔼，古文容。

笶 2C52E 从竹夫聲。同㽵。簠笶，容簠，盛黍稷之器。

養 2B5CD 从食，孝省聲。

楒 2C0C1 生楒，讀若皇祖。

04631-2 曾伯霥簠 唯王九月初吉庚午 平王9年，B.C.762，曾白霥迺聖元武，元武孔쇫，克狄遂灘尸淮夷，印抑爕鄦湯，金導鍚行，具旣卑俾方。余羃其吉金黃鏽鋁，余用自作旅匡，以征以行，用盛稻

梁，用養用言于我皇祖文考，天賜賜之福，曾白㴋叚䢛不黃耇，邁年眉壽無彊，子子孫孫永寶用言。

㴋²⁹⁰F² 讀若漆。曾伯㴋，鄫國族首領。春秋早期。

鄬²CAA⁴ 从邑䋣聲。鄬湯，讀若䋣陽，地名。

錫²CB⁰F 从金賜聲。錫字繁體。

養²B⁵CD 从食，孝省聲。用養用言，用孝用享。

04633 右屘尹敦 右屘君。

屘²BD⁵⁹ 从止尸聲。與㠯同，遲字或體。屘君，或讀肆尹，或釋征尹，讀若登徒，燕國官名。

04636 賄于盨 賄于歈之行盨。

賄²C⁹⁵⁵ 从貝合聲。或同實。實于，氏稱。

歈²BFD² 同摩。人名。賄于歈，春秋晚期人。☞ 01990

04637 楚子敦 楚子끯鄭之飤口。

끯²AD³⁵ 讀若迦。끯鄭，楚國王子。春秋晚期。

04641 郳公胄敦 隨公胄鑄其䔁饋鎑，永保用之。

隨²CBE⁴ 讀若郳。隨公胄，春秋晚期人。或釋都公克。

鎑²B⁴D⁵ 从皿鐘聲。與盉同。

04643 王子申盨蓋 王子申作嘉嬭盨蓋，其眉壽無朞，永保用之。

盨²⁶C⁴³ 讀若盨。或从皿罙聲，讀若盨。

04644 拍敦 唯正月吉日乙丑，拍作朕配平姬亯宮祀彝，䋣毋呈用祀，永葉世毋出。

亯²⁶⁹¹⁸ 同享，古文庸。亯宮，平姬之廟。

䋣²BDE¹ 䜌䜌合文。䋣毋呈，讀若繼繼毋埕。

04645 齊侯作孟姜敦 侖厌乍朕嬪擩圓孟姜膳辜敦 ☞ 10159，10283

圓 2A8AF 擩圓孟姜，齊侯長女，嫁於寬氏家族。春秋晚期。擩圓，或讀寬薦。

04646-7 十四年陳侯午敦 ☞ 04145

04649 陳侯因資敦 唯正六月癸未，陸厌因資曰：皇考孝武趄公，龏哉！大慕譔克成，其惟因資。揚皇考，巠縄高祖黃啻黃帝，佚竪釣趄文，淖瞎者厌，合答揚乒悪，者厌嘉薦吉金，用作孝武趄公祭器鐏敦。以拳烝以嘗，保有齊邦。丕世萬子孫，永爲典尙常 ☞ 04646

資 2C07C 陸厌因資，即齊威王因齊。

哉 286B5 龏哉，讀若恭哉。 翌 2BFB8 讀若紹。

竪 2C51F 同釣。古文娭。讀若嗣。 釣 2C520 竪或隸作釣。

淖 23D83 潮本字。用作朝。淖瞎者厌，朝問諸侯。

宧 2BD03 从寅从皿。讀若夤。

04660-1 邵方豆 卲之御錳。

錳 2CAEC 未詳。或釋作从皿鈬聲。讀若錡。

04662 㕣方豆 㕣之飤盉。

㕣 2BA5E 同訒，古文怡。人名。

盉 2C423 或作琦，器名，指方豆。

04663 哀成叔豆 哀成甹之䠙。

䠙 2AF95 亦作鈇，同登。或作甑、鐙。讀若登。《爾雅·釋器》瓦豆謂之登。

04666-7 衛姒豆 衛始作饎靈毁。

饎²ᶜᶜᴬ¹ 或讀餘。或从食莧聲。

04668 𦫵𨺅窑里人豆 𦫵𨺅窑陶里人告造。

𨺅²ᴮᴮ⁴ᴰ 从口昜聲。𦫵𨺅，讀若畫陽，戰國時期地名。

04669 晆叔䁂 晆𢒈作德人旅甫。

晆⁰⁰⁰⁰⁰ 从自圣聲。國族名。讀若隆。晆𢒈，人名。西周晚期。

04684 襄公簠 襄公作杜嬭隓鋪，永寶用。☞ 00698

04686 黃君孟豆 黃君孟自作行器，子子孫孫則永祜䘏。☞ 02497

䘏²ᴮᶜᴱ⁰ 讀若福。

04688 上官登 富子之上官雙獲之畫鐕銅鉄十，以為大𨙚之從鉄，莫其𨒫居。

鉄²ᶜᴬᴰ² 亦作鐙。讀若登。《爾雅·釋器》瓦豆謂之登。

𨙚²ᶜᴬ¹ᴱ 讀若役。大役，或大行，指離世。從鉄，隨葬之登。

04689-91 魯大司徒厚氏元䁂 魯大䤴徒厚氏元作鬴匜。其眉壽萬年無疆，子子孫孫永寶用之。

匜²ᴮ⁹ᴰ³ 讀若簠。鬴匜，膳簠。匜或讀鋪，豆屬。

04692 太師虘豆 大師虘作烝隓豆，用卲洛昭格朕文祖考，用饎多福，用匄永命，虘其永寶用言。

饎²ᶜ⁰⁰ᴰ 讀若祈。☞ 04628

04694 䣙陵君王子申豆一 䣙姬賸所告造，賕十䒤？三䒤圣朱。洝襄。賕三朱二圣朱三帴以上盤外壁，以下盤外底䣙夌君王子申春申君黃歇，攸緽悠哉斀鉄盍。攸立哉棠，以祀皇祖，以會父佳。羕甬永用之，官攸無疆 ☞ 04695，10297

䣙²ᶜᴬ⁸² 或同鄝。䣙夌，䣙陵，地名。

豚²ᶜ⁹⁶⁵ 或讀若重。

坒²ᴬ⁸ᴮ⁶ 坒朱，或讀圣銖，重量單位。蟻鼻錢銘亦釋作坒朱。

㴋²ᴮꜰᴮ⁷ 㴋襄，或讀挺鑲。　　戫⁶²¹⁹ 重量單位。

敊²²ꜰ⁴ᴅ 敊鈇盉，讀若造簠盒。

棠²ᶜ⁴ᶜ² 敊棠，歲嘗 ☞ 02794　　佅²ᴮ⁸ᴬ² 同覎，讀若兄。

04695 䣈陵君王子申豆二 䣈陵君王子申，攸綍敊鈇盉。攸立敊常，以祀皇祖，以會父覎。羡甬之，官攸無彊 ☞ 04694

敊²²ꜰ⁴ᴅ 古文造。　　覎³⁴⁴⁶ 或作佅，讀若兄。

04736 斷卣 斷

斷²ᴮ⁸⁴ᴬ 从刂从叡。或與叡、闌同。族徽。商晚期。

04741 漁卣 氽 ☞ 01125

04749 乘卣 乘

乘²ᶜ⁴ᴇ¹ 讀若秧、萊。族徽。商晚期。

04778 徙卣 徙 ☞ 01029

04779 遱卣 衢

衢²ᶜ⁸⁴¹ 从行昌聲。與遱同。讀若戰。族徽。商晚期。

04789 鳳豕卣 鳰

鳰²ᶜᴅᴅ³ 族徽。商晚期。

04811 亞斁卣 亞斁 ☞ 01418

04829-31 彀己卣 彀己 ☞ 01294

04832 㓞月己卣 㓞月己。

㓞²ᴮᴅᴅ⁶ 氏名或族名。或釋佣。

04845-6 婦嫛卣 婦嫛。

嫛²ᴬ⁹ᴬ⁰ 陳秉新謂从女繇聲。繇，古文貂。婦嫛即䣄國女子。

04855 冉漁卣 冉鱻

鱻²ᴬᴱ⁹ᴬ 从爪从鱻，亦作魰夑㲽濞，並漁字初文。冉鱻，族徽。商晚期。

04860-2 囜亯卣 囜亯

囜²ᴮ⁸²⁵ 囜或隸作囜。

囜²⁰⁹⁶ᴱ 同囜。讀若陋。囜亯，族徽。商晚期。

04868 召卣 六一八六一一𩰯。𩰯。

𩰯²ᶜ⁷⁰¹ 讀若召。𩰯，即召公奭。

04870 冊徣卣 冊徣

徣²ᴬᴬᴰ² 从彳虫聲。字亦釋作儥。冊徣，族徽。商晚期。

04873 圍典卣 𫟰典 ☞ 01052, 01358

04876 巽徹卣 巽徹 ☞ 01490

04890 烎祖乙卣 烎且乙。

烎²ᴬ⁹⁴ᶠ 从大从夰。讀若旅。族徽。商晚期。

04911 趨父乙卣 趨父乙。

趨²ᶜ⁹⁹² 族徽。商晚期。

04925 弗父乙卣 弜父乙。

弜²ᴮᴱ²ᴬ 从二弓相背。《龍龕》作𢎓。古文弗。族徽。

04928 鴲父乙卣 鼻父乙 ☞ 01586

04956 趞父己卣 趞父乙。

趞²ᶜ⁹⁹² 族徽。商晚期。

04970 父庚猷卣 父庚猷 ☞ 01026

04975 邦幸父辛卣 邦幸父辛。

邦²ᴮ⁸⁵⁷ 从丰从卂。邦幸，族徽。商晚期。

04991 戒父癸卣 戈父癸。

戈²ᴬ⁹⁴⁵ 同狀。讀若戒。族徽。

04984 㝵父辛卣蓋 㝵父辛 J2.0511 重出 ☞ 01101

05004 子辛䦛卣 子辛䦛 ☞ 01865

䦛²ᴮᴰ⁴⁶ 讀若覘。或釋作眢、睫。族徽。商晚期。

05010 癸圍典卣 蘁典癸 ☞ 01052

05011 𢍰秭卣 𢍰 亞秭

秭²ᴮ⁰³² 或讀秅。𢍰族分族小宗名。

05012 䢴其雞卣 䛀𢍰舊 ☞ 01959

05014 亞趣銜卣 亞𧨄銜 ☞ 00827

05016 踙卣 㐅卪兮 ☞ 01823

05048 圠刀祖己 圠刀且己。

圠²ᴮᴮ⁵⁸ 从卩土聲。或讀圠。圠刀，或族徽。

05051 父乙圍典卣 𧆑典 父乙 ☞ 01052

05064-5 立𠈌父丁卣 立𠈌 父丁 ☞ 02020

𠈌²ᴮ⁹²ᴱ 𠈌字初文。立𠈌，族徽。商晚期。

05091 何父癸卣 何父癸 𤕫

𤕫²ᴮᴰ¹ᴮ 从宀春聲。族徽。商晚期。

05095 圍冊父癸卣 𧆑冊 父癸 ☞ 01052, 01358

𧆑²ᶜ¹⁸ᶠ 𧆑冊，族徽。

05101 鉞篪卣 戊萄 吳辰 ☞ 07323

吳³⁵⁶⁶ 从口从大。讀若譁。族徽。商晚期。《玉篇》吳，大聲也。

05111 踙母彝卣 㐅卪 母彝 ☞ 01823

05112 戈罟卣 戈罟作𠦪 ☞ 03394

05113 㚃作隩彝卣 㚃乍隩彝 ☞ 01345

05114 䕻卣 䕻作隩彝。

䕻²ᶜᴮ⁹⁴ 同䕻，闌本字。人名 ☞ 04131

05118 駬作旅彝卣 駬乍旅彝。

駬²ᶜᶜᴱᶜ 人名。西周早期 ☞ 02807

05119 獵作旅彝卣 㹏乍旅彝。

𤞷 2AEC0 人名。西周早期。☞ 02440, 05775

05147 麔柩父乙卣 亞麔柩父乙 ☞ 05477

麔 2B2A0 从虎丰聲。亞麔柩，名柩，麔族的分族小宗。商晚期。

05155 瞋父丁卣 瞋文父丁 以下底銘 㽋

㽋 2BFC9 从臣攺聲。族徽。商晚期。

05164 夲乍父己卣 俞乍父己彝 ☞ 02020

05167 𡚁扶父辛卣 𡚁攼父辛彝 ☞ 01821

05172 𡚁父癸母夲卣 𡚁父癸女俞 ☞ 02020

05188 頍卣 頍作寶䵼彝。

頍 2CC46 从頁克聲。人名。西周早期。

05201 𡚁祖辛卣 𡚁 亞頵 禹作器者且辛 ☞ 02111

05203 亞寑父乙卣 亞趯 帚宫鑄父乙 ☞ 01419

05211 作丁揚卣 乍丁珇䵼彝 黽

珇 2B856 从玉从卂。讀若揚。丁珇，人名。族徽黽。商晚期。

05221 龠伯卣 龠白作寶䵼彝。

龠 2C933 讀若龠。龠伯，西周早期人，龠氏家族首領。

05224-5 㽋伯卣 㽋白作寶䵼彝 ☞ 02160

05236 仲㽋卣 中㽋作寶䵼彝。

㽋 2BFE6 从攴从䵼，䵼亦聲。䵼字繁文。仲㽋，人名。西周早期。

05237 叔𩚅卣 弔𩚅作寶䵼彝。

𩚅 2CC8F 从食戈聲。人名。西周早期。

05240 嬴季卣 嬴季作寶䵼彝 ☞ 03558

05241 彊季卣 彊季作寶旅彝 ☞ 05858

彊 ^{2BE42} 亦作彊、強，地名。彊季，彊國公族。西周中期。

05243 魖父卣 魖父作旅彝 盉

魖 ^{2B649} 从鬼父聲。讀若魖。魖父，西周早期後段人。族徽盉。

05248 舁卣 舁作車旅彝 亞矣

舁 ^{2BE23} 从廾舁聲。人名。族徽亞矣。西周早期。

05249 貙卣 貙作寶陴彝 五

貙 ^{2C94D} 從豸區聲。讀若貙。人名。西周早期。貙或古毆驅字。

05254 舂卣 舂作口寶陴彝 尺

舂 ^{2B1D2} 从臼狀聲。舂字初文。人名。西周早期。

05256 熒子旅卣 熒子旅作旅彝。

熒 ^{2C287} 熒子旅，人名。☞ 00582，00930，02503，03584

05257 盟弘卣 盟弘作寶陴彝。

弘 ^{2AABA} 讀若弘。盟弘，人名。西周早期。

05261 遹作祖乙卣 遹乍且乙寶陴彝。

遹 ^{2CA6C} 人名。西周中期前段。

05262 刄作祖乙卣 刄乍且乙寶陴彝。

刄 ^{2B970} 亦作刄，人名。西周早期。或族徽 ☞ 00826

05264 枇祖辛卣 枇作且辛陴彝 宔

宔 ^{2BCB5} 族徽。西周早期。

05265 魯祖丁父癸卣 且丁示己父癸 籃 ☞ 01174

05270 貪作父乙卣 貪乍父乙陴彝 叹

貧[2C950] 讀若布。人名，族徽䵣。西周早期。☞ 02719

叔[2A824] 从刀从又。讀若刀。族徽。西周早期。

05271 孤竹父丁卣 䀠竹 亞䵣 分族小宗名䀠作器者丁父。

䀠[21968] 䀠竹，讀孤竹，商代國名，子姓故族，文獻稱目夷氏或墨胎氏。

䀠[2C063] 䀠竹或隸作䀠竹。

05272 戈車卣 軷作父丁寶隩彝。

軷[2B3F3] 讀若車。人名。西周早期。

05275 攸作父丁卣 敂乍父丁隩彝 保

敂[2BFB0] 或讀攸。人名。西周早期。

05280 奭夷卣 奭 尸作父己隩彝 ☞ 09576

奭[2BBFA] 从大从聑。讀若聯。族徽。商晚期。

05282 孖作父己卣 孖乍父己寶隩彝。

孖[2B971] 人名。西周早期。

05284 斆作父辛卣 斆乍父辛寶隩彝 ☞ 05882

斆[2ABD8] 斆或釋作斆。讀若摺。

斆[2BFEC] 从支从眢。與徽同。彝字繁文。人名。西周中期。

05287 敔作父辛卣 敔乍父辛旅彝 亞 ☞ 01655

05295 毫卣 異 異侯 亞矣 毫作母癸 ☞ 02262

05297-8 闕作宄伯卣蓋 闕乍宄白寶隩彝 ☞ 02041

05299 北伯殳卣 北白殳作寶隩彝。

殳[2C1A1] 或同炈。北伯殳，邶國族首領。西周早期。

殷周金文字寶　189

05300-1 散伯卣 散白作尿父隩彝。

尿 2AA0B 从尸壬聲。讀若侹。尿父，散伯的長輩。西周早期。

05308 𤮱作父甲卣 𤮱乍父甲寶隩彝 單 ☞ 09066，T2.0873

𤰇 2C437 从皿雔聲。讀若甕。人名。西周早期。

05309 許憂作父丁卣 亞枀 無憂乍父丁彝 ☞ 00842

05312 𩚅作父戊卣 𩚅乍父戊隩彝，戈 以下蓋 句

𩚅 2CC8B 从食夫聲。人名，族徽戈。商晚期。

05313 䛟作父辛卣 䛟乍父辛隩彝 亞艅

䛟 2A9EA 人名。西周早期前段。族徽亞艅。

05314 夾作父辛卣 夾乍父辛隩彝 亞剆

剆 2B979 从刀叕聲。分族小宗名。

05315 㲋作父癸卣 㲋乍父癸寶隩彝 旅 ☞ 03660

05317 尥伯罰卣 尥白罰作寶隩彝 魚

尥 2BD4F 从允比聲。讀若尥。尥伯罰，西周早期人，尥氏家族首領，族徽魚。

05318 飴丞卣 𦤒丞作文父丁隩彝 呂

𦤒 2B828 同飴。讀若次。𦤒丞，西周早期人，族徽呂 ☞ 01244

05319 匋高卣 王賜匋高呂，用作彝。

匋 208DC 匋高，人名。西周早期。

05322 闌卣 闌作生皇易䍃隩彝。

闌 2CB93 从門棘聲。人名。西周早期。

䍃 231DB 日辛合文。易䍃，日考日辛。又《古璽彙編.3042》𨒜䍃。

05324 戎帆玉人卣 戎帆玉人父宗彝牆 ☞ 05916

05325 鄂侯弟曆季卣 噩矢弟曆季作旅彝 ☞ 03668

05334 曆作父癸卣 曆乍父癸寶隩彝，用牀 ☞ 03656

05339 何作兄日壬卣 𢖩乍兄日壬寶隩彝 ▯

𢖩 23130 人名用字。或釋作何。西周早期。

▯ 2BA4F 族徽。或內有二畫，亦作豎直似日形，同。

05340 伯㔾卣 白㔾作鹵宮白寶隩彝 ☞ 09427

㔾 2B9CB 从匸卩聲。卩即𨳇。讀若坰。伯㔾，人名。西周早期。

㔾 2B9D2 㔾或隸作㔾。

05345 僉蒴高卣 僉蒴高作父乙寶隩彝。

蒴 2C755 从艸𠦪省聲。僉蒴高，讀若僉蒴高，人名。西周早期。

05348 廪父卣 廪父作甹是從宗彝牆 ☞ 05916, 05930

05353 崟卣 辛卯，子賜崟貝，用作凡彝 虜

崟 2BCDF 从宀崇聲。人名，族徽虜。商晚期。

05354 貘卣 貘作牀彝，孫子用言欤出入。

貘 2C14C 人名。西周早期。

05355 子賜妣卣 子賜妣，用作父癸隩彝 黽 ☞ 09100

妣 2C1BB 从辠比聲。古文妣。人名，族徽黽。商晚期。

05357-8 憻季遽父卣 憻季遽父作豐姬寶隩彝 ☞ 05947

憻 2AB39 从心亶聲。讀若憻。憻季遽父，名𥁕，字遽父，憻氏公族，夫人爲豐姬。西周早期。

殷周金文字宝 191

05360 𢍰禮作父癸卣 亞㠱 𢍰豊乍父癸寶隩彝㠱

𢍰²ᴮᶜᶠ⁸ 人名。

豊²ᴮᴰᴱ⁰ 或讀禮。𢍰豊，㠱族之分族小宗㠱族人，族徽亞㠱。商晚期。

05362 雔卣 雔作文父日丁寶隩旞彝㠱 ☞ 03606

05363-4 沫伯遱卣 䀏 洁白遱作乇考寶旂隩彝。

遱²ᶜᴬ⁵ᶜ 从辵矣ⁿᵉʷ聲。沫伯遱，沫族首領，西周早期人，擔任洁地司土，故亦稱洁𤔲土遱，族徽䀏。

洁²ᶜ¹ᶠ⁷ 从水杏聲。衛邑名。亦作洁。讀若沫 ☞ 02344, 04059, 05954

05365 豚卣 𧰨作父庚宗彝。

𧰨²⁷ᶜ⁶ᶠ 同豚，人名。亦隸作𧱉，𧰨 ☞ 05421

05367 㝬作母乙卣 丙寅，王賜㝬貝朋，用作母乙彝。

㝬²ᴬ⁹ᶜᴮ 人名。商晚期。

05369 許仲卣 𥂱中趰作乇文考寶隩彝 日辛 ☞ 00575

𥂱²ᶜ⁴³³ 𥂱中趰，或讀許仲奔，許國公族。西周早期。

趰²ᶜ⁹⁹⁹ 从走奉聲。或讀奔。

05370 萆卣 亞集 萆作文考父丁寶隩彝 以下蓋銘 父癸。

萆²ᶜ⁷⁵⁵ 从艸𢌿省聲。讀若萆。人名。西周早期。

05375 子作婦娟卣 子乍婦娟彝，女汝子母庚宓闔祀隩彝糞 ☞ 00843

娟²ᴮᶜ⁴⁰ 婦娟，汝子的夫人。其婆母為母庚。商晚期。

05376 虢季子組卣 虢季子緅作寶彝 ☞ 00661

05378-9 小臣系卣 王賜小臣𢆷，賜在蓸，用作祖乙隩父敢兹²ᴬᴱ⁹⁵ 同鎡，籀文系字。小臣兹，人名。族徽𠬝敢。商晚期。小臣，官職名。

帚²¹ᴬ²⁶ 古文寢。

05383 岡刧卣 亞，王征䢔，賜岡刧貝朋，用作朕蒿且高祖岳寶䙴彝 ☞ 05977《牭刧尊》。

䢔²ᶜ⁰ᴰᴬ 讀若蓋。國名。鄁即郃。

05387 員卣 鼎從史䉛伐會郆。

䉛²ᶜ⁰²³ 史䉛，人名 ☞ 02704

05390 伯㐭父卣 白㐭父曰：休父賜余馬，對揚父休，用作寶䙴彝。

㐭²ᴮᶜᴰ⁶ 从宀从㐭。與㐭同。伯㐭父，人名。西周早期。

05392 䍃子卣 辜不韋敦不淑，奉禱乃䚆，烏虖，詠帝家，以䍃子作永寶子

詠²ᴮ³³ᴮ 或讀哀。

05393 伯㾽作文考父辛卣 白㾽言京，言□□，乍氒文考父辛寶䙴彝以下蓋乍寶彝。

㾽²ᶜ³⁰² 从疒呈聲。讀若瘨。伯㾽，人名。西周早期。

05395 宰甫卣 王來獸狩自豆彔麓，在禚師揃次。王鄉酉饗酒王光貺宰甫貝五朋，用作寶䵼。

禚²ᶜ⁶⁸ᶠ 从㠱省而聲。禚師，讀若揃次，在禚地駐紮。

05397 攜奔卣 丁巳，王賜舊俞貝，在窢。用乍兄癸彝。在九月，唯王九祀㗐日闪

俞²ᴮ⁹²ᴱ 奔字初文。舊俞，西周早期人。族徽丙。攜，官職名。

窢²ᴮᴰ²³ 地名。或讀寒。

㗐²ᴮᴬ⁷ᴮ 从口劦聲 ☞ 04144

05399 孟卣 兮公寲孟鬯束、貝十朋。孟對揚公休，用作父丁寶隩彝 羊 以下蓋作旅甶甫。

寲 2BCE5 宣字繁體。此用爲賜。

05400 作冊䚅卣 唯明保殷覲成周年，公賜乍冊䚅鬯，貝。䚅揚公休，用作父乙寶隩彝 殷冊舟

䚅 24CDE 亦作䚅。作冊䚅，亦作䚅父，人名。西周早期 ☞ 09395

05401 壴卣 文考日癸，乃淺子壴，作父癸䦿宗隩彝，其以父癸夙夕卿爾百聞遷 單光

卿 2B9FB 卿爾百聞遷，讀若俈爾百婚媾。

05402 遣卣 ☞ 05992

05403 豐卣 ☞ 05996

05404 商卣 唯五月，辰在丁亥，帝司禘婦賣庚姬貝卅朋，䢈丝廿鋝。商用作文辟日丁寶隩彝 罺 ☞ 05997

䢈 2B41F 䢈丝，讀若貸絲。

05406 周乎卣 唯九月既生霸乙亥，周乎鑄旅宗彝，用亯于文考庚中，用匃永福，孫孫子子，其永寶用 宙

宙 2A9C8 族徽。西周。

05407 作冊睘卣 唯十又九年，王在斥，王姜令乍冊睘安尸白夷伯尸白賓儐睘貝、爺。揚王姜休，用作文考癸寶隩器 ☞ 05989

爺 2BDC1 亦作貟，同布，泉幣。

05409 貉子卣 唯正月丁丑，王各于呂䤉。王牢于麻。咸宜。王令士衛歸饋貉子鹿三。貉子對易揚王休，用作寶隩彝。

䤉 00000 或讀畋。狩獵。

厵 ²ᴬᴬ⁹⁵ 讀若陆。《玉篇》陆，依山谷爲牛馬圈也。

05410 啓卣 王出獸南山寇，迦山谷，至于上侯滰川上。啟從征，謹不夔擾。作祖丁寶旅隩彝，用匄魯福，用夙夜事戚蕳 ☞ 05983

迦 ²ᶜᴬ²¹ 或同㐲。讀若踔。

滰 ²ᶜ²²³ 滰川，水名。或即均水。

05411 穛卣 穛從師䧳父戍于古𠂤𧖟𠂤，蔑曆，賜貝卅鋝。穛拜頡首，對揚師䧳父休，用作文考曰乙寶隩彝，其㝞孫永𥙷戉

穛 ²⁵⁸²ᴮ 人名。師雝父的下屬。西周中期。

䧳 ²⁹⁰²² 師䧳父，即師雝父。

𥙷 ²ᴮᴰ¹⁷ 从宀福聲。與福同。永𥙷，讀若永寶。

05412 二祀卬其卣 蓋銘，不偽 亞𤢖 父丁 卬其之父。以下器外底銘，或陳鑑塘 1940 年代偽刻 丙辰王令卬其兄𩰛于夆田渴賓貝五朋在正月遘于匕丙彡日大乙奭唯王二祀既㐱于上帝 以下器內銘，不偽 亞𤢖 父丁 ☞ 05414

卬 ²⁰ᴬ¹⁸ 卬其，人名，或即比干。其，族名。父丁，卬其之父。殷帝辛時期。亞𤢖，作冊䝿之族徽。

卬 ²ᴱ⁷ꜰ⁵ 卬舊釋卭，从弋，誤。

𩰛 ²ᶜ¹ᴮ⁵ 人名。或釋臂殷二字。該字結構奇詭，臆造。

渴 ²ᶜ²⁰ᶜ 或釋湝，地名。田渴，於渴地田獵。按，該字臆造。

05413 四祀卬其卣 亞𤢖 父丁 以上蓋銘。以下外底銘 乙巳王曰隩文武帝乙宜在䢋大廊襑乙翌日丙午𩰛丁未膢己酉王在梌卬其賜貝在三月唯王三祀翌日 蓋銘、外底銘或並陳鑑塘偽刻。1945—1946 年間北平琉璃廠通古齋古董商人黃濬（字伯川），將其高價賣與張效彬。1956 年故宮博物院鑑定該器後自張效彬處購藏。

䢋 ²⁵⁰ᴰᴰ 讀若召。地名。

廊²ᴬᴬ⁹ᴬ 同廳。　　　　　　　　　　　　　冓²²⁵³⁵ 同遘。

魯²ᶜᴬᴮ⁹ 同魯。地名。　　　　　　　　　　脭²³³ᴬ⁷ 該字臆造。

05414 作冊睘卣 六祀肜其卣乙亥，肜其賜乍冊睘瑞一靪，用作祖癸隩彝。在六月。唯王六祀帝辛6年，B.C.1070翌日亞獏 ☞ J.0925《亞肜其卣》。

睘²ᴮᶜᴬᴮ 亦作貇。作冊睘，人名。族徽亞獏。商晚期。

靪²ᶜ³⁵ᶜ 瑞一靪，或指玉一箱。

05415 保卣 乙卯，王令保太保召公奭及參與殷殷見東國五侯，徂兄六品，蔑厤于保，賜賓，用作文父癸宗寶隩彝。冓于三方迨，王大祀、祐于周。在二月既望既望乙卯，成王11年二月十四日。

徂²²⁴ᶜᴬ 徂兄，讀若誕貺，乃賜。　　　　冓²²⁵³⁵ 同遘。

迨⁴⁸⁹⁴ 同佮，古文會。

05416 召卣 ☞ 06004

05417 小子𠭰卣 器銘 𠭰 母辛蓋銘乙子曰，子令小子𠭰先以人于堇䁅，子光貺賞𠭰貝二朋。子曰：貝唯丁蔑汝厤。𠭰用作母辛彝，在十月月，唯子曰：令望人方䍢 ☞ 04138

𠭰⁰⁰⁰⁰⁰ 从𠬞从囧。人名。族徽𠭰。商晚期。

䁅²⁶⁸ᴱ⁰ 讀若望。窺伺。

䍢²ꜰ⁹⁷⁴ 从网每聲。與䍢同。或讀緐，地名 ☞ J.0357

05419-20 彔𢼸卣 王令𢼸曰：虩淮尸敢伐內國，汝其以成周師氏戍于𦯔𠂤，白雝父蔑彔厤，賜貝十朋。彔拜頴首，對揚白休，用作文考乙公寶隩彝。

𢼸⁰⁰⁰⁰⁰ 人名。亦稱彔伯𢼸，彔國族首領，名𢼸。

𦯔²ᴮ⁹ᴱ¹ 𦯔𠂤，地名。05411 䅨卣作古𠂤。

雝²⁹⁰²² 白雝父，即伯雝父，亦稱師雝父，西周中期任周朝師職。

05421-2 士上卣 唯王大禴禴，礿，夏祭于宗周，祒餴莽京年，在五月既朢辛酉 成王25年五月十四日 王令士上眔史寅殹于成周，替百生䐘，眔賞卣、鬯、貝，用作父癸寶陊彝 臣辰冊侁

祒²ᴮᴱ⁵⁴ 或作徣。出。　　殹²ᴮᶜᴱᴬ 讀若殷。殷見。

替²ᴮᴬ⁹⁹ 或豐。

䐘²⁷ᶜ⁶ᶠ 亦隸作羃、䐘，同豚。替百生䐘，讀若禮百姓豚。

05423 匡卣 唯三月初吉甲午，欰王在射廬，作《象舞》，匡甫《象㯱》二。王曰：休。匡拜手頔首，對揚天子丕顯休，用乍文考日丁寶彝，其子子孫孫永寶用。

欰³ᶜ³³ 欰王，即懿王。　　㯱²ᶜ¹⁴ᶜ 象㯱，讀若象樂。

05424 農卣 唯正月甲午，王在隅应，王窺令白俟曰：毋卑俾農弋特，事使柔嗇柔穽，柔小子小大事毋又田。農三拜頔首，敢對揚王休，從以下器銘作寶彝 ☞ 02185

隅²ᶜᴮᴱ² 地名。　　嗇²ᴮ⁰ᶜ⁵ 讀若廩。

窺²ᴮᴰ⁰ᶠ 从宀从見丞聲。讀若親。　　穽²ᴮ⁹ᴰᴱ 讀若帑。

05425 競卣 唯白犀父以成郍自師即東，命伐南尸南淮夷，正月既生霸辛丑，在𦊓。白犀父皇競各于官館。競蔑曆，賞競璋。對揚白休，用作父乙寶陊彝，子孫永寶。

𦊓²ᶜᴰ¹ᶜ 地名。亦作坏，即邳。史籍或作伾。

05426 庚嬴卣 唯王十月既朢，辰在己丑，王逤于庚嬴宮。王蔑庚嬴曆，賜貝十朋，又丹一梓。庚嬴對揚王休，用作柔文姑寶陊彝，其子子孫孫萬年永寶用。

殷周金文字宝　197

洛^{2E79C} 與各同，讀若格。　　栫^{2343C} 同柝。讀若管。

05427 作冊嗌卣 不彔嗌子，子徣延先盡_盡死咒，子子引有孫，不敢姝。

姝^{2C473} 未詳。或讀雉。

05428-9 叔趯父卣 甬趯父曰：余考_老不克逤事，唯汝倓_{叔趯父的幼弟}期敬辝_敬乃身，毋尚_常爲小子。余覎_兄爲汝丝_茲小鬱彝，汝期用饗乃辟軝厎逆窑出入事_使人。烏虖_{嗚呼}！倓，敬戈_哉！丝小彝妹吷_{未墮}，見余，唯用諆酷汝。

逤^{284F4} 讀若御。　　期^{2B931} 讀若其。

窑⁰⁰⁰⁰⁰ 逆窑，迎受。

酷^{2CAB3} 从酉䛊聲。諆酷女，讀若其醴汝。酷假借爲醴，苦酒。

05430 繁卣 唯九月初吉癸丑，公酌祀。雩_越旬又一日辛亥，公啻_禘酌辛公祀。衣事亾眈。公穮_蔑繁曆，賜宗彝一肆、車馬兩。繁捧手頴首，對揚公休，用作文考辛公寶障彝，其邁年寶或☞ 04159

酌^{2BE49} 同醻，祭酒，以酒酹地。

眈^{2AFA1} 衣事亾眈，讀若卒事亡尤。

肆^{2AC6B} 讀若肆，陳列。一肆，即一套。04159 鼉簋作一陝。

05431 高卣 亞唯十又二月，王初餤旁。唯還在周，辰在庚申，王歙_飲西宫，烝，咸。釐尹賜臣佳少樊_幅，揚尹休。高對作父丙寶障彝，尹其亙萬年受毕永魯，亾競在服，罴長兣_疑其子子孫孫寶用。

歙^{2BA1C} 同飲。

釐^{2C395} 釋作理，讀若釐。　　兣^{2091C} 疑。

05433 效卣 唯三月初吉甲午，王蓬觀于嘗。公東宮內鄉納饗于王。王賜公貝五十朋，公賜厥涉世子效王休好貝廿朋，效對公休，用作寶隩彝。烏虖！效不敢不邁年夙夜奔走揚公休，亦其子子孫孫永寶。☞ 06009

永 2CA23 同永。

05477 甝鳥形尊 甝 ☞ 08397

甝 2B2A0 从虍丰聲。或釋虓、梡。氏族名。商晚期。

05535-7 婦好鴞尊 帚好 ☞ 00793

05540-1 子纍尊 子纍

纍 2C268 或讀束泉。子纍，族徽。商晚期。

05557 侁柎尊 侁柎

柎 2C300 讀若柎。侁柎，族徽。柎，私名。侁，族名。商晚期。

05568 亞䢴尊 亞䢴 ☞ 01419

05585 羴口羊尊 羴口 ☞ 01107

口 2BA4F 族徽。或內有二畫，亦作豎直似日形，同。

05587 冉漁尊 冉鱻 ☞ 04855

05589 魚棍尊 魚丨

丨 4E28 或讀棍。魚丨，族徽。商晚期。

05595 息尊 隓息

隓 2CBE7 隓彝二字合文。

05626 休父乙尊 休父乙。

休 2BE4E 从彳木聲。族徽。商晚期。

05643 偪父己尊 福父己 ☞ 00446

福 2BBEB 或讀偪。族徽。商晚期。字或釋吴。

05656 収父辛尊 収父辛 ☞ 05270

05661 莘父辛尊 莘父辛 ☞ 01136

05668 肰父癸尊 肰父癸 ☞ 00826

05670 取父癸尊 耴父癸。

耴 2C693 讀若取。族徽。商晚期。

05672 拥父癸尊 㕞父癸。

㕞 2BA33 或讀拥。族徽。西周早期。

05680-1 司娉癸方尊 司娉癸。

娉 2BC66 司娉癸, 或即司娉 ☞ 00825

05684 亞䣙疇尊 亞䣙疇。

疇 2A9F5 人名。族徽亞䣙。西周早期。☞ 04131

05685 亞趄衎尊 亞亶衎 ☞ 00827

05687 天御嘼尊 大御嘼 ☞ 10775, J.0621

嘼 2A78C 从宀曾省聲。族徽。西周早期。或讀曾丙。

05689 刡享冊尊 亯冊刡 殷 ☞ 01455

05696 麗𠂤厚罍 㐫𤴕𠂤 ☞ 09790 重出, 原誤爲尊。

𤴕 2C176 足上高臺會意。㐫𤴕𠂤, 或讀麗𠂤厚, 族徽。商晚期。

05715 㪍作祖丁尊 㪍乍且丁。

㪍 2C001 从攵夫聲。人名或族名。商晚期。

05721-2 侁府父乙尊 侁附父乙 ☞ 05557

05727 亞隻父乙尊 亞隻父乙 ☞ 00404

05769 撲由方尊 叕由作旅 ☞ 00882

叕 2C1AC 讀若撲。叕由，或釋叕古，人名。西周早期。

05775 㹭尊 㹭作旅彝。

㹭 2AEC0 人名。西周早期。☞ 02440, 05119

05777 窜尊 窜作旅彝。

窜 2C50D 从穴卑聲。人名。西周早期。

05804 牢作父辛尊 牢乍父辛旅 ☞ 03608

05827 柚尊 柚作父丁旅彝。

柚 2C0AF 从木由聲。或槐字初文。人名。西周早期。

05847 𨺗伯尊 𨺗白作寶𨺗彝 ☞ 02160

05850 盧伯尊 盧白䝅作寶𨺗。

䝅 2C943 从豕卲聲。盧伯䝅，人名，盧國族首領。西周早期。

05851 仲𢆶尊 中𢆶作寶𨺗彝 ☞ 05236

05857 叔䰠尊 帚䰠作寶𨺗彝。

䰠 2C7ED 帚䰠，人名。西周早期。

05858 彊季尊 彊季作寶旅彝 ☞ 05241

05860 嬴季尊 嬴季作寶𨺗彝 ☞ 03558

05863 鍛金歸尊 段金歸作旅彝 ☞ 03586

05864 傳臾尊 遳臾作從宗彝。

遳 2CA3D 與遷同。遳臾，讀若傳臾，人名。西周早期。

05875 作父丁夆尊 乍父丁寶隩彝 夆

夆 2B824 讀若敖。氏族名。

05876 秂作父丁尊 巽 秂乍父丁隩彝。

秂 2C4E7 从禾任聲。人名，族徽巽。西周早期。

05877 魋尊 魋作文父日丁 巽 ☞ 03606

05878 阷作父己尊 阷乍父己寶隩彝 ☞ 05282

05882 斅作父辛尊 斅乍父辛寶隩彝 ☞ 05284

05887 咏作日戊尊 咏乍臾隩彝，日戊。

臾 2C6E3 人名，咏的長輩。西周早期。

05888 毫尊 異 異侯 亞矣 毫作母癸 ☞ 02262

05890 北伯殳尊 北白殳作寶隩彝 ☞ 05299

05891 魁作祖乙尊 魁乍且乙寶彝 子廥

魁 2CD3F 从鬼耳聲。人名，族徽子廥。西周中期。

05892 替作祖辛尊 替乍且辛寶隩彝 尺 ☞ 05254

05894 亞醜父乙尊 亞醜 彭作父乙隩彝。

彭 2BE49 人名。族徽亞醜。商晚期。

05895 隩作父乙尊 隩乍父乙寶隩彝 佒

隩 2CBDB 人名，族徽佒。西周早期。

05896 令咔作父乙尊 令咔乍父乙寶隩彝。

咔 20C7C 从口考聲。或讀咾。

05899 盧作父戊尊 叔乍父戊寶簿彝 㲂

簿 2B0AB 从竹隩聲。與簿同。讀若尊。

05900 妣尊 㐭冊 妣作父己隩彝。

妣 2C1B9 从比囟聲。人名，族徽㐭冊。西周早期。

㐭 2BAAE 與㐭同，廩本字。族名。㐭冊族徽。冊，官名。

05905 單䕷父癸尊 單䕷作父癸寶隩彝。

䕷 2C95F 舊釋具，董蓮池釋冀。單䕷，人名。西周早期。

05906 䰅作父癸尊 䰅乍父癸旇寶隩彝。

䰅 2CD26 當从辛钆聲。人名。西周早期。☞ 02679

05907 朊作父癸尊 朊乍父癸寶隩彝 旅 ☞ 03660

05912 鄂侯弟曆季尊 噩医弟曆季作旇彝 ☞ 03668

05913 彊伯井姬羊尊 彊白作井姬用孟錐 ☞ 00507

05916 戎帆尊 戎帆玉人父宗彝牂 ☞ 05324, 05930

帆 2BDC2 同抾。戎帆，亦稱廌父，西周中期人。

牂 2C30D 讀若肆。

05926 亞瓘父辛尊 亞瓘旇菓作父辛彝尊。

菓 2C755 从艸甹省聲。讀若革。旇菓，人名，族徽亞瓘。商晚期。

05927 曆作父癸尊 曆乍父癸寶隩彝，用曄 ☞ 03656

05930 廌父尊 廌父作甝是從守彝牂 ☞ 05916

05935-6 諸奻方尊 亞䤶者奻大子隩彝。

奻 2BA27 从女从司、厶二聲。亦作姛、奵、奻、婀、姒。諸奻，人名。商晚期 ☞ 02425

05939 蔡侯申尊 布医讋作大吳孟姬嬪隩。

嬪 2BC82 釋作賸。讀若媵 ☞ 06010

05940 季盇尊 季盇作寶隩彝，用莽畐祿福。與 05357-8《憪季遽父卣》、05947《憪季遽父尊》等器同墓出土，造型風格一致。

盇²ᶜ⁴¹⁸ 从皿从心。讀若寧。季盇，即憪季遽父 ☞ 05357

05944 班作父乙尊 戈宁冊 竝乍父乙寶隩彝 ☞ 09296

竝²ᴮ⁰⁶⁴ 从刀从竝。人名，族徽戈宁冊。西周早期。

05945 夰者君父乙尊 夰者君作父乙寶隩彝 龜

夰²ᶜ³²ᴬ 讀若犾。氏族名。夰者君，人名，族徽龜。西周早期。

05947 憪季遽父尊 憪季遽父作豐姬寶隩彝 ☞ 05357，05940

05954 沬伯遲尊 目 洰白遲作毕考寶旗隩彝 ☞ 05363

05957 斁父乙尊 斁戻事丁用作父乙旗隩彝 扶冊 ☞ 01821，J.0600

斁²ᴮꜰᶜꜰ 讀若擐。人名，族徽扶冊。西周早期。

戻²ᶜ⁶⁶³ 同嘗。

05958 彈父庚尊 彈攸作父庚隩彝，子子孫孫其永寶 ☞ 09889

彈²ᴬᴬᶜ⁰ 从弓齒聲。人名。西周早期。

05962 叔貌方尊 甶訑賜貝于王妸，用作寶隩彝 ☞ 09888

訑²ᴮ⁹ᶜ⁹ 甶訑，叔貌，人名。西周早期。

妸²ᴮᶜ³⁶ 王妸，即王姒，周成王的后妃。

05963 許仲趩尊 無中趩作毕文考寶隩彝，日辛 ☞ 05369

05965 毃啓作父辛尊 子光賞亭啓貝，用作文父辛隩彝 巽 ☞ 05964

《毃方尊》。

亭²ᴮᴮᶜ² 从子青聲。毃字省文。亭啓，人名，族徽巽。商晚期。

05967 小子夫父己尊 孤賞小子夫貝二朋，用作父己隣彝 孝尹 踊

☞ 01823

05973 殳父乙尊 乙卯，白于父賜殳金，用作父乙隣彝 黽

殳 2C19F 从殳无聲。讀若撫。人名，族徽黽。西周早期。

于 2008C 亦作牙。古文垂。白于父，人名。西周早期。

05977 㸿㓞尊 王征荅，賜㸿㓞貝朋，用作魚蕁且缶隣彝。

荅 2C0DA 讀若蓋。國名。

㸿 2B159 讀若㸿。㸿㓞，亦作岡㓞，人名。西周早期。

蕁 26FE3 蕁籀文。魚蕁且缶，讀若虞高祖寶。

05979 爇尊 爇從王如南償峓㢋。用作公曰辛寶彝 何車

爇 2C2BB 从火㐌聲。人名，族徽何車。西周早期。

償 2B900 从貝佫省聲。讀若貨。 峓 2C3C5 从由史聲。

㢋 2BA1B 从厂網聲。

05983 啟作祖丁尊 啟從王南征，迮迦山谷在洀水上，啟乍祖丁
旅寶彝 戚葡 ☞ 05410

05984 能匋尊 能匋賜貝于矣䚷公矢㐭五朋。能匋用作文父曰乙
寶隣彝 㗊

䚷 2BA68 讀若盌。

㐭 2BCD6 从宀从亩。與廩同。䚷公矢㐭，人名。能匋的上司。西
周早期。

05985 噈士卿尊 丁巳，王在新邑 成周雒邑初名新邑，初鑺，王賜噈士
卿貝一朋。用作父戊隣彝 子脊

殷周金文字宝 205

嗷²ᴮᴮ¹ᴬ从攴从鳴。讀若鳴，敲擊之鳴的專字。嗷士卿，人名。嗷士，職官名。族徽子脊。西周早期。

甖²ᶜᶜᴬ⁴字从峕聲。讀若饋。或初望，張亞初讀。

05986 隓作父乙尊 唯公邊于宗周，隓從。公帀旣，洛于官，崙賞隓貝，用乍父乙寶隓彝。

隓²ᶜᴮᴱ⁶亦作彞，讀若陸。人名。西周早期。

邊²⁸⁶⁴⁵或亦讀若躇。

旣²ᴮ⁹ᴰ⁵地名。公帀旣洛于官，讀若公次旣各于館。

彞²ᶜ⁶⁶⁹同畬，古文睦。與隓同。人名。

05987 臣衛父辛尊 唯三月乙卯，公賜臣衛宋瑚貝三朋，在新喬，用作父辛寶隓彝。

瑚²ᶜ³ᴮ²从冊甚聲。讀若諶。宋瑚，或地名。西周早期。

05988 斬尊 唯三月，王工貢，從，斬各中，中賜斬瓚，斬寫中休，用作文考隓彝，永寶。

斬²ᴮꟻꟻᴮ讀斬。西周中期前段人。 寫²ᴮᶜᴰᴱ讀若揚。

05989 作冊睘尊 ☞ 05407

05992 遣尊 唯十又三月辛卯，王在庠岸，賜趞采曰趒，賜貝五朋。趞對王休，用作敀寶彝 ☞ 05402

趞²ᴱ⁶ᶜ⁹讀若遣。人名。西周早期。

趒²ᶜ⁹⁸ᴬ从走夗聲。采地之名。 敀²¹⁷²⁹同姑。

05996 豐作父辛尊 唯六月旣生霸乙卯 成王20年六月初九 王在成周，令豐叚大矩，大矩賜豐金，貝，用乍父辛名旂寶隓彝 木羊冊 ☞ 05403

叚²ᴮᶜᴱᴬ讀若殷。殷見。

05997 商尊 唯五月,辰在丁亥,帝司賣庚姬商之妻貝卅朋,迻絲廿鋝,商敦族祖先用作文辟日丁商之父寶隩彝㝬 ☞ 05404

05998 由伯尊 獸 由白曰:弖御作隩彝。曰:毋入于公。曰:由白子曰:弖爲氒父彝。丙日,唯毋入于公。

弖 2BE25 讀若引。

05999 土上尊 ☞ 05421

06000 子黃尊 乙卯,子見獻在大室。白口一、耴琅九,屮侑百牢。王賞子黃禹一,貝百朋。子女母賞ㄙ丁貝。用作己寶盤㝬

禹 2BB0B 同兩。黃禹,讀璜瓃,祼禮用玉。或謂子黃,人名。

ㄙ 2BC07 同姒。讀若姒。ㄙ丁,或作器者。商晚期。

盤 2C436 讀若盤。

06003 保尊 乙卯,王令保及殷東國五侯,征兄六品,蔑曆于保,賜賓,用作文父癸宗寶隩彝。遘于三方迨,王大祀、祐于周。在二月既望 ☞ 05415

06004 召尊 唯九月,在炎自師,次,甲午,白懋父賜賜𫟃白馬,每黃㸼骹,用莫不𠬝。𫟃多用追于炎,不𧖣白懋父睯,𫟃萬年永光,用作團宮旅彝 ☞ 05416

𫟃 2C701 𫟃伯亦作𫟃公,即召公奭。

㸼 29819 亦作猶、敄,古文髦。每黃㸼骹,讀若脢黃髦黴,指馬背黃、鬃黑。

𠬝 2B82D 用莫不𠬝,讀若用嫫懋丕顯 ☞ 02813

𧖣 2C06F 不𧖣,又作不𪔵,讀若丕肆,正直也。

睯 2C061 友。

06005 鼄方尊 唯九月既生霸丁丑，公令鼄從屖友啟炎土。鼄既告于公，休，亾尤，敢對揚屖休，用作辛公寶尊彝，用夙夕配宗，子子孫孫，其邁年永寶 ☞ 04159，05430

鼄 2B71E 同𪓟。人名。西周早期或中期。

尤 2AFA1 亾尤，讀若亡尤，沒有災禍。

06007 耳尊 唯六月初吉，辰在辛卯，医各于耳𧱒，医休于耳，賜臣十家。長師耳對揚医休，肆作京公寶𨊠彝。京公孫子寶，医萬年壽考，黃耇，耳日竢受休。

𧱒 2BD15 或地名。

肆 2C6AB 肇字之省。

06008 臤尊 唯十又三月既生霸丁卯，爰從師雍父戍于䧹𠂤之年，臤蔑厤，中競父賜赤金。臤拜頴首，對揚競父休，用作父乙寶𣉗彝，其𤔔孫永用。

雍 29022 白雍父，即伯雍父，亦稱師雍父，西周中期任周朝師職。

䧹 2B9E1 䧹𠂤，亦作古𠂤，讀若固師，地名。

蔑 27005 蔑厤，同穰厤，即䒾厤，讀若勉勵。或讀伐矜，誇讚。

06010 蔡侯申尊 元年正月初吉辛亥，布医龖虔共(恭)大命，上下陟祏。敳敬不惕，肇輇天子。用詐(作)大吳孟姬媵彝鑑，禋享是以。甫盟嘗禘，祐受毋已。禨訝整讇，籥文王母。穆穆覽覽，恩害訴旟。威義遊遊(威儀攸攸)，需頌託繭(靈容妊彰)。康諧穌好，敬配吳王。不諱壽考，子孫蕃昌。永保用之，冬(終)歲無疆 ☞ 00210，10171

龖 2B403 亦作龖。同。

祏 2C4B7 臧否之否的古文。陟祏，陟降。

歑^{2BFE2} 同撖。歑敬不惕，讀若厲敬不易，莊敬堅毅。

輂^{2C9F9} 同肁。肇輂。肇，語首語氣詞，無義。輂，讀若佐。

嬽^{2BC82} 釋作媵。讀若媵 ☞ 05939

鎰^{2C439} 从皿銥聲。與缶同。

冑^{24CA5} 讀若祇，敬也。

啇^{20F2C} 讀若章，明也。

譸^{2C8C9} 从言與从心作壽、从筆省作簥同，並古文肅。禱諆整譸，讀若齊嘏整肅。

籟^{2C57F} 或讀類。亦作臂。血祭。

贒^{2C703} 贒贒，讀亶亶。

鴋^{2C011} 恩害訴鴋，讀若聰介欣揚。

06011 盠駒尊 王拘駒於<u>㿾</u>，賜盠駒，勇雷騅子 蓋銘。以下器銘 唯王十又二月，辰在甲申，王初執駒于㿾。王呼師虡詔盠。王親詣盠，駒賜兩，拜頴首曰：王弗望忘氒舊宗小子，莒皇盠身。盠曰：王佣下不其丕嘏丕祺，則邁年保我邁宗。盠曰：余其敢對揚天子之休，余用作朕文考大中寶隩彝。盠曰：其邁年世子子孫孫永寶之。

㿾^{2BDEB} 古拆字。亦作厈。省作厈。讀若岸。地名，特指辟雍大池之岸。

莒^{2ACB5} 即柤。莒皇，或讀懋皇。

啟^{2BFAF} 㿾亦作啟。

06013 盠方尊 唯八月初吉，王各于周廟，穆公佑盠，立中廷，北嚮。王冊命尹賜盠赤市、幽亢衡、攸鋚勒。曰：用嗣六自王行，叁有嗣：嗣土、嗣馬、嗣工。王令盠曰：䎽嗣六自眔八自枻。盠拜頴首，敢對揚王休，用作朕文祖益公寶隩彝。盠曰：不叚不其丕嘏丕祺，萬年保我萬邦。盠敢拜頴首，曰：剌剌朕身，運夏，虞續朕先寶事 ☞ 09899

枻^{2C0A4} 从木从飛。埶字初文，種也。讀若藝。藝事，即事務。

殷周金文字宝　209

06014 何尊 唯王初𨌰宅于成周，復稟珷王豐禮祼自天。在三月丙戌 四月十二日 王畀誥宗小子于京室，曰：昔在爾考公氏，克逑玟王。肆玟王受丝兹大命，唯珷王既克大邑商，則廷庭告于天。曰：余其宅丝中或域，自之辥民。烏虖嗚呼，爾有唯小子，亾哉，視于公氏，有爵于天勑令。苟宫我敬享哉，薏助王龏德，谷欲天順我不每敏。王咸畀。𡆼賜貝卅朋，用作𢀜公寶隩彝。唯王五祀 成王5年，

B.C. 1088

𨌰 2CD7C 讀若營，營造。或讀遷。　　遴 2CA42 遂。或讀弼。
肆 2C6AE 讀若肆。語辭，與惟通。
辥 2B85E 同辟，讀若嬖，治。　　視 2C87C 同視。
爵 2B93C 从宀从爵。或釋𠭯。讀若功。
勑 2CD32 同徹，古文徹。
𡆼 23130 讀若何。人名。西周成王時期。
𢀜 2BB4C 𢀜公，讀若庚公，𡆼的先人，或即𡆼的父親公氏。

06015 麥方尊 王令辟井侯出坏坯，侯于井。雩若二月，侯邢侯見于宗周，亾述無尤。迺會王餗葊京，酌祀。雩若翊日，在璧雝，王乘于舟，為大豐禮王射大龏鴻，禽擒。侯乘于赤旂舟，從。死尸咸。之日是日王以侯入于寢，侯賜玄珮戈，雩王在廄，已夕。侯賜者臷臣二百家，劑齎用王乘車馬、金勒、冂禳衣、市、舃。唯歸，遅天子休，告亾尤。用龏義恭儀寧侯，覭孝于井侯。作冊麥賜金于辟侯，麥揚，用作寶隩彝，用兩侯逆洀迎受，遅明令，唯天子休于麥辟侯之年鑄，孫𠂤其永亾𢦏終，𢦏終用祐德，妥多友，亯旋徣令。

酌²ᴮᴱ⁴⁹同酹，祭酒，以酒酹地。

翊²ᴮ⁰⁶⁹翊日，讀若翌日。　　雝²ᶜ⁴³⁷璧雝，即辟雍。

厈²ᴮᴰᴱᴮ亦作庌，讀若岸。地名，特指辟雍大池之岸上。

䫂²²⁹ᴮᴮ讀若謁。者䫂臣，諸謁臣。

遅²ᶜᴬ²ᴰ借作揚。頌揚。　　覞²ᶜ⁸⁷ᶠ讀若覬，顯也。

浭⁰⁰⁰⁰⁰亦省作洀。讀若受。

06016 作冊令方尊 唯八月辰在甲申 成王3年八月初一，B.C.1090 王令周公子明僗，尹三事三方，受卿旍寮。丁亥 八月初四 令矢告于周公宮。公令徣同卿旍寮。唯十月月吉癸未 十月初一 明公朝至于成周，徣令：舍捨三事令，眔卿旍寮，眔者諸尹，眔里君，眔百工，眔者厌諸侯。厌、田甸、男、舍三方命令。既咸令，甲申 十月初二 明公用牲于京宮。乙酉 十月初三 用牲于康宮。咸既，用牲于王，明公歸自王。明公賜亢師鬯、粢、牛。曰：用禋，賜令鬯、粢、牛。曰：用禋。令曰：今我唯令汝二人亢眔矢奭左右于乃寮以乃友事。乍冊命敢揚明公尹氒宓休，用作父丁寶陦彝。敢追明公賞于父丁，用光父丁 䏣冊 ☞ 09901

僗²⁰³⁵⁹明僗，明保，亦稱明公，即祭公謀父。

旍²ᶜ⁰⁰⁸从㫃史聲。卿旍寮，讀若卿士僚。

徣²ᴮᴱ⁵⁴或作徸。徣同，讀若出會。

禋²ᶜ⁴ᴰ²用爲祭名。亦作秦。假作祓。

㐭²ᶜ⁸⁹ᴬ同譱。㐭右，讀若左右，輔助。

䏣⁰⁰⁰⁰⁰䏣冊，族徽。

06035 征觶 䟐 ☞ 00361

06036-7 辰觶 辰

辰²ᶜ¹⁷ᴱ 从止辰聲。古跡字。族徽。商晚期。

06069 厤觶 厤

厤²ᴮᴬ¹¹ 从厂从馬。與厤同。族徽。商晚期。

06137-8 子橐觶 子橐

橐²ᶜ²⁵⁶ 从泉橐省聲。國族名。子橐，族徽。商晚期。

06143 婦嫡觶 帚嫡。

嫡²ᴮᶜ⁶⁸ 帚嫡，婦女名。商晚期。

06150 孋觶 孋

孋⁵ᴮ⁴⁹ 或讀雚母。族徽。商晚期。

06158 亞徵觶 亞徵 ☞ 00456

徵²ᴮᴱ⁵⁸ 亞徵，族徽。商晚期。

06162 亞重觶 亞倰

倰⁵⁰³² 亞倰，族徽。商晚期。

06169 史農觶 叓農。

晨²⁴ᶜ⁸⁶ 同農。

06181 冉漁觶 冉鱻 ☞ 04855

06183 庚豕觶 廎豕 ☞ 00816

06185 羍羊觶 羍羊

羍²ᴮᴱ¹⁷ 从収戈聲。羍羊，族徽。西周早期。

06197 作叔觶 乍叔 ☞ 08214

叔²ᶜᴰ³² 同俶，古文俶。人名。西周早期。

06212 奴祖癸觶 奴且癸 ☞ 05270

06222 㦰父乙觶 㦰父乙。

㦰²ᴮᴮᴱ² 从大戉聲。或讀伐。族徽。西周早期。

06227 㝅父乙觶 㝅父乙。

㝅²ᴮᶜᴮ⁸ 从宀㐬聲。寇字初文。族徽。西周早期。

06240 㪿父乙觶 㪿父乙。

㪿²⁷ᶜ⁴ᶜ 从受省从家，古文嫁。殷氏族名。

06264 㠯父丁觶 㠯父丁 ☞ 01244

06279 秅父己觶 秅父己。

秅²ᶜ¹⁸ᴬ 讀若秅。族徽。

06288 鴲父己觶 鴲父己 ☞ 01586

06302 孜父辛觶 孜父辛。

孜²ᴬ⁹ᴮ⁷ 从子戈。或族徽。西周早期。

06331 弜父癸觶 弜 弌父癸 ☞ 02916

弜²ᴮᴱ²ᶠ 讀若引。族徽。商晚期。 弌²ᴮᴱ²⁵ 弜或隸定作弌。

06351 子癸蠹觶 子癸蠹。

蠹²ᴮᴮᶜ⁰ 从蠹土聲。讀若蠹。人名。商晚期。

06364 西單匽觶 西單匽 ☞ 03417

06372 鴍分父甲觶 鴍分父甲。

鴍²ᴮ⁶ᴮᶠ 从鳥攸聲。人名。西周早期。

06374 燝大父乙觶 煊大父乙。

煊 2C2A5 从火亯聲。讀若燝。煊大，族徽。西周早期。

06378 亞虹父乙觶 亞虭父乙。☞ 00403

06416 逆欤父辛觶 逆欤父辛。

欤 2C163 逆欤，人名或族名。西周早期。

06418 夘䆉父辛觶 夘䆉父辛。

夘 2BCB6 从宀刃聲。夘䆉，人名或氏族名。西周早期。

06424 何父癸觶 何父癸 瘄 ☞ 05091

06428 婦嬊觶 婦嬊 虜冊

嬊 2BC91 婦嬊，人名，族徽虜冊冊，官名。商晚期。

06433 戈罟觶 戈罟作㠱 ☞ 03394

06435 作封從彝觶 乍𨺩伀彝 ☞ 01981, 10057, T2.0861

伀 224C5 玉篇 同從。𨺩伀，或作𨺩似，人名。商末周初。

06440 亞疑父乙觶 亞矣 㪔𣀙父乙。

㪔 2BA42 讀若撑。作器者名，亞矣小宗族人。西周早期。

𣀙 2BA3F 㪔亦隸作𣀙。

06442 冋遹作父乙觶 冋遹乍父乙。

冋 2B843 即冂。讀若坰。族名。冋遹，人名。西周早期。

06477-8 伯旟觶 白旟作寶隩彝。

旟 2C019 从㫃焥聲。伯旟，人名。西周早期。

06480 遟觶 遟作寶隩彝 ☞ 05363

06481 㸞獲觶 巽㸞獲乍且辛彝。

㸞 2C6F7 或㜘、秉繁文。地名。㸞獲,人名,族徽巽。西周早期。

06486 叔堹觶 弔堹塼作楷公寶彝。

堹 2BBAF 从土傳聲。讀若塼。叔堹,人名。西周早期。

06488 冶㗌觶 冶㗌作乎寶隣彝。

㗌 2BE54 从口从征。人名。西周早期。

06490 齊史鐩祖辛觶 帛叓鐩作且辛寶彝。☞ 05363

06496 子作父戊觶 子乍父戊彝 犬山取 ☞ 05270

取 2A824 讀若刀。犬山取,族徽。商晚期。

06503 呂伯觶 呂白作乎取寶隣彝。☞ 03979

06512 小臣單觶 王後𢼸克商,在成𠂤㭪邑,在寧陽。周公賜小臣單貝十朋,用作寶隣彝。

𢼸 2A826 同𢼸。讀若陸。

06513 徐王義楚觶 唯正月吉日丁酉,郐王義楚羃余吉金,自酢作祭鍴,用享于皇天,及我文叔,永保忺身,子孫寶。

鍴 9374 讀若碥。《說文》小巵也。

叔 2BA32 从又丂聲。與攷同。文叔,文考。

忺 2BE79 亦作㤸。讀若怡。

㤸 2BE78 忺亦隸作㤸。

06514 中觶 王大省公族于庚唐,鷁旀。王賜申馬,自𨻰厇三鴯,南宮兄䁖王曰:用先。申枏王休,用作父乙寶隣彝 ☞ 00949, 01957, 02751, 02785

屒²ᴮᴱ¹ᴬ 同振。

隓²ᶜᴮᴱ⁵ 讀若厲，國名。隓侯，隓國族首領。西周早期。

枊²ᶜ⁰ᴬ⁴ 埶字。或爲馴揚字之誤。

06515 萬諆觶 萬諆作玆晨茲觶，用盲酠㧖尹人，配用囗酉，侃衎多友，其鼎此妣祼，用盗寧室人、佳人，萬年寶，用作念念于多友。

酠²ᴬ⁸²⁷ 从又从西。讀若㧖。

妣²ᶜ⁰⁰ᴱ 从方从配。

06516 趩觶 唯三月初吉乙卯，王在周，格大室，咸。丼㚔邢叔入佑趩。王呼內史冊命趩：叕厪毕祖考艐服，賜趩哉纎衣、載市冋黃、旂。趩拜頴首，揚王休，對趩蔑曆，用作寶隩彝，奉百世孫子毋敢豦惰，永寶。唯王二祀 穆王2年，B.C.1002

載²ᶜᶜ²ᴮ 載市冋黃，讀若緇市絅橫。

06537 魯觚 籃 ☞ 01174

06562-4 㒸觚 㒸 ☞ 01029

06582 瞿觚 眲

眲⁴⁰²⁰ 族徽。讀若瞿。商晚期。

06585 㫃觚 㫃

㫃²⁵¹¹⁵ 从丫从眲。讀若蔑。族徽。西周早期。

06587 埶觚 枊 ☞ 02919

06637 征觚 踁 ☞ 00361

06638-9 圍觚 㱊 ☞ 01052

06646 忕觚忕

忕 ²ᴮᴱ⁷ᶠ 从心从宁。讀忕。或謂从貝，釋賓，讀貯。族徽。商晚期。

06650 剡觚剡 ☞ 01644

06658 羴觚羴 ☞ 01107

06659-61 羊朋觚䒶

䒶 ²ᶜ⁶⁷⁶ 从羊从朋。族徽。商晚期。

06664-5 馭觚馭 ☞ 01143

06679 雈觚雈

雈 ²ᶜᴮᴱᴬ 从止隹聲。族徽。商晚期。

06685-6 漁觚鱟 ☞ 01125

鱟 ²ᴮ⁶⁵⁰ 从収从魚。與漁同。族徽。商晚期。

06709 诫觚 诫

诫 ²ᴮᴮᶠ⁷ 族徽。

06738-9 亶觚 亶 ☞ 05900

亶 ²ᴮᴬᴬᴱ 與亶同，廩本字。人名或族名。商晚期。

06773-7 曇觚 曇 ☞ 05540

06779 祓觚 祓 祓 ☞ T2.0558

派。族徽。商晚期。

時期貞人，也見於殷墟第一期卜辭。

，商晚期。

商晚期。

伯。弘己，氏族名或人名。

06891-3 子畕觚 子畕 ☞ 05540

06894-5 子纍觚 子纍 ☞ 06137

06911 子弁觚 子弁

弁 2AAB3 从収从公。讀若松。子弁，族徽。商晚期。

06931 㧃耳觚 㧃耳 ☞ 10574

㧃 2BE25 讀若引。族徽。商晚期。

06937 裞觚 裞 ☞ 06779

06938-9 丸牀觚 丸宁 ☞ 01477

06940 冋鼙觚 冂鼙 ☞ 06442

06943 劂觚 劂 ☞ 04736

06944 遷觚 衛 ☞ 04779

06975 亞柬觚 亞柬

柬 233BA 亞柬，族徽。商晚期。

06983 亞豙觚 亞豙

豙 2AE8F 从爪豕聲。亞豙，族徽。商晚期。

07027-8 乗田觚 乗田

乗 2C4E1 讀若秾、萊。乗田，族徽。商晚期。

07035 戒虎觚 戈虎 ☞ 00505

07036 卜㐭觚 卜㐭 ☞ 05900

07050 非就觚 非橐 ☞ 01140

07051 弔排觚 弔韭

韭 2BE1D 讀若排。弔韭，族徽。商晚期。

07061 電敗觚 電敗

敗²ᴮᶠᴮ⁴ 電敗，族徽。商晚期。

07062-3 冉漁觚 冉鱻 ☞ 04855

07066 棍𦉢觚 丨兆

兆²ᴮᴰ⁵⁰ 丨兆，讀若棍𦉢，族徽。商晚期。

07071 尊彝息觚 𨺻息 ☞ 05595

07075 乙祖匹觚 乙且匹

匹²ᴮ⁹ᶜᴱ 从匚止聲。族徽。商晚期。

07079 鵒己祖觚 鵒己且 ☞ 01586

07089 係父乙觚 燚父乙。

燚²ᴮᴮᶠᶜ 从大从絲。讀若係。族徽。商晚期。

07119 鵒父丁觚 鵒父丁 ☞ 01586

07164-5 甲母觚 甲母𧘇。

𧘇²ᶜ⁸⁴² 从衣入聲。讀若衲。族名或人名。商晚期。

07171-2 婦䕂半觚 帚䕂 C 半。

䕂²ᴬ⁹ᴬ⁴ 从女絲聲。婦女名，族徽半。商晚期。

07177 幾虏冊觚 幾 虏冊

幾²ᴮᴰᴱ³ 讀若幾。人名，族徽虏冊。商晚期。

07185-6 亞趄衍觚 亞壴衍 ☞ 00827

07187 遷白觚 ◇衢 白 ☞ 04779

07188 齊𥬰罩方觚 ◇葡罩 ☞ 02374, 03302

07196-7 媒冉串媒觚 媒冉串 ☞ 02311

07201 羊貳車觚 羊貝車 ☞ 08804，T2.0745

貝^{2B38E} 或讀貳。

07205-6 夭作彝觚 夭乍彝。

夭^{2BBDB} 走字初文。族名或人名。西周早期。

07219 亞疢妣己觚 亞冀 匕己 ☞ 00843

07224 冊卪父乙觚 冊卪 父乙。

卪^{2C176} 足上高臺會意。或讀堂。冊卪，族徽。商晚期。

07238 南父戊觚 南 父戊 ☞ 03175

07257 戈罟作氒觚 戈罟乍氒 ☞ 03394

07260 作封從彝觚 乍邦從彝 ☞ 01981

07266 虜冊父庚卪觚 虜冊 父庚 卪 ☞ 05696，J2.0244

07270 子妞心觚 子妞心。

妞^{2BC2C} 族名或人名。

07274 扶冊作從彝觚 攼冊 乍从彝 ☞ 01821

07278 貴引觚 貴引 作隩彝 ☞ 09288，09915

貴^{27D81} 貴引，人名。商晚期。

07287 婦鴲觚 婦鴲作彝 亞醜

鴲^{2CDD8} 婦鴲，婦女名，族徽亞醜。商晚期。

07288 亞廬觚 亞廬妏父辛隩彝。

廬^{2AC04} 亞廬妏，人名或族名。商晚期。 ☞ 07304

07293 孤竹父丁觚 䇽竹 亞憲 宦父丁 ☞ 05271

07297-8 亳觚 㠭 㠭侯 亞矣 亳作母癸彝 ☞ 02262

07300 亞獮皿合觚 亞猒 皿合作隩彝。

猒 2C660 从犬昆聲。讀若獮。亞猒，族徽。西周早期。

07303 又敎父癸觚 又敎父癸，又迊母 ☞ 09085

迊 00000 又迊母，婦女名。商晚期。

07304 妠作乙公觚 妠乍乙公寶彝 允冊

妠 597B 人名。其父親名乙公，族徽允冊。商晚期。

07305 趞作日癸觚 趞乍日癸寶隩彝 艸

趞 2C99E 从走將聲。人名。西周早期。族徽艸。

艸 2BEF3 族徽。讀若戎。商晚期。

07306 羗擶向觚 亞口 羗擶向作隩彝。

擶 2C015 从夊絑省聲。羗擶向，人名。商晚期。

07323 天爵 吴 ☞ 05101

07331-3 史爵 史 ☞ 01288

07368 府爵 胕 ☞ 05557

07381 卬爵 呬

呬 2C419 同卬。族徽。商代末期。

07382 兮爵 兮

兮 2B92B 族徽。商代末期。

07383 敀爵 敀

敀 2BFAE 族徽。商晚期。

07399 㳙爵 㳙 ☞ 01029

07405 扶爵 㧊。

㧊 ²ᴬᴮᶜ⁸ 古文扶。人名或族名。商晚期。

07421 㫎爵 㫎

㫎 ²ᶜ⁰¹ᶠ 與㫎同。族徽。商晚期。

07454 叔爵 叔

叔 ²ᴮᴬ³⁴ 从又未聲。讀若抹。族徽。商晚期。

07456 甲爵 甲 ☞ J.0829

甲 ²⁶⁹⁵⁴ 从丨从臼。或同䏌。族徽。商晚期。

07457 䏌爵 䏌 ☞ 02020

07458 勾爵 㪯

㪯 ²ᴮᴬ⁴³ 从攴𠂤聲。或讀勾。族徽。商晚期。

07477 伯遫爵 白遫。

遫 ²ᴮ⁴³ᴮ 讀若趨。伯遫，人名。商晚期。

07479 迀爵 犇

犇 ²ᶜ¹⁸ᴮ 讀若迀。族徽。商晚期。

07485-9 征爵 跠 ☞ 00361

07490-2 圍爵 䲷 ☞ 01052

07495 匩爵 匩 ☞ 03417

匩 ²ᴮ¹ᶜ⁶ 族徽。

07514-5 犇爵 䍩 ☞ 01107

07516 宰爵 宰

宰²ᴮᶜᶜ⁵ 从宀从羊。讀若牢。族徽。商晚期。

07521 豛爵 豛

豛⁸ᶜ⁵ᴮ 族徽。商晚期。《說文》上谷名豬曰豛。役省聲。《類篇》豛，或不省。《新撰字鏡》豛，豬名。

07522 馭爵 馭 ☞ 01143

07527-8 剢爵 剢 ☞ 01644

07531 彙爵 彙 ☞ 06137

07546-9 漁爵 𩵋 ☞ 01125

07563-4 𰳏爵 𰳏 ☞ 07814，08782

𰳏²ᶜ⁷ᶜᶠ 同龜。讀若秋。象蟋蟀形，蟲以鳴秋。商晚期。

07565 囮角 鳯

鳯 21219 从囗从鳥。族徽，殷。《字彙補》鳯，《說文先訓》曰鳥在籠中，古文囮字也。

07613-4 剎爵 剎

剎 2B98E 从刀索聲。割。讀若葛。族徽。商晚期。

07650-1 忥爵 忥 ☞ 06646

07696 瞄爵 盲

盲 219DF 或讀瞄。族徽。商晚期。

07701 䆉爵 䆉 ☞ 01138

07704-5 遷爵 衛 ☞ 04779

07709 㫗爵 㫗 ☞ 02374

07722 籥爵 冊。

冊 2BAA1 同籥。

07728 棘爵 棘 ☞ 06789

棘 2C0ED 或讀棟。族徽。西周早期。 棘 2ACDA 棘或从柬，釋作棘。

07737-8 困爵 困

困 2BB46 从囗从未。張亞初：種子之種會意初文。以植物種子包於囗中胚芽未發，會種子意。

族徽。西周早期。

殷周金文字宝　225

07790-2 亞㣈爵 亞㣈 ☞ 01029

㣈 ²ᴮᴱ⁵ᴰ 亞㣈，族徽。商晚期。

07798-9 亞柬爵 亞𣂑

𣂑 ²ᴮᴬ³ᴰ 讀若柬。亞𣂑，族徽。商晚期。

07808 亞鳖爵 亞鳖 ☞ 00485

07814 亞𰀡爵 亞𰀡 ☞ 07563

𰀡 ²ᶜ⁷ᶜᶠ 亞𰀡，人名或族徽。商晚期。

07824 亞犉爵 亞犉

犉 ²ᴮᴰᴰ⁸ 亞犉，族徽。西周早期。

08029 南戉爵 南戉 ☞ 03175

08073 子吼爵 子吼。

吼 ²⁰ᴮᶜᴱ 同呴。亦作訽。子吼，人名。商晚期。

08103-4 子鼏爵 子鼏

鼏 ²ᶜ⁶ᶠᶠ 子鼏，族徽。商晚期。

08115 子彙爵 子彙 ☞ 06137

08189 攻工爵 攻工 ☞ 03521

08193 史爵 㚔

㚔 ²ᴮᴬ⁸ᴬ 讀若史。族徽。商晚期。

08198 丸牀爵 丸牀 ☞ 01477

08204 疋甗爵 疋𧆑 ☞ 05696

08214 𢻳獸爵 𢻳豕 ☞ 06197

𢻳 ²ᶜᴰ³² 从又从鬲。同徹，古文徹。𢻳豕，族徽。商晚期。

08223 冎龍爵 冎龍 ☞ 06442

08233-4 冎戈爵 冎戈 ☞ 06442

08272 㝱文爵 㝱文 ☞ 07696

㝱 219DF 从宀从目。讀若瞑。㝱文，族徽。商晚期。

08279 㡔爵 㡔 ☞ 05900

08281 䧹爵 䧹 ☞ 00404

08284-92 䕓爵 䕓 ☞ 05540

08296 㝱玄爵 㝱玄。

㝱 21A60 亦作㝱。省作㝱。籀文寢。㝱玄，商晚期人。

08299 伯㝱爵 白㝱。

㝱 2BCD6 从宀从㐭。與㝱同。伯㝱，人名。西周早期。

08319 冎祖丙爵 冎且丙 ☞ 06442

08325 㠯祖丁爵 㠯且丁。

㠯 2BCBA 从宀止聲。讀若祉。族徽。西周早期。

08361-2 趣祖癸爵 趣且癸。

趣 2C992 族徽。商晚期。

08397 㲀父乙爵 㲀父乙 ☞ 05477

08421-2 鼎父乙爵 父乙鼎。

鼎 2C6FF 族徽。商晚期。

08433-4 㾕父乙爵 㾕父乙。

㾕 2BDF6 从广咢聲。族徽。商晚期。

08457 撐父丁爵 嘗父丁。

嘗 2BCAF 从臼从言。讀若撐。族徽。商末周初。

08464 刐父丁爵 刐父丁 ☞ 01644

08521 徣父戊爵 徣父戊 ☞ 01029

08538 刏父己爵 刏父己 ☞ 00826

08563 刐父己爵 刐父己 ☞ 01644

08585-6 㦰父庚爵 㦰父庚 ☞ 06222

08592 僕父庚爵 㒒父庚 ☞ 09406

㒒 2BD9F 从户僕聲。族徽。商晚期。

08620 鼠父辛爵 鼠父辛。

鼠 2CD45 族徽。商晚期。

08622 豩父辛爵 父辛豩

豩 2C06F 與豩同。絲字繁文，讀若肆。族徽。西周早期。

08677 趣父癸爵 趣父癸。

趣 2C992 族徽。商晚期。

08712 冋父癸爵 父癸冋 ☞ 06442

08716 㝱父癸爵 㝱父癸 ☞ T2.0616

㝱 2BCC6 从宀弜聲。族徽。西周早期。

08720-1 囗父癸爵 囗父癸 ☞ 02072

08735 剌妣乙爵 剌妣乙 ☞ 07613

剌 2B98E 族徽。或作剌冊。商晚期。

08771-4 冀亞秕爵 冀亞秕 ☞ 05011

08777 亞羹巿爵 亞羹巿。

巿 5DFF 韍，蔽膝，自上古遮羞布演變而來。

08781 亞走爵 亞夨䞠 ☞ 07205

䞠 2AF67 讀若疑。族名或人名，夨族的分族小宗。

商晚期 ☞ 08786《亞䞠規爵》。

08782 亞甗舟爵 亞甗舟 ☞ 07563，07814

08783-4 亞𧻚衔爵 亞昰衔。

昰 2B831 同壴。亞昰、亞壴並壴族的分族小宗。 ☞ 00827

08792 司工丁爵 𥵚工丁 ☞ 10363

𥵚 2C2F9 讀若司。𥵚工丁，西周早期人，名丁，擔任周司工。

08802 卷佣爵 卷佣

佣 2B8E8 卷佣，族徽。商晚期。

08804 羊貳車爵 羊𧵕車 ☞ 07201

08807 北單戈爵 戉 北單

戉 2BEE6 同戉。族名或人名，族徽北單。商晚期。

08808 西單匿爵 西單 匿 ☞ 03417

08809 戈兆系爵 戈兆茲

茲 2DDB4 與絲同，籀文系。戈逃茲，族徽。商晚期。

08814 齊𦍌箙爵 ◇𦍌葡 ☞ 02374，03302

08821 弓羍爵 弓羍

羍 2C678 从言羊聲。亦作羍。弓羍，族徽。商晚期。

08852 亞僕父乙爵 亞覭 父乙。

覭 2B931 或釋僕。亞覭，族徽。商晚期。

08853 父乙爵 亞貄 父乙 ☞ 02457

貄 27CA9 亦作䖈。釋作貂。讀若繇，方國名，偃姓。典籍亦作謠。亞䖈族徽。

08854 亞盠父乙爵 亞盠 父乙 ☞ 00485

08877 㦜作父乙爵 㦜乍父乙。

㦜 2BEDE 讀若慥。人名。西周早期。

08885-6 鱛作父丙爵 鱛乍父丙 ☞ 02060

08941 亞伐父辛爵 亞丆 父辛。

丆 2A701 从卩从一。伐字之省。亞丆，族徽。西周早期。

08946 子塵父辛爵 子塵 父辛。

塵 2BE03 从广塾聲。子塵，族徽。西周早期。

08971 䚓夷父癸爵 䚓夷父癸。

䚓 2C7F1 从虍黑聲。讀若䚓。䚓夷，族名或人名。西周早期。

08980 享角 言作呚女。

呚 2BA63 从口央聲。讀若映。呚母，享的夫人。西周早期。

08989-90 戈罟作甼爵 戈罟乍甼 ☞ 03394

08991 過伯作彝爵 過白乍彝 ☞ 03907

09005 弓羍父丁爵 父丁 弓羍 ☞ 08821

09008 亞弁鼒父丁角 亞弁叙父丁。

叙 ²ᴮᴬ⁴¹ 从又希聲。鼒字初文。人名或分族名。

09019 弓臺父辛爵 父辛 弓臺 ☞ 08821

09020 鬲父辛爵 鬲作父辛彝 ☞ 00920

09024 敽作妣癸爵 敽乍匕癸鉦。

敽 ²ᴮꜰᴮ⁹ 同挽。讀若疏。人名。西周早期。

鉦 ⁹²⁶⁶ 爵別稱 ☞ 02778

蜓 ²ᶜ⁷ꜰꜰ 鉦或釋蜓，讀若蛋。族徽或人名。

09027-8 妊爵 妊作殺嬴彝。

殺 ²ᶜ¹ᴬ² 从殳朱聲。古文誅。殺嬴，讀若邾嬴，人名。西周早期。

09043-4 剅作祖乙爵 剅乍且乙寶彝。

剅 ²ᴬ⁷ᶜᶜ 从刀豆聲。人名。西周早期。

09045 嬴作祖丁爵 嬴乍且丁寶彝。

嬴 ²ᴮ⁸⁸⁴ 从嬴畐聲。人名。西周早期。

09058 藝徎父庚爵 枛徎父庚寶彝。

徎²ᴮᴱ⁵⁶ 與逄同。人名。西周早期。

枛²ᶜ⁰ᴬ⁴ 从木从丮。埶字初文。讀若藝。族徽。

09062 婾爵 婾作父癸隩彝。

婾²ᴬ⁹ᴬ³ 人名。西周早期。

09063 史遒角 叟遒作寶隩彝。

遒²ᶜᴬ⁴² 逑，讀若仇。叟遒，人名。西周早期。

09066 甕祖己爵 甕作且己旅寶彝 ☞ 05308

甕²ᶜ⁴³⁷ 从皿雔聲。讀若甕。人名。西周早期。

09072 衛冊父丁爵 作父丁隩彝 齒冊 ☞ 01052，05095

09075 毫爵 異 異侯 亞矣 毫作母癸 ☞ 02262

09083 萆大爵 萆大作父辛寶隩彝。

萆²ᶜ⁷⁵⁵ 从艸畀省聲。讀若萆。萆大，人名。西周早期。

09084-5 又羖父癸爵 又羖父癸。又仰址 ☞ 07303

仰²ᴮ⁸⁸⁷ 仰址，或釋辺母。

09088 子楚父乙爵 子楚在黿，作文父乙彝 ☞ J2.0398

楚²ᶜ³ᴰ⁹ 从炏疋聲。子楚，人名。商晚期。

09090 諸姒爵 亞醜者妡大子隩彝 ☞ 05935

09096 魯侯爵 魯庆作考爵，鬯庚考用隩彙盟。

彙²ᶜ⁶ᴱᴱ 从束，讀若縮，茜字初文。彙盟，即茜盟，以縮酒之禮祭告神明。

09097 舟䒦煇爵 舟䒦煇作乎祖乙寶宗彝。

䒦 ²ᶜᴱᴬ⁰ 讀若角。䒦煇，西周早期人，族徽舟。

09098 姒瓦爵 乙未，王賞娊瓦，在寢，用作䙴彝。

娊 ²ᴮᶜ³⁶ 同姒。娊瓦，商晚期姒姓婦女 ☞ 02425

09100 坒作父癸角 甲寅，子賜黿觥貝，用乍父癸䙴彝 ☞ 05355

09101 寢魚爵 辛卯，王賜帚魚貝，用作父丁彝 亞魚 ☞ J.0454

帚 ²¹ᴬ²⁶ 古文寢。官名。帚魚，人名，其兄名癸，為大宗，則魚
　　為亞，小宗，族徽亞魚。☞ J.0339《亞魚鼎》王賜亞魚貝，用作兄癸䙴。

09102 箙亞虖角 丙申，王賜葡亞䚋奚貝，在䚋。用作父癸彝。

䚋 ²ᴮᴮ³² 從䀠虎聲。讀若虖。葡亞䚋，人名。葡亞，官名。

䚋 ²ᶜ²⁷¹ 從酉彙聲。地名。

09105 宰㭒角 庚申，王在斪，王各，宰㭒從，賜貝五朋，用作
　父丁䙴彝。在六月，唯王廿祀翌又五 商帝辛25年六月二十二日。B.C.1051。
　口內銘。以下鑒銘 㝃冊

斪 ²ᶜᴮ⁹⁴ 同斪，邑名 ☞ 04131

09132 征罶 罶 ☞ 00361

09146 亶罶 亶 ☞ 05900

09161 亞䧹罶 亞䧹 ☞ 02971

䧹 ²ᶜ¹ᴬ⁹ 人名。商王武丁時期貞人，也見於殷墟第一期卜辭。亞
　䧹，族徽。

09185 苜罶 苜乙 ☞ 06585

09202 鼎祖丁罶 鼎且丁 ☞ 09550

鼎 ²ᶜᴱ⁶⁷ 從鼎孔聲。族名或人名。商晚期。

09218 犇父辛罍 犇父辛 ☞ 01107

09224 子橐罍 子橐 ☞ 05540

09225 亞趕銜罍 亞壴銜 ☞ 00827

09226 皆其雞罍 䀰𠀤雟 ☞ 01959

09238 辛亞隼示罍 辛亞隼示 ☞ 00404

09240 戈卬父丁罍 戈卬作父丁彝。

卬 ^{2B9F9} 从卩开省聲。或从示釋作祀。人名，族徽戈。

09245 亳罍 冥 冥侯 亞矣 亳作母癸 ☞ 02262

09256 示忡觥 示忘 ☞ 06646

09286 搗作寶彝觥 殹乍寶彝。

殹 ^{2C1AA} 从殳禹聲。讀若搗。

09287 玉侑母叙觥 王㞢女，叙。

叙 ^{2BA41} 讀若肆。陳牲之祭。

09288 賮引觥 賮引作䢵彝。

賮 ^{27D81} 同賮。亦作賺。賮引，人名。商晚期。

09292 匲父辛觥 匲作父辛寶䢵彝 夆 ☞ 09884

匲 ^{2B9D8} 讀若匲。人名，族徽幸。西周中期前段。

09293 𢊁觥 𢊁作父乙寶䢵彝 亞。

𢊁 ^{2C01C} 人名，身份爲亞，小宗分族。西周早期。字或釋誓，讀若祈。

09294 諸妣觥 亞醜者妣大子䢵彝。

妣 ^{2BC07} 同婤。讀若妣 ☞ 05935

09295 諸奴觥蓋 亞醜者奴大子障彝器 亞醜者姛大子障彝 ☞ 05935

09296 班父乙觥 戈宁冊 迦作父乙寶障彝 ☞ 05944

09298 仲子貴汙觥 中子貴汙作文父丁障彝鬻 臤 ☞ 02318

09299 般觥 王令般兄賉米于鈻勹甬，甬用賨父己乘

鈻 2C42D 或讀搭。鈻勹甬，人名。西周早期。族徽乘。

乘 2C4E1 讀若秾、萊。乘，族徽。商晚期。

09300 犾馭觥蓋 吴 琢駿弟史遣馬，弗左，用作父戊寶障彝。

琢 2C93E 琢駿弟，亦作犾駿，讀若獺馭，名弟，西周早期人。族徽吴 ☞ 03976

遣 2CA6B 从貝追聲。遣馬，或人名。西周早期。

09307 痲盂 柎 ☞ 05557，07368

09330 冉漁盂 冉鱻 魦 ☞ 04855

09353 亘父丁盂 亘父丁 ☞ 01244

09381 戈嚣作乎盂 戈嚣乍乎 ☞ 03394

09384 作封從彝盂 乍靪從彝 ☞ 01981

09386 敊聓盂 敊聓般盤盂。

聓 2C6FA 从臼昏聲。讀若括。敊聓，人名。西周早期。

09390-1 榮子盂 呇子作父戊。

呇 2BACE 从口焭聲。讀若榮。呇子，亦稱焭子，人名。西周早期。

09395 翩父盂 翩父作寶彝。

翩 24CDE 亦作䚇。翩父，亦作作冊翩，人名 ☞ 05400

09403 亞鴞兩父丁盂 亞舉从父丁 ☞ 00496，00539

09404 戈卬父丁盉 戈卬作父丁彝 ☞ 09240

09406 僕父己盉 巇作父己辵遽 ☞ 08592

巇 2BD9F 人名，族徽辵遽。西周早期。

09411 嫐王盉 嫐王作姬姊盉。

嫐 2BFEB 亦作嫐，讀若幽。嫐王，嫐國族首領。西周中期。

09413 伯寏盉 白寏自作用鎌。

寏 2BD1C 伯寏，人名。西周晚期。　鎌 00000 从鎬禾聲。與盉同。

09414 隔伯盉 陽白作寶隩彝以下簋陽白作 ☞ 02160

09415 亞羃盉 亞羃作中子辛彝 ☞ 02374

羃 2A852 亞羃，族徽或人名。仲子辛，亞羃次子。商晚期。

09416 畣父盉 畣父作丝女匋寶盉。

畣 2B932 从八畐聲。畣父，兹母的父親。西周中期。

09424 胆遝盉 胆遝作乓考寶隩彝 ☞ 05363

09427 伯冋盉 白叵作卣宮白寶隩彝以下器内冋作卣 ☞ 05340

09430 伯憲盉 白害作𤮺白父辛寶隩彝。

𤮺 2C701 𤮺伯亦作鹽公，即召公奭。父辛爲召公奭的日干稱謂。

09431 甲盉 田作寶隩彝，其萬年用饗賓。

田 2BB42 即囲，古文柙。人名。西周早期。

09432 師子盉 師子于匹作旅盉，萬年永寶用。

師 2CC8C 从食帀聲。或讀餈。師子于匹，師國族首領。西周中期。

09433 遣盉 作遣盉，用追考孝，匃邁年壽，孺罙。

孺 2BC9A 同靈。孺罙，讀若令終。

09434 昆君盂 圂君婦媿霝作燎，其萬年子子孫孫寶用。

圂 2A8AC 讀若昆 ☞ 02502，T.12353　　燎 2C287 讀若鎣。

09437 伯庸父盂 白䎽父作寶盂，其萬年子子孫孫永寶用。☞ 00616

09441 伯玉毃盂 白王毃作寶盂，其萬年子子孫孫其永寶用。

王 2F929 古文玉。三畫相均，象玉連貫形。伯王毃，人名。西周中期。

09448 十一年盂 十一荣，右使車嗇夫宋鄩虡，工皋。冢重三百八刀。右鸞者 ☞ 02707

09450 十二年盂 左鸞者。十二荣，右使車嗇夫鄩虡，工壽。冢重三百卅五刀之冢重 ☞ 02707

09451 麥盂 井疾邢侯光厈事吏麥，囑于麥宮，疾賜麥金，作盂，用從井疾征事，用旋徙，凤夕囑御事。

囑 2A899 亦作䚶，讀若過，至也。

徙 22517 旋徙，讀若奔走。

09452 長陵盂 長子盂。下腹長孖底部受左范奉。銅婁鋸鋝足，晏繻，又盇有蓋，轟繡。大一斗二益腹部少府足外側六字漢代加刻長陵。一斗一升。

孖 49BB 長孖，或讀長子，地名。

鋸 2CAF7 讀若唇。或釋作鍋，婁鍋，讀若鏤盂。

繻 2C611 晏繻，讀若晏緇。或讀纓帶，指器身四圈紅銅嵌飾。

轟 00000 从車从巫。讀若連。

繡 2C5E4 讀若絞。轟繡，連絞，指銅鏈。或讀連梁。

府 222BE 府繁文。少府，造器之所。

09453 義盉蓋 唯十又一月既生霸甲申，王在魯，卿卽次䢷君、者
𠭯諸侯、正、有嗣大射。義蔑曆，罞于王䢊。義賜貝十朋。對揚
王休，用作寶隩盉，子子孫孫其永寶。

卿²ᴮ⁹ᶠᴮ 讀若佮。會同。

䢊²ᶜᴬ⁴² 逑。罞于王䢊，罞于王仇，加入到周王一方參加大射比
賽。

09454 士上盉 ☞ 05421

09455 長由盉 唯三月初吉丁亥，穆王在下減应居。穆王饗醴，卽
次井白邢伯、太祝射。穆王蔑長由，以䢊卽井白。井白氏彊不姦。
長由蔑曆，敢對揚天子不杯休。

䢊²ᶜᴬ⁴² 逑，仇。䢊卽，匹次，輔助。

彊²ᴬᴬᶜ² 氏彊，或讀視引，瞄準並發射。

杯²ᴮ⁸²ᴰ 不杯，丕顯 ☞ 02813

09456 裘衛盉 唯三年三月既生霸壬寅，王爯王再旂于豐。矩白庶
人取堇章瑾璋于裘衛，才裁，定價八十朋，氒寅賈其舍捨田十田。矩
或又取赤琥兩，麀䩓兩，䩓賁𩊬帢，帢一，才廿朋，〔氒寅〕其舍田
三田。裘衛迺瀻矢告于白邑父𤏳白定白奶白單白，白邑父𤏳白
定白奶白單白迺令參有嗣：嗣土敚邑嗣馬單㫃嗣工𠫑邑人服罞
授田。燹趩衛小子𧊒逆者諸其饗。衛用作朕文考惠孟寶般，衛
其萬年，永寶用 ☞ 02832

麀²ᶜᴱ³ᴬ 麀䩓，或讀麂皷。

㫃²ᶜ⁰²³ 嗣馬單㫃，人名。

燹²ᶜ²ᴰᴰ 燹趩，人名。裘衛的家臣。

𧊒²ᴬ⁹¹⁰ 𧊒逆，人名。裘衛的家臣。

09462-3 征壺 䦆 ☞ 00361

09464 夲壺 夲

夲 ²C32A 讀若狀。族徽。商晚期。

09476 褱壺 褱 ☞ 05921

褱 ²C861 从衣隹聲。或讀奪。

09490 史㪯壺 史㪯。

㪯 ²ABF3 从又持夼。史㪯，人名。商代末期史官。

09499 左屄壺蓋 左屄 ☞ 04633

09501 趣父乙壺 趣父乙。

趣 ²C992 族徽。商晚期。

09514 公子襄壺 公子襄劂。

襄 ²C85D 同裹。字或釋寰。

09515 下官壺 㝅下官 ☞ 01345

09516 嘳孝子壺 嘳孝子。

嘳 ²BA86 同謴。地名。嘳孝子，嘳君之子 ☞ 09542

09527 考母壺 考母作医聯 ☞ 00470, 03346

09531 龕作寶彝壺 龕乍寶彝。

龕 ²CE61 从黽余聲。同鰺。人名。西周早期。

09533 夾作彝壺 夾乍彝皀 ☞ 01244

09537 趙君妾壺 趙君啟妾。

趙 ²⁷ED6 地名。

09542 嘳君壺 嘳君之壺。

嘌²ᴮᴬ⁸⁶ 嘌君，戰國時期嘌地之封君 ☞ 09516

09543 徲予右官壺 徲予右自 ☞ 01945

09544 亞羗壺 亞徲作犾彝。

徲²ᴮᴱ⁵ᴰ 亞徲，族徽。商晚期 ☞ 01029

犾²⁴⁷ᴮ⁷ 或作琢。讀若獼。人名。商晚期。

09550 𪔂壺 𪔂作隩彝戈

𪔂²ᶜᴱ⁶⁷ 从鼎丮聲。人名，族徽戈或釋叹。西周早期。

09555 姪嬀壺 劓嬀作寶壶 ☞ 03816

劓²ᴮ⁹ᴬ¹ 與孁同。劓嬀，讀若姪嬀，西周中期婦女。

09556 姪妊壺 孁妊作安壶 ☞ 03816

09557 啟姬壺 啟姬作寶彝。

啟²ᴮꟻᶜ⁴ 啟姬，西周早期姬姓婦女。

09558 狌子奭壺 狌子奭隩瓠。

奭²ᴮᴮꟻᴬ 从大从珥。讀若聯。狌子奭，人名。戰國早期。

瓠²⁴ᴮ¹⁷ 讀若壺。

09563 右屓尹壺 右屓君。西宮 ☞ 04633

09569 伯㸚方壺 白㸚作寶隩彝 ☞ 03490

09571 孟戠父壺 孟戠父作鬱壶。

戠²⁷⁹ᴱᶜ 孟戠父，西周中期人 ☞ 04255

09572 唐仲多壺 䚟中多作豐醴壶 ☞ T.01452

䚟²ᶜ²ꟻᴬ 同觴。讀若唐。䚟仲多，亦稱䚟中，西周晚期人，名多，唐國公族。

09575 盛季方壺 奠右亶。盛季壺。

亶 2A725 右亶，或讀右廩。字或隸作寫，讀若塲。右塲，機構名。

09576 㝵夷壺 㝵尸作父己隤彝 ☞ 05280

09589 罱客之官壺 罱客之官。苟囗之官。

罱 2C667 从网象聲。

09590 徟予左官方壺 左佋，五十三，徟予左自 ☞ 01945

佋 2B89E 偖字省文。讀若官曹之曹。

09594 歸覜進觶 歸覜進作父辛歔 亞朿 ☞ 00920

歔 2AD34 或从邕羨聲。器名。

09601-2 宣車父壺 宣車父作寶壺，永用亯。

宣 2A793 从食冂聲。讀若宣。宣車父，人名。西周晚期。

09606 襄安君扁壺 纕悇君亓鉼瓶。弍䣈。酉。樂。

悇 2AAF2 纕悇君，即襄安君，人名。

䣈 2BBC2 𣪘，斛。

09607 燕國錯銀銘壺 永用休涅澄。受六䣈四尉。

䣈 2BBC2 假借作𣪘，讀若斛。　　　尉 2CDBE 或同鵤，讀若掬。

09608 伯山父壺蓋 白山父作隤韋。厲萬年寶用。

韋 2CD18 同𩰫。隤𩰫，讀若尊甒。

09617 重金方壺 百卌八，重金錍，受一壴六尉。

錍 930D 讀若瓵。　　　壴 2BBC1 讀𣪘，斛。

尉 2CDBE 或同鵤，讀若掬。

09625-6 洛叔壺 羃𢆉吉日丁，𠃵帀隤壺，永用之 ☞ 11067

盜²ᴬᶠ⁹² 从皿㳫聲。盜叔，即㳫叔，春秋中期人，曾國貴族，封於㳫，故以㳫爲氏。☞ 02355《㳫叔鼎》。

09630 呂王麿 呂王麿造作內芮姬䞉壺，其永寶用亯。

麿²ᴮᴱ⁰² 从广艁聲。讀若造。呂王麿，呂國首領，姜姓，地在河南南陽。西周晚期。

09635 嵋耕壺 嵋耕作寶壺，其萬年孫子永寶用。

耕²ᶜ¹ᶠ⁶ 嵋耕，西周中期人。

09636 黃君孟壺 黃君孟自作行器，子子孫孫則永祜福。☞ 02497

祜²ᴮᴰ¹⁷ 讀若福。

09640 東周左官壺 廿九年十二月，爲東周左𠂤佁壺。☞ 09590

09647 徍予左官方壺 徍予左𠂤。左佁。七。卅五。再稱五鋅五冢重。☞ 01945，09590

09648 四斗司客方壺 三斗䜌客。三夻十一冢。盉。右內佁。七。☞ 09590

䜌²ᴮᴬ⁵ᴱ 亦作䚂。讀若司。司客，官名。

盉²ᶜ⁴²¹ 人名。

09650 四斗司客方壺 三斗䜌客。三夻十三冢。貽䜌。右內佁。三。☞ 09648，09590

貽²ᶜ⁹⁵⁸ 古文造。

09655 虢季氏子組壺 虢季氏子緅作寶壺 ☞ 00661

09658 鄴季壺 鄴季車寬䧹自作行壺，子孫永寶用之 ☞ 02603，10109，10234，10337，11816，T.14091

鄴²ᴮ⁴⁵ᴱ 國名。亦作㠱、㠱。

寬^{2BD12} 當作从穴鬼聲。鄝季車寬，或作鄝子宿車，鬃子囦車。鄝國族公族。

䰟^{2BE04} 寬或隸作䰟。

09659 齊良壺 佘良作壺蓋，其眉壽無朞，子孫永保用 ☞ 04643

09660 遉予左官方壺 左佔，卅。遉予左自。十九。稱四鋅廿九冢

重 ☞ 01945，09590

09663-4 黃子壺 黃子作黃父夫人行器，㓞永祐窑霝㝔霝復。

窑^{2A9E5} 讀若福。㓞永祐窑霝㝔霝復，讀若則永祐福令終靈復。

09669 散氏車父壺 㪤氏車父作醒姜陾壺，其萬年子子孫孫永寶

用 ☞ 09697

醒^{2CAB1} 或釋作䱉。國族名。醒姜，亦作叔姜，散伯車父的母親，生世在西周中期前段。

09674 十年右使壺 十秊，右徙〔車〕嗇夫吳㲯，工賏。冢重一石

百卌二刀之冢重 ☞ 02707

㲯^{2C673} 吳㲯，人名，擔任中山國右使庫嗇夫一職。

09676 鈘句壺 鈘句作其寶壺，用興甫夫人。

鈘^{2C1A8} 同鈘。鈘句，西周中期人 ☞ 03730

09678-9 趙孟介壺 禺遇邗王于黃池，爲趙孟趙鞅庎介邗王之忥賜金，以爲祠器。

邗⁹⁰⁹⁷ 邗王，即吳王。邗地在今江蘇揚州西北。

09680 甎君壺 匜君玆兹旅者，其成公鹽子孟改䑙嬙盥壺，羕永保

用之 ☞ T2.1106

匜^{2B9CF} 从匚从聲。甎初文。匜君，春秋時期匜地封君。

09682 屄氏扁壺 屄氏。三斗少半。今三斗二升少半升,重十六斤。

屄 2BA09 同原,即元氏,趙公子元始封之邑,趙置元氏縣。

09686 十三年壺 十三䄌,左使車嗇夫孫固,工䵼。冢重一石三百刀之冢 ☞ 00971

09687 杞伯每刃壺蓋 杞白每刃作䵼孃寶壺,邁年眉壽,子子孫孫永寶用言 ☞ 02494

09688 杞伯每刃壺 杞白每刃作䵼孃宧盧,其萬年盥考眉老,子孫永寶用言 ☞ 02494

盧 2AF8F 同壺。宧盧,寶壺 ☞ 09687

09689 呂行壺 唯三月,白懋父北征。唯還,呂行戩,俘咒捋犀。用作寶隌彝。

戩 2B24F 古文捷。

09697 散車父壺 椒車父作皇母醒姜寶壺,用逆敔氏邪姞白車父其萬年子子孫孫永寶 ☞ 02697,03881,09669

09698-9 宗婦鄁嬰壺 王子剌公之宗婦鄁嬰,為宗彝饕彝,永寶用,以降大福,保辪嬖鄁國 ☞ 02683

09700 陳喜壺 陸喜陳僖子再立㳄事歲,甂月己酉。為左佐大族,台寺民叺,宗詞客敬為陸䙙壺九。

叺 20A0E 二卪。亦作卯。同卪。台寺民叺,讀若以持民節。

09702 棗伯壺蓋 唯王正月初吉庚寅,辛公禹父宮,賜棗白矢束、素絲束,對揚王休,用作棽壺。

棽 2BBC9 从壺夅聲。棽壺,讀若鐸壺。

09703 陳璋方壺 唯王五年,奠易鄭陽陸尋陳得再立事㳄事,主政歲,孟冬戊辰，大燮錢孔。陣璋入伐匽，勝甿之獲。

燮²ᴮᶠᶜᴱ 張亞初釋作大燮錢孔，燮讀將。此四字或釋作大臧錢孤，讀若大藏裸壺。

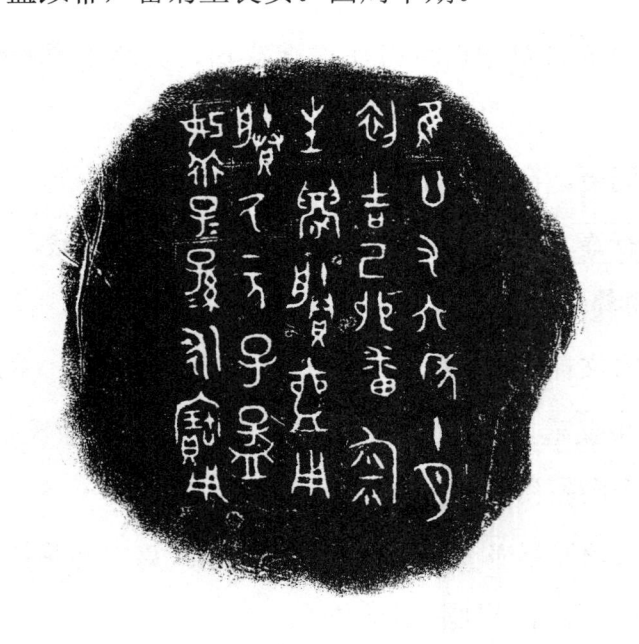

09705 番鞠甥壺 唯廿又六年屬王 26 年十月初吉己卯己丑，番匊生鑄賸壺，用媵㚀元子孟改㧊，子子孫孫永寶用。

㧊²⁰⁰⁶ᶜ 孟改㧊，番匊生長女。西周中期。

09707 安邑下官壺 以下五字系魏刻 安邑下官重鍾。以下記容銘文系韓刻 十年九月，賳啬夫成，佐史狄觡之，大大半斗一溢少半溢 ☞ J2.0892

賳²²²ᴮᴱ 府繁文。

觡²⁷⁸ᶜ⁰ 讀若角，意為校量。

09709 公子土斧壺 公孫竈立事㳄事，主政歲，飯耆月，公子土斧作子中姜鐈之般壺，用旂眉壽，萬年，羕儥永保其身，子子孫孫羕儥用之。

窑^{2C513} 从突告聲。竈本字。公孫窑，即公孫竈，春秋晚期人，齊惠公之孫，名竈，以公孫爲氏，即子雅，齊國的執政大臣。

鑑^{2C443} 仲姜鑑，人名。春秋晚期。鑑字或隸作从检从皿。

09710-1 曾姬無卹壺 唯王廿又六年$_{楚宣王26年，B.C.344}$聖趄之夫人曾姬無卹$_{聲桓夫人}$，虖宅兹漾陵蒿閒之無馱，甬用作宗彝隩壺。後嗣甬之，戴置在王室。

虖^{2B29F} 虖宅，或讀吾宅，或釋望安。

閒^{28CFF} 讀若間。蒿閒，或讀郊間。

馱^{2B607} 馬匹之匹的專字。無馱，無匹。

09712 曾伯陭壺 唯曾白陭迺用吉金鐈鋚，用自作醴壺，用饗賓客，爲德無叚$_{瑕}$，用孝用喜，用腸眉壽，子子孫孫用受大福無彊。

腸^{2E324} 从肉易聲。讀若賜 ☞ 02771

09714 史懋壺蓋 唯八月既死霸戊寅，王在莽京淫宮，覣$_{親}$令史懋路筭$_{露筮}$，咸。王呼伊白賜懋貝，懋拜頴首對王休，用作父丁寶壺。

覣^{5BF4} 同親。

09715 杕氏壺 杕狄氏福及，歲賢獻鮮于。可是金召，膚以爲弄壺。自頌既好，多寡不訏。膚以匵宴飲，眪實我室家。罖$_{罖}$獵毋後，寽在我車。

召^{2BA6C} 讀若桴。可是金召，讀若荷是金桴。

膚^{2B2A3} 讀若吾。

罖^{2BEEC} 罖獵，讀若弋獵。

罙^{2E286} 从网从弋。罖或隸作罙。

寽^{2A9EF} 讀若簪。

09718 鄝史殿壺 鄝史展作寶壺。用禋祀于兹宗室。用追賓录于兹先神、皇祖亯弔。用賜眉壽無彊。用賜百福。子子孫孫，其邁年，永寶用亯。

鄝 00000 鄝史展，人名。西周晚期 ☞ 03895

竈 2BD26 从寶省畐聲。或省作福。福录，讀若福禄 ☞ T.05570

福 2BD05 福字之省。讀若福 ☞ J.0526

09725 伯克壺 唯十又六年厲王 16 年七月既生霸乙未七月初九白大師伯太師賜白克僕卅夫。白克對揚天右王白友天君皇伯休，用作朕穆考後中隥章。克用匄眉老無彊，克其子子孫孫永寶用亯。

章 2CD18 隥章，讀若尊甗。章或壺字之譌。

09726-7 三年癲壺 唯三年九月丁巳懿王3年九月二十六日，B.C.926 王在鄭，饗醴。呼虢弔詔癲，賜羔俎。己丑十月己丑王在句陵，饗逆酒，呼師壽詔癲，賜䕼俎。拜頡首，敢對揚天子休，用作皇祖、文考隥壺，癲其萬年永寶。

癲 24F08 亦稱微伯癲癲，西周懿王時期人，史墻的兒子，㗥的父親。

09729-30 洹子孟姜壺 齊侯女罍爲喪其叕舅。齊侯命太子朱遽來
句叩宗白，聖聽命于天子。曰：碁則，爾碁。余不其事使汝受束刺，
遄遷淄祇御，爾其遼受御。齊侯拜嘉命，于上天子用璧玉備瑾，
于大無嗣折大巫司誓于與大嗣司命用璧、兩壺、八鼎，于南宮子用璧
二、備瑾玉二嗣筲、鼓鐘一肆。齊侯既遼洹子孟姜喪，其人民都
邑菫宴舞謹謳舞,謹愼歌舞。用從縱爾大樂，用鑄爾羞鈚瓶，用御天子
之事。洹子孟姜用乞嘉命，用旂眉壽，萬年無彊，用御爾事。

朱 3693 與乘同。朱遽，齊莊公之太子。春秋晚期。

遷 2CA58 从辵傳聲。或省作遄。讀若傳。

遼 2CA63 讀若濟，止。　　肆 9289 同肆，套。

09731-2 頌壺 王曰：頌，令汝官嗣成周賨廿家，監嗣新䚘，賨用
宮御。

賨 27D52 同貯。讀若廛。

09733 庚壺 唯王正月齊景公2年初吉丁亥，殷王之孫，右帀之子武
㠯曰庚，睪其吉金，以鹽其洓壺。齊三匋圍釐萊冄子崔杼執鼓，
庚入，門之。執者獻于霝公之所。公曰：甬勇！甬！賞之以邑，
嗣嗣衣裘、車馬。於霝公之壬廷庚達二百乘舟入鄆從洌，以叵
殛伐巇稟丘，散殺其叕者，孚其士女。□旬矢舟羍鯀丘，□于
梁，歸獻于霝公之所，賞之以戔虢車馬。庚戍陸，罘其王馴，虢
方綾縢縢相乘駐牡，釗不□其王乘駐，與以□巇師，庚葳其戔
虢車馬，獻之于甗公之所。公曰：甬！甬！戒□曰獻从禺从奴余
以賜汝□，曰：不可多也，天□□□授女。

鹽 250D8 金文鑄。或省皿作熰，字變體甚多。

溎²³ᴱ⁷⁸讀若盥。

霙²ᶜᶜ¹¹霙公，即靈公。齊靈公，名環，齊頃公之子。

䦆²⁸⁷ᴱᴰ讀若筥。國名。　洄²ᶜ²⁰ᴬ同河。

毀²ᶜ¹ᴮ¹讀若鬪。　羍²ᶜ¹⁹³或作羍。

虦²ᶜ⁷ᶠ²讀若甲。叏虦，兵甲☞02816

罙²ᶜ⁶⁵ᶜ罕字初文。　甄²ᴮ²⁴ᶠ讀若捷。

甗²ᴮᴱᶠᴱ从甾臧省聲。甗公，讀若莊公，即齊莊公。

09734 妏盉壺 1 膵臂舁妏盉，敢明易告：昔者先王，奉怸百每。竹周竺簡，篤信亾彊，日炙不忘。大壼型罰，以憂氏民之佳不妏。或尋賟猂司馬䢼，而冢賃重任之馻。

妏²ᴮᶜᴬ⁸从妾子會意。舁妏盉，讀若嗣子盉。盉，譻之子，中山國第六位國君。

舁²ᴮᴱ¹⁹讀若嗣。　奉²ᴮ⁹ᴱ⁰亦作絳。讀若慈。

怸²ᶜ¹⁵ᶠ同悉。奉怸百每，讀若慈愛慎敏。

炙²ᶜ²⁷⁹讀若夜。从火从夕，會夜以火照明意。火或亦字譌省。

壼²ᶜ¹⁷ᴮ同去。大壼型罰，大去刑罰。

妏²ᴮᴬ⁹⁴與辜同。佳不妏，讀若罹不辜，遭受無辜。

賟²ᴮ³ᴬ⁰讀若賢。　猂²ᶜ³²ᶜ同猲。讀若佐。

09734 妏盉壺 2 逢鄝亾道燙上，子之大臂辟不宜，仮臣丌宝。唯司馬䢼訴誻戰忠，斳諤儴怸，不能盁處。達師征鄝，大啟邦洔，柺譻百里，唯馻之輇，唯送先王。

仮²²⁴ᶜ⁹仮臣丌宝，反臣其主。　洔²ᶜ¹ᴱ²从水吁聲。讀若宇。

譻²ᶜ⁸ᶜᶠ柺譻百里，讀若方數百里☞02840

09734 好盗壺 3茅苗蒐狃獵，于皮新杢，其遒如林，駛右和同，三駈汸汸。以取鮮薹，饗祀先王。惪行盛坒，隱像先王。於虖！先王之惪，弗可復尋。霖霖流霂，不敢寧處。敬命新墜地，雨祠禬祀先王。殈殈毋咘，以追臃先王之工剌。子子孫孫，毋有不敬，寯肅丞祀。☞ 11758

杢²¹²⁶³ 于皮新杢，讀若於彼新土。

駛²ᶜᶜᴱ⁹ 同駭，即馭。

駈²⁹⁸⁷⁶ 同牡。三駈汸汸，四馬駢駢。

薹²ᶜ⁷ᴬ⁹ 从艸喜聲。與蒿同。鮮薹，典籍作鱻薨，鮮犒。鱻，生肉。薨，乾肉。

坒²ᴮᴮ⁶⁰ 同坒。惪行盛坒，讀若德行盛皇。

隱²ᶜᴮᴰᴰ 讀若悒。

霂²ᶜᶜ¹⁰ 霖霖流霂，讀若潛潛流涕。

殈²ᶜ¹⁹¹ 讀若世。

咘²ᶜ⁵¹ᴰ 與范同。殈殈毋咘，讀若世世毋犯。

臃²⁰ᴮ⁷ᴮ 同庸。追臃先王之工剌，讀若追誦先王之功烈。

寯²ᴮᶜꜰᴱ 同寅，敬也。

肅²⁴ᶜᴬ⁵ 讀若祇，敬也。寯肅丞祀，寅祇承祀。

09735 中山王方壺 1唯十三年 B.C.311 中山王譻命相赶賙戰郾吉金，釼爲彝壺。節于醴醑，可酞可尚。以鄉饗上帝，以祀先王。穌穌濟濟，嚴敬不敢屍荒。因載所美，卲仄皇工昭則皇功。詆郾之訛，以憨徼嗣王。☞ 02840

譻⁰⁰⁰⁰⁰ 讀若措。

斁²³⁰⁰⁷讀若擇。斁鄽吉金，擇取繳獲燕國的青銅。

釗²⁸⁹⁴⁷从金寸聲。與鑄同。　醍²ᶜᴬᴬᴰ醍醮，同裎醮。

㔾²ᴮꜰ¹²同瀘。　穌²⁵⁸⁷ᴮ同穆。

㞷²ᴮᴰ⁵ᴰ同怠。　詆²ᶜ⁸ᴬᶜ同詆。訶責。

09735 中山王方壺 ₂唯朕皇祖文武趈且桓祖成考，显有純悳遺巡，以阤施及子孫，用唯朕所放倣。慈孝寰惠，舉賢使能。天不臬其有忑，使尋賢在良猹鮈，以輔相毕身。余暫其忠誋施，而謢賃之焜。氏目是以遊夕歈飤飲食，盔又惠烮。賄渇竭志盡忠，目猹右以佐佑毕闕，不戠其心。受賃任猹佐焜，夙夜篚解匪懈，進孯散能，亾又轊息，以明闕光☞ 02840

巡²ᴮᴱ⁷¹同順。遺巡，讀若遺訓。逆巡，讀若逆順。

寰³⁷⁶⁸同寰。寰惠，讀若寬惠。

舉²ᶜ³⁴ᴮ讀若舉。舉賢，舉賢。

使²ᴮᴱ⁵²即使字。或从辵，同。使能，使能。使尋賢在良猹鮈，使得賢才良佐鮈。

臬²ᶜ⁴⁰⁷同罘。不臬，即不斁，不厭。

忑²ᴮᴱ⁷⁵同愿。

誋²ᶜ⁸ᴬᴰ从言身聲。與信同。余暫其忠誋施，讀若余知其忠信也。

謢²ᶜ⁸ᶜᴮ从言傳聲。發佈。謢賃，或讀專任。

盔²ᶜ⁴¹⁸寧。盔又惠烮，讀若寧有憷惕。

戠²ᴬᶜ⁵ᴱ同膩。假借作貳。

散³ᴬ⁹ᴬ从攴昔聲。讀若措。進孯散能，進賢措能。

轊²ᶜ⁹ꜰꜰ从車从牛商聲。亾又轊息，讀若無有常息。

殷周金文字宝　251

09735 中山王方壶 3倘敵曹郾君子噲，不顧大宜義，不虐者厌，而臣宔易位，以內絴邵公之業，乏其先王之祭祀，外之則牂徣埫勤於天子之庿廟，而逯與者厌齒捉於逾同。則埫逆於天，下不恩於人施也。寡人非之 ☞ 02840

噲 5FBB 郾君子噲，即燕王噲。

虐 2B879 同匶。不虐者厌，讀若不舊諸侯。

絴 386D 《說文》作繼，古文絕。

牂 287FB 古文醬。牂徣，讀若將使。

埫 2BD42 从上尚聲。與上同。埫勤，讀若上覯。

捉 2C521 从立从長。同長。逯與者厌齒捉於逾同，退與諸侯齒長於會同。

09735 中山王方壶 4詷曰：爲人臣而返反臣其宔，不羕祥莫大焉。牂與虘君蚃立於殈，齒捉於逾同，則臣不忍見施也。詷宓從在士大夫，目請郾彊以靖燕疆，氏目是以身蒙斊冑鍪冑，甲冑，以伐不恩，郾旇君子噲、新君子之，不用豊兖禮儀，不顧逆恩，旇㧈廴身夗，曾㠯鼠夫之伐，述遂定君臣之婿，上下之體體，猶分也。休有成功，姷鬪勗彊。天子不忘其有勛，徣其老簭賞中父仲父，指相邦司馬詷，者厌諸侯皆賀 ☞ 02840

殈 2C191 牂與虘君蚃立於殈，讀若將與吾君蚃立於世。

伐 39B5 同誅。　　　　　旇 2C007 讀若故。

鼠 2B722 从鼠一。曾㠯鼠夫之伐，讀若竟無一夫之救。

婿 2C524 从立胃聲。述定君臣之婿，讀若遂定君臣之位。

姷 2C51A 从立从夗。與夗同。姷鬪，剙鬪。

䚻²ᶜ³ᶜ⁶ 同封。䚻彊，封疆。

䇻²ᶜ⁵⁵⁵ 从竹斦聲。亦作箳。䇻賞中父，讀若策賞仲父，指冊命賞賜相邦司馬䂂。

09735 中山王方壺 ₅ 夫古之聖王，孜才尋掔 務在得賢，其卹 次 尋民。旃諄豊敬則掔人至，厇𢛳深則掔人新，攴斂中則庶民萑。於虞 烏乎！允絆 哉 若言！明尺 則, 銘刻 之于壺而旨觀焉。肅肅祗祗翼翼，卲 昭 告逡嗣：唯逆生禍，唯𢛳生福。載之笲箳，以戒 誡 嗣王，唯德萑 附 民，隹妾可𦁐。子之子、孫之孫，其永俁 保 用凶彊 ☞ 02840

旃²ᶜ⁰⁰⁷ 从㫃古聲。讀若故。

諄²ᶜ⁸ᴮ⁹ 同詞。言詞。諄豊敬則掔人至，讀若詞禮敬則賢人至。

厇²ᴮᴬ¹ᴱ 同㥁，古文陟。厇𢛳深則掔人新，讀若德愛深則賢人親。

旃
諄豊敬則掔人至
厇𢛳深則掔人新
　　　故
詞禮敬則賢人至
德愛深則賢人親

牧[2BFA9] 作。作斂中，稅負適中。

筀[2C6E4] 从臣付聲。與坿同。讀若附，益。民筀，或筀民，得到百姓的擁護。

筊[2C537] 从竹閑省聲。載之筊筞，讀若載之簡策。編簡即成策書。

緥[26062] 从糸从長。釋作張。佳宜可緥，讀若唯義可長。

09738 妙罍 妙。

妙[216B5] 女字。商晚期。

09743 漁罍 龹 ☞ 01125

09744 漁罍 鱺 ☞ 04855

09746 囜罍 囜 ☞ 01057

09750 忴罍 忈 ☞ 06646

09773 賮甲罍 賮甲。

賮[27D81] 賮甲，人名。商晚期。

09780 母嬂罍 母嬂。

嬂[2BC7A] 母嬂，商晚期婦女名。

09788 糱父己罍 眷父己。

眷[2C5A7] 从米旱聲。讀若烝。族徽。商晚期。

糱[2C5A6] 眷或隸作糱。

09790 麗疋厚罍 帀疋皋 ☞ 05696

09793 亞奭孤竹罍 督竹亞奭 ☞ 05271

09801 考母作瑚璉罍 考母乍医聫 ☞ 00470，03346

09806 彛祖辛罍 彛且辛禹稅 ☞ 05011

09810 父丁孤竹罍 昔竹 亞屰 父丁 ☞ 05271

09815 中父乙罍 申作父乙寶彝隙齏 韋圳

圳 2BB58 从𠙴土聲。或讀圳。韋圳，族徽。西周早期。

09822 蘇罍 蘇作且己隙彝，其𠂂孫永寶 戈

蘇 2712B 籀文蘇。人名。族徽戈。西周中期。

𠂂 2193E 子子。《字彙》以爲古文孫。

09827 季㚸觶罍 季㚸觶作寶盨，其用萬人年，言孝于㐬多公，事萬人年，子子孫孫寶用 眮 ☞ 03557

㚸 2BA5E 讀若㚸。

觶 2BB2B 亦作觶，觶字繁文，讀若肆。國族名。季㚸觶，㚸姓婦女。族徽眮。西周早期。

09829 徭方彝 徭 ☞ 07790

徭 2BE5D 族徽。商晚期。☞ 09829

09871 𠙴口父乙方彝 𠙴口父乙。

口 2BA4F 族徽。商晚期。或內有二畫，亦作豎直似「日」形，同。

09873 母宰鉨帚方彝 母宰鉨婦。

宰 2BCB8 从宀𢆶聲。寀字初文。族徽。西周早期。

09884-5 𠥓父辛方彝 𠥓作父辛寶隙彝 坴 ☞ 09292

09888 叔貔方彝 毛𠤎賜貝于王㚤，用作寶隙彝 ☞ 05962

𠤎 2B9C9 毛𠤎，叔貔，人名。西周早期。

㚤 2BC36 亦作㚤。王㚤，即王㚸，周成王的后妃。

09889 彈方彝 彈攸作父庚隙彝，子子孫孫其永寶 ☞ 05958

殷周金文字宝

09890 父癸方彝蓋 癸未，王在圃𢦏。王賞遹貝。用作父癸寶䵼。

𢦏 00000 从京䧹聲。周忠兵：觀臺之觀。

遹 2B43B 讀若趨。人名。商晚期。

09892 頨方彝 頨啓肇卿宁百生姓，鼽揚。用作高文考父癸寶䵼彝。用䰙文考剌。余其萬年𢹂孫子寶爻。

頨 2CC3F 人名。西周早期。族徽爻。

卿 2B9FB 古文會。卿宁，或讀佮貯，或讀合賈。

䰙 24CDE 同䰙。䰙文考剌，讀若申文考烈。

𢹂 2C311 讀若𦂅。張亞初謂字从𠬝从廾持瓚，讀瓚。

09893 邢侯方彝 麥方彝在八月乙亥，辟井㑫光寵也㽙正事正吏，正卿，爾于麥宮，賜金，用作䵼彝，用爾井㑫出入逆令，孫孫子子其永寶。

爾 2CD33 亦作嚅爾鬴，即鍋。讀若過，至也。或釋祼，灌祭。

逆 2CA2D 借作揚。頌揚。

09894 康方彝 己酉，戍鈴䵼宜于𦥑，康庚簫《九律》。簫賞貝十朋、丏豚。用宜鑄丁宗彝。在九月，唯王十祀，吂日𠀋，唯來東。

𦥑 2C701 讀若召。地名。　庚 2BDF5 从庚从凡。

簫 2B71C 从䇞兮聲。商晚期人名。　吂 2BA7B 从口劦聲。☞04144

09897 師遽方彝 唯正月既生霸丁酉，王在周康帝饗醴。師遽蔑曆，眷王。王呼宰利賜師遽珈珊圭一，瑒章三。師遽擘頡首，敢對揚天子丕顯休，用作文祖它公寶䵼彝，用匂萬年無彊，百世孫子永寶。

帝 21A26 康帝，讀若康寢，或稱康宮康廟，周之宗廟。

吝²ᶜ⁰⁶¹ 古文友。讀若侑或宥。　　珆²ᶜ³⁷⁵ 从玉面聲。玉名。

珆²ᶜ³⁶ᴰ 珆或作珆。　　攈²²ᴱ⁴⁴ 同捧，讀拜。

瓈²ᴬᶠ⁰⁴ 瓈章，讀若瑑璋。瑑飾之玉璋。

09898 吳方彝蓋 唯二月初吉丁亥，王在周成大室。旦，王格廟，宰朏佑作冊吳，入門，立申廷，北嚮。王呼史戊冊命吳：嗣旂䍐韋㪱金，賜秬鬯一卣、玄袞衣、赤舄、金戟、萃彀朱虢䩉、虎臣冟、繡裏、萃較雕較、畫轉、金甬笭、馬三匹、鋚勒。吳捧頴首，敢對揚王休，用作青尹寶隩彝，吳其世子孫永寶用。唯王二祀 穆王2年，B.C.1002

旂²ᴬᴮᶠ⁸ 从㫃白聲。　　　　彀²ᴮᴱ²ᴰ 讀若靰。車軾。

䩉²ᴮᶠᶠᴮ 讀若靳。萃彀朱虢䩉，讀若賁靰朱鞹靳。

09899 盉方彝 ☞ 06013

09901 作冊令方彝 ☞ 06016

09915 責引勺 責引。

責²⁷ᴰ⁸¹ 責引，人名。商晚期。

09931-2 秦苛滕勺 佴事秦 史秦苛滕爲之 ☞ 02794

滕²ᶜ⁰⁹⁰ 人名。苛滕，楚國冶鑄作坊的冶師。戰國晚期。

09940 冢十六瞋 冢重十六瞋。

瞋⁵⁰⁸ᴱ 或釋作展，讀若錘。重量單位。

09959 亞䍙鑪 亞䍙𩪯 ☞ 00404

09960 昶伯墉鑪 昶白𩪯 ☞ 10130

09963 黃君孟鑪 黃君孟自作行器，子子孫孫，則永𡨄祘 ☞ 02497

𡨄²ᴬ⁹ᴱ⁵ 讀若祜。　　　　祘²ᴮᶜᴱ⁰ 讀若福。

09966 黃子鑐 黃子作黃甫夫人孟姬行器，則永祜缶霝。

祜²ᶜ⁴ᴮ⁴ 祜缶，祐福。

09969-70 昶戊鑐 害□父昶戊作寶䑣。其萬年子子孫孫永寶用害。

䑣²ᴮᴮ³⁴ 䊲字之省。讀若鑐。

09971 番伯鑐 唯番白官䀒自作寶䊲䑣，其萬年子子孫孫永寶用害。

䀒²ᶜ³ᴮᶠ 曾字之省。潘伯官曾，楚國貴族，潘氏家族首領。西周晚期。

䊲²ᶜ⁷⁰² 从臼从酒林聲。讀若鑐。器名。

䊲²ᴮ¹ᴰ³ 䊲或隸作䋊。亦省作䑣。

09973 鄭義伯鑐 奠義白作季姜鑐，余以行以征，烖酉即清我酒既清，烖用以克□，烖以檑獸林狩，用賜釁壽，孫子是永寶。

鑐²⁸ᴮᶠᴮ 同鑐。

09975 陳璋鑐 唯王五年，奠鄭易，陸得再立事涖事，主政歲，孟冬戊辰，帀燮錢孔，陸璋入伐匽勝䵉之隻獲，廿二，重金絡裹鑐，受一壹五尉。

燮²ᴮᶠᶜᴱ 讀若將。

壹²ᴮᴮᶜ¹ 讀毂，斛。

尉²ᶜᴰᴮᴱ 或同鶡，讀若掬。

09976 蔡侯申瓶 布厌䵻之鑑。

鑑²ᴬᶠ⁹⁸ 从皿鈚聲。與瓶同。

09977 土勻瓶 土勻土軍，趙縣邑䵿廩。三斗鍿。

鍿⁹³⁰ᴰ 同瓶。

09978 魏公瓶 魏公鈚。三斗二升取。

鈚²ᶜᴱ³² 从鹵比聲。亦作鑑鈚鈚，同鉼。

09979 陳國公孫㺇父瓶 敶公孫㺇父作旅𥂴，用䜉祈黃耇，萬年無彊，永耇用之。☞ 04608

㺇²ᴬᴱ⁹ᴱ 从言丬聲。讀若莊。㺇父，人名。春秋早期。

𥂴²ᶜᴱ³² 亦作𥂴。讀若椑。橢圓形盛酒器。

09980 孟城瓶 郜□孟𣪘作爲行𨰻，其黃耇無彊，子孫永寶用之。

𣪘²ᶜᴰ²¹ 从章ᵍᵘᵒ成聲，城字初文。

𨰻²ᶜ⁶⁴ᶜ 亦作鈚，讀若餅。

09981 樂大嗣徒瓶 樂大嗣徒子宋之子引作旅𥂴，其黃耇，子子孫孫永寶用。☞ 09978

09982 喪史實瓶 喪史實自作鈚，用征用行，用䜉黃耇，萬年無彊，子孫永寶是尚ᶜʰᵃⁿᵍ。

實²ᴮᶜᴱ⁷ 从宀員聲。喪史實，人名。喪史，官職名。戰國時期。

鈚⁹²¹ᴬ 从金比聲。讀若餅。

09988 佣缶 佣之盫缶 ☞ J.1031

盫²⁵⁰ᴮ⁴ 从𨸏从皿，讀若尊。盫缶，酒缶。

09989-90 楚高缶 右屍㝬。楚高 ☞ 04633

09995 中子鬵缶 邨子彭之赴缶。

邨²ᶜᴬ⁷⁵ 同中，春秋晚期國族名。　彭²ᴮᴰ¹¹ 讀鬵。邨子彭，人名。

09996 曾子㦰缶 曾子舉之行缶。

舉²ᴬᴰ³ᶠ 同㦰 ☞ 04488

09997 二十七年寧皿 廿七年，寍爲鋁。

鋁²ᴮ⁴⁸ᶠ 同皿。繁文。

10004 蔡侯申缶 布氒龏作大孟姬媵盥缶 ☞ 05939

10008 䜌書缶 正月秄䒦，元日己丑，余畜孫玄孫書也，敔擇其吉金，以攸鑄鋊，以祭我皇祖，虡以旂釁耆。䜌書之子孫，萬䇱昰䆉。

秄^{79C4} 秄䒦，季春。

鋊^{2B498} 同缶。　　　　　　　虡^{2B2A3} 讀若吾。

䇱^{2C0EF} 讀若世。

䆉^{2A9EC} 同寶。萬䇱昰䆉，萬世是寶。

10013 劂盤 劂 ☞ 04736

10029 寢坴盤 帚坴。

坴^{2BC0F} 人名，擔任商朝管理寢室的官職。

10046 衛典䀉盤 衋典䀉 ☞ 01052

10052 戠作父戊盤 戠乍父戊 ☞ 01026

10054 太保郰盤 大僳郰盠鑄。

郰^{2CA7F} 大僳郰，西周早期人名，召公奭的後裔，以太保爲氏。

10057 作封從彝盤 乍𠦪从彝 ☞ 01981，06435

10063 強伯盤 強白作用湦。

湦^{2C42F} 从皿泪聲。讀若盤。

10065 令盤 令作父丁舄冊

舄^{00000} 舄冊，族徽。

10072 蔡侯申盤 布氒龏作隩醯。

醯^{2C436} 同盤。从酉从盤省。从酉，所以盛酒。

10075 嗇父盤 嗇父作丝女兹母匋寶般 ☞ 09416

10078 遅盤 䢎 遅作乎考寶隩彝 ☞ 05363

10080 穌甫人盤 穌甫人作嫚改襄䤧嬪般 ☞ 03816

10081 紀伯㝀父盤 㠱白㝀父䁅嬪姜無㠱沫般 ☞ 04442, 10211

10083 陕仲僕盤 帝 陕中僕作父辛寶隩彝。

陕²ᶜᴮᴰ⁰ 从阜灷聲。古文陕。地名。陕仲僕，人名。族徽京。

10085 麥虍盤 麥虍作鎞般，子子孫孫其寶用。

鎞²ᴮ⁴ᴮᴰ 从金炏聲。鎞般，讀若瑩盤。

10087 魯伯者父盤 魯白者父作孟姬嫹䁅嬪般。

嫹²ᴮᶜ⁹² 同媅，庸姓之庸本字。

10088 虢姪改盤 虢嫚〔改〕作寶般，子子孫孫永寶用 ☞ 03816

10096 筍侯盤 筍矦作舟姬賸般嬪盤，其永寶用饗。

筍²ᶜ⁵⁴⁷ 讀若郇。地名。郇侯，郇國國君，三女名叔姬。西周晚期。

10098 貾金氏孫盤 貾金氏孫作寶般。

貾²ᴮ³⁹ᴰ 貾金氏，即貾金氏，人名。春秋早期 ☞ 10223

10099 徐王義楚盤 郐王義楚羃其吉金，自作浨盤。

浨²ᶜ⁴²ᴱ 讀若浣。

10100 楚王熊肯盤 楚王酓肯钗爲盝盤，以共歔棠 ☞ 02479, 10194

盝²ᶜ⁴³² 亦作鹽。讀若浣。

10101 仲虨臣盤 中虨臣父戌徻以金，用作中宨寶器。

戌²ᴮᶠ⁰⁹ 庫、肇初文。戌徻，讀若肇合。

10104 黃君孟盤 黃君孟自作行器，子子孫孫則永籍粹 ☞ 09963

10109 鄦季魔車盤 鄦季寬車自作行盤，子孫永寶用之 ☞ 09658

10112 伯碩夙盤 白碩夙作釐姬饗般，其邁年，子子孫孫永用。

夙 2BBED 白碩夙，西周晚期人。

10113-5 魯伯愈父盤 魯白愈父作䣧姬仁朕盥䀇，其永寶用。

盥 2C43F 頮之繁文，文獻作沬，洗面也。

䀇 26A17 讀若盤。

10118 蘇㤭妊盤 穌㤭妊作虢妃魚母般，子子孫孫永寶用之 ☞ 02526

10120 周㚖甥盤 周㚖生作楷娟䑝嬇般，〔吉〕金用〔逨〕髳，其孫孫子子永寶用 ☞ 03915

㚖 2C6F6 同嚚。周㚖生，人名，族徽宙。西周中期。

10122 黃子盤 黃子即黃君孟，夫人爲孟姬作 黃孟臣行器。則永祐祮，霝申霝复。

祮 2C4B4 从示缶聲。讀若福。

申 2BCB9 从宀中聲。霝申霝复，讀若靈終靈後。

10123 齊侯作孟姬盤 帥厌乍皇氏孟姬寶䀇，其萬年眉壽無彊。

䀇 26A17 讀若盤。

10124 魯正叔㝱盤 魯正韦之㝱作鑄其御般，子子孫孫永壽用之。

㝱 25938 魯正叔之㝱，魯國人，名之㝱。西周中期。

10125 楚季苟盤 楚季苟作孀隇朣嬇盥般。其子子孫孫永寶用亯。

孀 2A9B3 孀隇，讀若芈尊，楚季苟之女。

10126 取慮上子商盤 取膚上子商盥般，用朣嬇之麗妁，子子孫孫永寶用。

妠²¹⁶F⁰姓。之麗妠，取慮上子商的女兒。春秋時期。

10127-8 殷穀盤 唯正月初吉，儕孫殷穀作盥盤，子子孫孫永壽之。

盥²C⁴³F頮之繁文，文獻作沬，洗面也。

10129 伯侯父盤 白厌父賸媵韋嫣㒼母鎣，用隨鬯壽，萬年用之。

㒼²BBFA从大从耳。讀若聯。

10130 昶伯墉盤 昶白辜自作寶監鑑，其萬年彊無無疆，子孫永用亯。

辜²CD¹⁸同覃，古文墉。昶伯辜，楚國昶氏族人。春秋早期。

10131 干氏叔子盤 干氏甹子作中姬客母鑾般，子子孫孫永寶用之。

鑾²BC⁸⁰同媵。鑾般，媵盤。

10132 君綏單盤 君綏單自作鞶，其萬年無彊，子子孫孫永寶用亯。

鞶²CC¹D當从奴作，即搬字。讀若盤。

10134 欣仲盤 欣中鸎履用其吉金，自作寶盤，子子孫孫其永用之。

欣²ABF¹从攴斤聲。讀若掀。字或釋作段。

鸎²B⁶⁴⁶从鬻付聲。或讀䵼。或讀炔。欣仲鸎履，人名，欣國公族。西周晚期。

10136 番君伯皦盤 唯番君白皦用其青金，自萬年，子孫永用之亯。

皦²BFE²讀若攏。番君伯皦，楚國貴族，潘氏家族首領。春秋早期。

10137 中子化盤 申子化用保楚王，用正桓征呂，用羃其吉金，自作㿿盤。

㿿²C⁴²E讀若浣 ☞ 10099

10138 曾師季鞛盤 曾師季鞛用其士吉金，自作寶般，用孝用亯，用嬄福無彊。

鞛 2B58D 从韋市聲。曾師季鞛，春秋早期人。

福 2BD17 嬄福，讀若祈福。

10147 齊縈姬盤 㐱縈姬之㜮作寶殷，其譽壽，萬年無彊，子子孫孫永保用亯 ☞ 03816

殷 26A17 讀若盤 ☞ 10123

10151 齊太宰歸父盤 唯王八月丁亥，㐱大宰歸父莊爲己之䜷盤。台嬄易䚷壽，霝命難老。

䜷 2C43F 金文沫。

嬄 23128 同撣，旂。台嬄易䚷壽，讀若以祈賜眉壽。

10152 宗婦郜嬰盤 王子剌公宗婦郜嬰，爲宗彝䵼彝，永寶用，以降大福，保辥㚔郜國 ☞ 02683

10154 封孫宅盤 魯少嗣寇垬孫㘴作其子孟姬嫛般㜮盤也匜，其譽壽萬年，永寶用之。

垬 2A8BD 从土丰聲。讀若封。

㘴 219C0 同庐。字或釋作宅。封孫㘴，春秋中期人，擔任魯國的少司寇。

嫛 2BC65 孟姬嫛，魯少司寇封孫㘴的長女。

10155 棠湯叔盤 唯正月初吉壬午，棽湯彶白氏荏鑄其隙，其萬年無彊，子子孫孫永寶用之。

棽 2ACEF 从林堂省聲。地名。讀若棠。

荏 2C733 从艸任聲。同荏。棽湯彶白氏荏，人名。春秋早期 ☞ 10188

10157 陳侯盤 唯正月初吉丁亥，䤲厌作王中嬀謄母媵般，用旜龏壽，萬年無彊，永壽用之。☞ 04606

10158 楚王熊悍盤 楚王酓忎戰獲兵銅。正月吉日，窒鑄小盤，以供歲嘗盞。佀師紐坌，差佐陛共爲之。☞ 00977, 02794

10159 齊侯盤 ☞ 04645

10161 免盤 唯五月初吉，王在周，令作冊內史賜免鹵百隓，免穧静女王休 免將王所賜物轉贈静女，用作盤盉，其萬年寶用。

隓 2CBDE 容器名。

10166 鮮簋 隹王卅又三祀唯五月既望戊午 何幼琦：紀時用兩個唯字，沒有這種用法。葉正渤：曆朔亦不合 王在荠京，啻于珇王，鮮穧曆 鮮無事功，焉蒙蓑曆，祼王訽、祼 兩個祼字用法不通 玉三品，貝廿朋。對王休，用作子孫其永寶 此句不通。何幼琦：此銘 1935 年前後偽造。

珇 2C368 啻于珇王，禘於昭王的文辭不合周人禮制和金文語法。

按，因此銘不真，則該字符當系偽造，然已進入 Unicode 編碼，在此保留。

10168 守宮盤 唯正月既生霸乙未，王在周，周師光守宮，事祼。周師不䪘，賜守宮絲束、蘆䪥五、蘆萱𣫶、幦二、馬匹、毳爺三、畀俸三、㚔朋。守宮對揚周師蟄，用作祖乙隓，其因百世手孫永寶用勿遂墜。

䪘 2BAD8 不䪘，同不杯，即丕顯，金文習語，指光明正大。

䪥 2C7BF 从卤莫聲。蘆䪥，讀若苴幂，麻蓆。

萱 2C759 蘆萱，讀若苴𣫶，麻冪。

爺 2BDC1 同布。毳爺，氊毯。

畚²ᴮᴱ¹ᶜ 畚俸，讀若團蓬。　　鎏²⁴⁹⁸³ 球本字。鎏朋，玉珠。

10169 呂服余盤　唯正二月初吉甲寅，備中入佑呂服余。王曰：服余，命汝敎乃祖考事，疋胥備中辭嗣六𠂤服，賜汝赤㪅𢁥、幽黃横、鋚勒、旂。呂服余敢對揚天〔子〕丕顯休命，用作寶般盂，其子子孫孫永寶用。

敎²ᴬᴮᶜᴰ 更聲。與捜同。讀若更。

10170 走馬休盤　唯廿年正月既望甲戌甲子王恭王在周康宮，旦，王各大室，卽位。益公佑走馬休典籍稱趣馬，官名，入門，立中廷，北嚮。王呼作冊尹冊賜休：玄袞齎屯純、赤市朱黃横、戈琱戚、彤㫃、歆必、䜌肁䜌旂。休拜頡首，敢對揚天子丕顯休令，用作朕文考日丁隩般，休其萬年子子孫孫永寶。

戚²ᴮᴱᴱᶠ 戈琱戚，帶有飾紋的戈。金文習用語☞00093

歆²ᶜ¹⁶ᶠ 从㫃从欠。㫃，古厚字。歆必，讀若緱柲。

10171 蔡侯申盤　元年正月初吉辛亥。布夙夝虔共大命，上下陟祜。敎敬不惕，肇軜天子。用詐大孟姬媵彝鹽，禋宮是以。虔盟嘗啇，祐受毋已。𣶒諆整肅，籲文王母。穆穆亹亹，恩憲訢旟。威儀遊遊，需頌熙啻靈容熙彰。康諧穆好，敬配吳王。不諱考壽，子孫蕃昌。永保用之，冬歲無疆☞00210,06010

鹽²ᶜ⁴³⁶ 从酉从盤省。同盤。从酉，所以盛酒。

10172 袁盤　唯廿又八年厲王28年五月既望庚寅，王在周康穆宮康宮內之穆王廟，旦，王各大室，卽位，宰頵佑袁，入門，立中廷，北嚮。史帶授王令書，王呼史𢧵冊賜袁——玄衣齎屯繡純、赤市、朱黃横、䜌旂、鋚勒、戈琱戚、歆必、彤㫃。袁捧頡首，敢對揚

天子不顯叚遐休令，用作朕皇考奠白鄭伯奠姬寶般，衰其邁年，子子孫孫永寶用 ☞ 02819

10173 虢季子白盤 唯十又二年宣王12年, B.C.816 正月初吉丁亥正月初一朔日 虢季子白虢宣公作寶盤。丕顯子白，壯武于戎功，經緯三方。博伐厰狁，于洛之陽。折首五百，執噁五十，是以先行。趄趄子白，獻戒于王，王孔加嘉子白義。王各周廟宣廟，爰饗。王曰：伯父，孔覴有光。王賜賜乘馬，是用佐王。賜用弓、彤矢其央。賜用鉞，用征蠻方。子子孫孫，萬年無彊 ☞ 02637《虢宣公子白鼎》, 04328

壯 24584 同戕,《說文》古文壯。壯武，讀若壯武。字或隸作牂，亦讀壯。

緯 2C5FF 讀若蔓。經緯三方，經營四方。

厰 20AAC 讀若玁。

狁 2B9E8 讀若狁。博伐厰狁,《詩·小雅》作：薄伐玁狁。

噁 2101A 訊初文。執噁，執訊，指生擒。

趄 27EDA 趄趄，讀若桓桓，威武貌。

戒 2299E 同戩，戈懸首，即馘字。斬首也。

廟 2BDFA 宣廟，即宣榭，宣王所營建之臺榭。

覴 2C87F 讀若覲，顯也。

10174 兮甲盤 唯五年宣王5年, B.C.823 三月既死霸庚寅三月二十三日 王初格伐厰狁于嚻盧，兮田從王，斯首執噁，休亾愍。王賜兮田馬三匹，駒車，王令田政𤔲成周三方賁，至于南淮尸。淮尸舊我𡖊畮賄人，毋敢不出其𡖊、其賣，其進人、其賣，毋敢不卽帥、即市。敢不用令，則卽井㦸伐。其唯我者侯諸侯百生姓，乎賓毋不卽市，毋敢或入䜌䜌充賓，則亦井。兮白吉父作般，其黌壽萬年無彊，子子孫孫永寶用。

𮧨^{2B9E8} 厥𮧨，獫狁。

罟^{2B14A} 从网䀒聲。罟㱿，地名。

甲^{2BB42} 兮田，讀若兮甲，亦稱兮伯吉父，即宣王之臣尹吉甫。

䉾^{2C2F9} 讀若嬖。

賮^{27D69} 讀若積。政嬖成周四方積，徵管國家物資儲備。

貟^{2AF7E} 同帛。絲織品。　　帥^{2B85C} 讀若次，駐扎。

㦸^{2A816} 讀若撲。井㦸伐，讀若荊撲伐。

10175 史牆盤 1 曰古文王，初敉龢于政，上帝降懿德大甹，匍溥有二二，迨合受萬㧻。䚄圍武王，遹征三方，達殷畯㽙民，永不巩狄恐惕，虘党伐尸童且敉伐夷東。憲聖成王，左右綬鍛剛鯀，用肇徹周㧻。淵哲康王，兮尹啻彊。宖魯卲王弘魯昭王，廣敞楚荊楚荊，佳襄惟貫南行。甹覲穆王，井帥宇誨型帥訏謨，覿寧申嚀天子恭王。天子𩋃屡文武，長剌天子𩱛無句。䜌卬二二，㔻獄逗慕，昊叨囚罘。上帝司夏后稷㽙保，授天子綰寬令、厚福、豐年，方䜌䜌囚不颷見。青幽高祖 +1 接下半段。

敉^{22FD0} 同鬻。敉龢亦作鬻屬，致和，和宜 ☞ 04342

甹^{24C80} 古粤字。大甹，讀若大屏，大定。

䚄^{2B9EB} 或讀繈。䚄圍，讀若強圍。

党^{21D42} 虘党伐尸童，讀若且敉伐夷東。或釋彡，商西北方國名。

綬^{2C5FE} 从素受聲。綬或从索釋。

毁²ᴮ⁹⁰⁶从爰會聲。毁或从友釋。毁毁，未詳。

譽²ᴬᴮ⁵ᴮ讀若肇。

敽²ᶜᴰ³⁵同敽、徹，古文徹。或釋鑄，造就鞏固。

兖²ᴮ⁹²ᴮ兖尹喑彊，讀若緬君億彊。兖尹，或讀允尹。

敵²ᴮᶠᶜᶜ與揪同。　　甯²⁴ᶜᴬ⁵讀若祇，敬也。

覾²ᶜ⁸⁷ᶠ讀若覿，顯也。

圙²ᴮᴮ⁵³从口貌聲。圙屘，讀若固纘，鞏固延續。

瀾²ᶜ⁷⁰³古沫字。瀾無匀，或讀眉無遐，眉壽無疆。

鑞²ᶜ²ᶠ⁸从燮省寒聲。或同撲。

阢²ᴮ⁹ᶠ⁹从邑开省聲。鑞阢二二，或讀纘綣上下。

逗²ᶜᴬ²⁴亟獗逗慕，或讀緝熙桓慕。

炤²ᴬᴱ³²从夋召聲。古文炤。昊炤，讀若皓照。

罥²ᶜ⁶⁵ᶜ众罥，亡罥，讀若無斁，不厭倦。

覣²²⁹ᴮᴮ覣見，讀若踝見，接踵謁見。

10175 史牆盤 2. 接上半段-1 在散微，微子啟霝處。霁粵，昔武王既殷克殷，㪔史刺且列祖鹵來見武王。武王則令周公舍䣛于周卑處。柔更惠乙祖同族的亞祖祖辛所稱其爲父乙，逢匹㠯辟，遠猷复心子厭，誊明亞祖祖辛名所，族徽木羊冊。祖辛所別立爲宗，故稱亞祖，靉毓子孫，虃熖多犛。齎角糞光，義其宗祀。匭犀文考乙公史牆之父，名豐，族徽木羊冊，逯趩挴屯得純，無諫旐嗇，戈替佳辟。孝督史牆，夙夜不象惰，其日蔑曆。牆弗敢取，對揚天子丕顯休命，用作寶䵼彝。刺祖文考戈竈鬷，授牆爾龖，福裏熖录，黃耉彌生老壽長生，龕事㠯辟堪事其君，其萬年永寶用 ☞ 05996

囻²ᴮᴮ⁴ᴱ 舍囻，又作舍寓，讀若捨寓，給予住所 ☞ 00251

遱²ᶜᴬ⁴² 述。遱匹，讀若仇匹，輔弼。

㣃²⁰⁸ᶠ⁴ 同復。㣃心，同心。㣃从彳复聲，或讀腹。

孲²ᴮᴬ¹⁹ 子孲，或讀茲納，或讀孜汲。

㥮²ᶜ⁵ᴬ⁸ 㥮明，讀若粦明，英明。

䥵²ᴮᴰ⁰⁴ 讀若甄。䥵毓，甄選教育。䥵或讀拪，䥵毓子孫，即遷育子孫，意指另立新宗。

繋²ᶜ²⁶ᶠ 或讀皤。或讀繁。

猶²⁹⁸¹⁹ 亦作猶，猷，古文髮。繋猶多髼，讀若皤髮多鬠，長壽多福。福襃猶彔，讀若福懷袚祿。

齌²ᴮ⁹³⁶ 从䒑从皿異戠聲。橋角齌光，讀若齊祿熾光。

禋²ᴮᴰ¹⁶ 義其禋祀，讀若宜其禋祀。

歋²ᴮ⁹ᴰᴬ 讀若歁。歋㝢，或讀甫㝢，舒遲貌。

趣²ᶜ⁹⁹ᶠ 遽趣，讀若競爽，剛強果斷。

誎²⁷⁹ᴰ² 無誎㦮㗱，讀若無積農穡，鼓勵耕耘。

𤲞²ᶜ⁴ᶠ⁷ 同厤，《說文》作厤，治田。戉𤲞佳辟，讀若歲曆惟辟，農事順利。

㕦²ᶜ⁰⁶¹ 孝㕦，即孝友，孝敬父母，善待兄弟。

取²ᴮᴬ³⁶ 同担，讀若沮，止也。

瓸²ᴮᴰ²¹ 从玉賠聲。或與寚同。

寶²ᴮᴰ¹ᴰ 瓸或隸作寶。

𪛔²ᶜᴱ⁵ᶜ 爾𪛔，讀若爾麗，華盛艷麗。

10176 散氏盤1用矢戮散邑，鹵即散用田。

戮²ᴮᶠ⁰⁶ 撲。讀若踐，踏勘。

10176 散氏盤2履。自瀗涉。以南，至于大沽湖，一奉封。以陟，二奉，至于邊柳。復涉瀗，陟，雩獻越徂邊陜。以西，奉于幣䵶，㮓木。奉于芻逨陲，奉于芻衛道內。陟芻，奉于厂湶，奉剨柀，朕陵剛柀。奉于眉衛，奉于原衛，奉于周衛。以東，奉于棹東疆。右還，奉于履衛。以南，奉于睹錘衛陲道。以西，至于堆鴻。

瀗²ᶜ²⁴⁴ 瀗，水名。或指汧水，西北東南向流經矢國。

䵶²ᶜᴰ²¹ 幣䵶，讀若幣城，地名。　㮓²ᶜ¹⁰ᴬ 楮。

剨²ᴬ⁷ᶜ⁸ 剨柀，地名。

10176 散氏盤3莫暮，履丼邑田。自根木衛，左至于丼邑，奉衛。以東，一奉。還，以西，一奉。陟剛崗，三奉。降，以南，奉于同衛。陟州剛，奉柀，降棫，二奉。

10176 散氏盤4矢人有嗣履田。鮮且、散、武父、西宮襄、豆人虞丂、彔、貞、師氏右眚、小門人繇、原人虞芳、淮、嗣工空虎、孠冊、豐父、堆鴻人有嗣荊丂，凡十又五夫。

襄²ᶜ⁸⁶ᴮ 从衣冊聲。西宮襄，人名。矢國派出的履田有司之一。

冊²ᴮᴬᴬ¹ 龠字初文。孠冊，人名。矢國派出的履田有司之一。

10176 散氏盤5正履矢舍捨散田。嗣土屰寅、嗣馬單駜、𢓗人嗣工駽君、宰德父，散人小子履田，戎散父、效、㮕父、襄之有嗣橐、州㯱、條從罵，凡散有嗣十夫。

𢓗²ᴮ⁹¹ᴰ 國族名。

駽²ᶜᶜᴱᴱ 嗣工駽君，人名。西周晚期。

槼²ᴬᶜᴰ⁰ 讀若欋。效槼父，人名。西周晚期。

㒼²ᴮᴮ⁰ᴮ 同兩。倏從㒼，亦作兩攸比、鬲比，人名。西周晚期。

10176 散氏盤 ⁶唯王九月，辰在乙卯，矢卑俾鮮且、㝬旅誓，曰：我既付散氏田器，有爽，實余有散氏心賊，則爰千罰千，傳棄出。鮮且、㝬旅則誓。迺俾西宮襄、武父誓，曰：我既付散氏溼田、牆田，余有爽䜌，爰千罰千。西宮襄、武父則誓。乓為圖。矢王于豆新宮東廷，乓左執縷鏤，字或釋緌，史正中農仲農。

㝬²ᶜ⁶⁶² 人名。西周晚期。　　　既⁵¹⁵³ 同朁。《說文》曾也。

爰²ᴮᶠᴬ⁶ 古文鞭。　　　　　　牆²ᶜ³⁰⁵ 讀若畛。地名。

䜌²ᴮᴰ²⁵ 讀若變。爽䜌，爽約變卦。

10177 嬨匜 嬨。

嬨²ᴮᶜ⁸¹ 人名。

10188 郞湯伯匜 郞湯白荏作也 ☞ 10155, 10208

郞²ᶜᴬ⁸⁶ 讀若長。地名。

荏²ᴮ²¹⁹ 郞湯白荏，人名。春秋早期。

10190 王子适匜 王字适之遣盨會浣 ☞ 10100, 10194

10194 虡姒丘堂匜 虡姒丘堂之鐀鑘。

姒²ᴮᴬ⁵ᴱ 讀若姒。虡姒丘堂，春秋時期人名。

鑘²ᶜ⁴⁴⁴ 從皿鐀聲。或省作盉。鐀鑘，讀若會浣。

10200 伯庶父匜 白庶父作肩，永寶用。

肩²ᴮᴰ⁵⁴ 從月尸聲。或讀夷。器名。

10205 蘇甫人匜 魣甫人作嬭改襃饡嬭盔 ☞ 03816

改 5980 姓。嬭己襃，人名。

10208 郎湯伯匜 郎湯白荏作也，永用之 ☞ 10188

10210 鑄子獹匜 蠱子獹作也，其永寶用。

獹 2C347 从犬無聲。鑄子獹，春秋時期祝國公子，名獹。

10211 紀伯㜷父匜 曩白㜷父艅嬭姜無顯沬也 ☞ 04442，10081

10212 句吳季生匜 工盧季生作其盥會匜。

盧 2B2A3 攻盧，亦作工盧、攻敔，國名，即吳國。

10214 黃仲匜 黃中自作瞰也，永寶用言。

瞰 2C967 从貝敏聲。

10218 周笔匜宙 周笔作𣪘姜寤也，孫孫永寤用。

笔 2C506 讀若笔。周笔，西周晚期人。族徽宙。

𣪘 23A8B 𣪘姜即救姜，周笔之妻，姜姓。

寤 2BD05 竆字之省。讀若福。用作寶。寤也，寶匜。

10221 鄂伯匜 噩白作邾子□□艅嬭匜。

噩 565A 噩白，即鄂伯，鄂國族首領 ☞ 02734

10223 貽金氏孫匜 貽金氏孫作寶也。

貽 2B39D 貽金氏 ☞ 10098

10228 鄧公匜 唯㰦簗生甥吉疇酬㰦公金，自作盥也。

簗 2C0E5 㰦簗，讀若鄧柞，春秋時期鄧國人。

10230 黃君孟匜 黃君孟自作行器，子孫則永寤瘁 ☞ 02497

10232 筍侯稽匜 筍矦頠作寶匜，其萬壽，子子孫孫永寶用。

筍 2C547 讀若郇。地名。筍矦頠，郇國國君。春秋早期。

10109 鄝季魇車盤 鄝季寬車自作行盌匜。子孫永寶用之 ☞ 09658

10236 邽友父匜 黽夆父䑍其子胐孃寶鬲，其眉壽永寶用 原銘文錯亂。

張振謙發現其與《邽友父鬲》銘文同 ☞ 00717

10239 叔高父匜 韋高父作中妣也。

妣 36A4 姓。仲妣，人名。西周晚期。

10241 司馬南叔匜 䚄馬南韋作婣姬䑍孃也。

婣 2BC3B 或讀剛。地名。婣姬，司馬南叔之女。西周晚期。字或釋蟁。

10244 魯伯愈父匜 魯白愈父作黽邾姬仁朕孃盥也，其永寶用。

盥 2C43F 頮之繁文。文獻作沬，洗面也。

10248 叔展父匜 韋展父作師姬寶也，其萬年子子孫孫永寶用。

展 2BA12 人名。西周晚期。

10254 黃子匜 黃子作黃孟臣姬行器。則永祐祜，霝中霝复 銘文右行 ☞ 10122

10255 杞伯每刃匜 杞白每刃鑄黽孃用寶也，其子孫永寶用 ☞ 02494

10256 樊君夔匜 樊君夔用自作洓也，子子孫孫其永寶用宫 銘文右行 ☞ 10329

洓 2C1E5 从水朿聲。湅之省文。洓也，讀若浣匜。

10257 八年匜 八茉，冶匀嗇夫殷重，工瞖。冢重七十刀之冢。右肇者。

瞖 2B398 同斯。工匠名。戰國晚期。

10261 紀甫人匜 異甫人余，余王篡寬叡孫，兹作寶也匜，子子孫孫永寶用。

篡 2A9F2 篡叡，徐王名。春秋早期。

寬 2BD12 篡或釋寬，从宀莧聲。讀若宿。☞ 02722

10276 塞公孫訑父匜 唯正月初吉庚午，塞公孫訑父自作盥盉，其釁耆無彊，子子孫孫永寶用之 銘文右行 ☞ 04608

訑 2AE9E 从言㐄聲。讀若莊。訑父，人名。春秋早期。

盉 25057 从皿它也聲。與匜同。

10277 魯大司徒子仲伯匜 魯大嗣徒子中白作其庶女彌孟姬媵也，其釁耆，萬年無彊，子子孫孫永保用之。

彌 2C4AA 厲之繁文。

10279 陳子匜 唯正月初吉丁亥，鰍手作庳孟為穀女媵嫡鑑，用媈釁耆，萬年無彊，永耆用之。

庳 2BDF1 从广奔聲。古廣字。庳孟嫣穀母，人名。春秋早期。

鑑 00000 同盉，即匜字。

10283 齊侯匜 佘戻作朕嫡攬圓孟姜盥盂，用媈釁耆，邁年無彊，它它巸巸 施施熙熙，男女無朞，子子孫孫永儵用之 ☞ 04645

10284 蔡叔季之孫賮匜 唯正月初吉丁亥，布弔季之孫賮髒嫡孟姬有之婦盥盤，用媈釁耆，萬年無彊，子子孫孫永寶用之盉。

賮 2C952 从貝尹聲。人名。

盥 2C43F 頮之繁文。文獻作沬，洗面也。

盉 25057 同匜。

10285 儵匜 唯三月既死霸甲申，王在荨上宮，白揚父 即伯陽父 卣成贁，曰：牧牛，虘乃可湛 何甚，汝敢以乃師訟。汝上卲先誓。今汝亦既有卪誓，尃趞嗇覩儵，洝受亦茲五夫，亦既卪乃誓，汝亦既從讂從誓。弌可，我義宜俊汝千，黜黥汝。今我赦汝，義俊汝千，黜黥汝。今大 以上器銘，以下蓋銘 赦汝，俊汝五百，罰汝三百鋝。白揚父卣或使牧牛誓，曰：自今余敢覆乃小大事，乃師或以汝告，則致乃俊千、黜黥。牧牛則誓。乃以告吏覡、吏曶于會，牧牛鷸誓，成，罰金。俳用作旅盂。

贁 4773 从貝奴聲。成贁，讀若成劾，作出判決。或讀讞，議罪。

虘 20B6F 讀若且，假設之辭。　　卲 2B9FA 同徎。或借作聽。

覩 2C883 讀若睦。人名，五夫，尃趞嗇覩儵，之一。西周中期。

讂 2B357 亦作鷸，與辭同。　　俊 2B89B 同攴，古文鞭。

黜 2CE5B 墨幪之刑。

黥 2C1B4 古文黵。从黥臺省聲。臺，古文屋幄。黵亦作剠，墨刑。

赦 22F1C 即赦，赦免。　　黜 2CE5A 同黜。

致 2C6F1 同致。　　鷸 2C2F9 同辭。

10290 蔡侯申鑑 布灰䚡之隩濫匜。

濫 2C42E 讀若浣 ☞ 10099

10297 郲陵君鑑 郲陵君王子申，攸綏造金監。攸立歲嘗，以祀皇且，以會父佳。兼甬之，官攸無彊。王郢姬之濫 鑑 ☞ 04694, 04695

10298-9 吳王光鑑 唯王五月既字白 追 期，吉日初庚。吳王光羃其吉金，玄銧白銧，以作㠯姬寺吁宗彝薦鑑。用言用孝，眉壽無彊。往已㠯姬，虔敬乃后，子孫勿忘 ☞ 00223

鉎 ⁹²ᴬ⁷ 同礦。玄鉎白鉎，黑鉛白錫。

𢓊 ²ᴮᴱ³⁹ 或夷字繁文。讀若彝。字或隸作屍，从弓爲宜。

10308 㳂盂 㳂作寶隟彝丸

㳂 ²ᶜᴬ²³ 从辵永聲。人名。族徽丸。西周早期。

10320 宜桐盂 唯正月初吉己酉，䣄徐王季糧之孫㝨桐作饎飤盂，以𡇒妹，孫子永薵用之 ☞ 02675

𡇒 ²ᴮᴰ²² 未詳。或爲媵字。

10321 趞盂 命逋事使于述土遂土，𨻰諆各扚右。寮汝寮：奚微琴。天君事使逋事𠃢，逋敢駘揚，用作文祖己公隟盂，其永寶用。

𨻰 ²ᴮ⁵⁵³ 人名。　　𠃢 ²¹ᶠᴱᶠ 人名。

扚 ²ᴮᴬ⁵ᴱ 諆各扚右，其格以佑。　　䰙 ²ᶜ³ᶜ⁶ 讀若對。

10322 永盂 唯十又二年 恭王 12 年，B.C.937 初吉丁卯，益公入即命于天子，公𣍘出㽙命，賜畀師永㽙田：湇易洛疆眔師俗父田。㽙眔公出㽙命：井白焂白尹氏師俗父遣中。公𣍘命酉䤲社㽙父周人䤲工㠭敯史師氏，邑人奎父畢人師同，付永㽙田。㽙逹率𤖅，㽙疆宋迿䏝沟。

湇 ²³ᴱᴱ⁶ 湇易洛，地名。04323 敔簋作隂陽洛。湇隂並陰字。

㽙 ²ᴮᴮ⁴⁴ 酉䤲社㽙父，讀若鄭司徒盨父。西周中期人。

敯 ²ᴮᶠᶜ⁶ 敯史，西周中期人。

𤖅 ²ᶜ⁶ᶠᴱ 讀作塯。人名。西周中期。

10324-5 微瘋盆 散瘋作寶。

瘋 ²⁴ᶠ⁰⁸ 微瘋，亦稱微伯瘋瘋，西周懿孝時期人，史墙的兒子，𩰚的父親。

10328 八年鳥柱盆 八茉，冶勻，嗇夫孫悲，工福。

悲 2C72B 讀若芘。孫悲，戰國中期中山國嗇夫。

10329 樊君夔盆 樊君夔用其吉金，自作寶盆 銘文右行 ☞ 10256

夔 2C7AA 當釋作夔。樊君夔，春秋早期樊國國君。

10330 息子行盆 鄎子行自作飤盆，永窑用之 銘文右行。

鄎 910E 同息，國名。鄎子行，人名。春秋早期。

10332 曾孟羋諫盆 曾孟嬭諫作饗盆，其覽壽用之 ☞ 04598

10334 杞伯每刃盆 杞白每刃作鼄嬨寶盨，其子子孫孫永寶用。

盨 2504F 器名，盆屬。或同銚，即銷，小盆。

10335 子諆盨 唯子䇂鑄其行盨，𢀭孫永壽用之。

䇂 2C89D 同辛。　　　　盨 2503F 同盨。借作盨。

10337 鄫子宿車盆 唯鄫子宿車自作行盆，子孫永寶用亯，萬年無疆 ☞ 02603, 09658

10342 晉公䀇 唯王正月初吉丁亥 元王元年正月初一, B. C. 475 晉公 晉定公曰：我皇祖𠭯公，雁膺受大命，左右 佐佑 武王。殷畏百蠻䜌，廣嗣闢三方。至于大廷，莫不事王。王命𠭯公，建宅京𠂤，君百乍䢼。我剌考憲公 獻公，克□亢配，疆武魯宿，龗名□不，虢虢赫赫在上。啓窑□䇂□虔今，台夔朕身，孔嘉晉䢼。公曰：余雖今小子，敢帥型先王。秉德劇劇，甹夔萬䢼。哀哀殷殷莫不日頓嚳。余咸畜胤士，作馮禜左右，保辥乂王國。剌拱霖彶，台𢍱以嚴虢若否。作元女孟姬䑛嬌䀇三䀇，甾廣啓䢼，虔譁盟祀，卲會昭答皇卿，甹順百黹職。雖今小子，警辥敕乂爾家，宗婦楚䢼，烏欽萬年。晉䢼佳䖒，永康寶。

酈[2B472] 同觴。酈公，即唐叔虞，周武王之子，晉國始封君。

鐅[2BA31] 同糵。古文業。台鐅，讀若以乂。

雉[28F9F] 或釋作雖。讀唯。

劌[2B9A1] 劌劌，讀秩秩。

岵[2B9E1] 从屮古聲。讀若固。

霖[2CC12] 讀若猒。

鼜[2C704] 頓鼜，讀若卑恭。或讀俾滂。《詩·小雅》俾滂沱矣。

弢[2BE35] 讀若迖。刺拱霖弢，或據《晉公盤》讀若拂敝畏忌。

欲[3C36] 烏欲，讀無咎。字或隸从卪，讀昭。

韓[96D7] 讀若榦。主幹，根本。

10350 羣氏諺鐀 羣氏詹作肅鐀。

羣[2C48C] 从石羊聲。或同垟。羣氏詹，人名。西周晚期。

鐀[28B57] 器名。似盆，淺腹。亦作會。肅鐀，讀若膳會。

10353 二十五年盌 一斗八升。廿五年。盌呇。

呇[2BA68] 盌呇，讀若盌扣。

10356 蔡太史卮 唯王正月初吉壬午，布大史奏作其鉰，永保用。

奏[2BBEA] 或釋大奏，人名，蔡國太史。

鉰[28A1B] 或从金枳聲，讀若卮，即器名斗卮。

10358 十年銅盒 十秊左徙車嗇夫事戳，工賨。冢重百十一刀之冢重。左肈者 ☞ 10257

10359 十二年銅盒 十二秊，右徙車嗇夫鄨痙，工虞。冢重百廿八刀之冢重。左肈者 ☞ 02707

10360 召圓器 唯十又二月初吉丁卯 成王 16 年十二月初一，䍐啓進事，旋徙奔走事皇辟君。休。王自毅事賣 使賞 畢土方五十里。䍐弗敢諲王休異，用作歊宮旅彝。

殷周金文字宝 279

𫜹²ᶜ⁷⁰¹ 讀若召。𫜹，即召公奭。

諲²⁷ᴮ⁴⁵ 𫜹弗敢諲王休異，讀若召弗敢忘王休翼。

欯²ᶜ¹⁶⁸ 欯宮，𫜹之祖廟或考廟。

10361 |國差䀇| 國差國佐立事涖事，主政歲弌日一之日，即夏正十一月丁亥，攻帀俩𥂚西𡇓寶䀇四秉。用實旨酒，侯氏受福灥𩱧，俾旨俾瀞清。侯氏毋瘩毋痟，帠𢑏鼎諡靜安甯，子子孫孫永儥用之。

䀇²⁶²⁵ᶜ 同𤮺。　　𡇓²ᶜᴰ¹⁸ 同𡄙。西𡇓，西城。

俩²ᴬ⁷⁴ᶠ 讀若何，春秋中期人，齊國冶鑄作坊的工師。

10363 |司工量| 鬍工 ☞ 08792

鬍²ᶜ²ᶠ⁹ 同辭。鬍工，官職名。

10365 |㪻半夽銅量| 㪻半夽。

㪻²ᴮᶠᶠ⁷ 讀若㪻。

夽⁷⁰⁷⁷ 或讀尊。半夽，讀若半寸，即半立方寸。

10366-7 |右里㱿釜量| 右里㱿釜。釜釜。此器或疑偽。

釜²ᶜᴬᶜ⁵ 或讀節。亦隸作鉴、鉴。　　㱿²⁴ᶠ⁵⁰ 或同殷。

鉴²ᶜᴬᴰᶜ 釜或隸作鉴。　　鉴²ᶜᴬᶜ⁸ 釜或隸作鉴。

10368 |左關之𠂤| 左關之鉫。

鉫²⁸ᴬ¹ᴮ 李學勤釋从金枳聲，讀若𠂤，即器名斗𠂤。

10369 衛量 衛自師辛興𡭴。

𥂁 ²C427 从皿从兴。或讀饗。　　𡭴 ²C²EF 从受匜聲。或讀播。

10370 郢大府量 郢大廥之拳笍 器外壁午器底編號。

笍 ²⁵B03 从竹少聲。同筲，亦作䈰，䇞筲。

10371 陳純釜 陸獸立事 涖事，主政歲，齨月戊寅，各丝皮墜，公命左關帀 師癸敕宝左關之釜，節于敷釜，敷者曰陸純。

齨 ²BFD9 楊樹達《積微居金文說·工師俪鐺跋》酉之孳乳字。齨月即酉月，夏之八月，周之十月也。

墜 ²¹³F9 古陵字。各丝皮墜，讀若格兹安陵。

敕 ³A9D 或同敕。　　釜 ²AE9B 同釜。从缶。

敷 ²ABDC 同廩。

敷 ²BFE0 同敿。敿者，謂治其事者。

10373 燕客銅量 郾客臧嘉餌王於葳郢之歲歲，宣月 楚曆六月，亦稱紡月，即秦曆三月 己栖酉之日，羅莫嚚臧旡、連嚚屈走以命攻尹 工尹 穆丙、攻差 工佐 競之、集尹陳夏、少集尹龔賜、少攻差李癸，鹵鑄廿金䶠 𠭴 以賻。香七月。

郾 ²CA80 同鄢，即燕。　　臧 ²BEF6 臧本字。

餌 ²⁶⁵9E 同䏙，古文聞。讀若問。　　葳 ²⁶E17 葳郢，城名。

走 ²C178 同辻，古文上。屈走以，人名。莫嚚、連嚚爲羅縣地方執政官名。

䶠 ²A7CD 龍字變體。金龍，讀若金䈰。

𠭴 ²B99E 䶠或隸作𠭴。

香 357F 或釋造，或釋秋。香七月，當是落款。七月二字合書。

10374 子禾子釜 陳猷立事涖事，主政歲，禝月丙午。子禾子命冶內者御㫳市，□命㕙陞㝵。左關釜節于敷廩釜。關鉩節于敷廩半。關人築桿咸釜。閉料于□外□鑑鑑釜。而爾車人刲制之。而以發退。女如關人不用命，則寅之御關人□□丌吏。申荊㐭迖，贖以金半鋝鈞。□□亓罟。大辟㐭迖，贖以□犀。□命者，于丌事區夫。丘關之釜。☞ 09703，10371

鉩²⁸ᴬ¹ᴮ 或从金枳聲，讀若厄。　　鑑²ᶜ⁴³ᴬ 或讀糒。

鑑²ᶜ⁴³⁵ 鑑或隸作鑑。　　迖²ᶜᴬ²⁵ 讀若遂，赦免。

罟²ᴬꜰ⁸ᶜ 未詳。或釋作盉，讀若賄。

10381 郘㝵權 郘㝵或釟鄒之□器。

㝵²ᶜ⁴⁶ꜰ 从矛亭聲。郘㝵，地名。

郘²ᶜᴬ⁸⁰ 郘㝵，或釋釟鄒。郘同鄾，即燕。

10382 侯興權 庆興寸鈣，鑄半䇦。三。

䇦²ᴮ⁹ᴱ¹ 从孝古聲。

10385 司馬成公權 五年，司馬成公朔殿吏委事命代慧與下庫工帀孟關帀三人，以禾秴卷粵石以禾石權平石。

朔²⁶⁶⁸ᴱ 从立从月。讀若影。司馬成公朔，人名。成公復姓，朔名，擔任司馬一職。

10386 王子嬰次爐 王子嬰次嬰齊之庆麻盧。

庆²ᴮᴰꜰ² 从广从炒。庆盧，讀若燎爐，今言火盆。

麊²ᴮᴰꜰ⁴ 庆或隸作麊。

10389 鑄客盧 鑄客爲集口敗挸爲之。

敗²ᴮꜰᴮ⁴ 讀若挸。

10390 徐王元子爐 郐王之元子枈之少㚔膚。

枈²ᴬ⁷ᴱᴬ 从北不聲。倍字初文。人名。徐王的長子。春秋晚期。

㚔²ᶜ²ᶜ⁷ 少㚔膚，讀若小爐爐。

10391 徐令尹諸稽耕爐 疨君之孫郐敏尹者旨㽞，羃其吉金，自作盧爐盤。

疨²ᶜ³ꜰ⁰ 讀若疨。字或釋作應，與雁通。

敏²ᴮꜰᴮᴰ 敏尹，讀若令尹，官名。

㽞²ᶜ³ᶜ⁴ 人名。者旨㽞，讀若諸稽耕，春秋晚期徐國人，疨君之孫，諸稽氏。

10402 十年左使車燈座 十茉，左使車嗇夫七歕，工尼。冢重一石三全百五十五刀之冢。右蠻者。

歕²ᴬᴰ²ᴰ 七歕，戰國中期人，擔任中山國左使庫嗇夫一職。七歕二字或釋事繹。

10404 公唐帶鉤 公鶍。

鶍²ᶜ²ꜰᴬ 同觴。讀若唐。公鶍，人名。戰國。

10405 仲䖵帶鉤 中䖵 ☞ 11997

䖵²ᶜ⁴ᴬ³ 从蚰石聲。與蚰同。仲䖵，人名。戰國。

10407 鳥書箴銘帶鉤 勿可悉冬物可折中。以上鉤首。以下鉤腹冊復毋反，毋挫毋悉，不汲於利，民產又苟有敬，不擇貴戔賤，宜曲則曲，宜植直則直以下鉤尾允。

挃²ᴮꜰ⁴ꜰ 毋挃毋愳，讀若毋詐毋謀。

10410 左工鋪首 左工墥 ☞ 00971

10416-9 辛栀縣小器 辛栀畏。

栀²ᴬᶜ⁸⁹ 从木后聲。或讀苢。辛栀，戰國地名。

10420-1 敊氏縣小器 敊氏畏。

敊²ᴬꜰ⁸⁷ 从攴皮聲。讀若披。敊氏，戰國時期地名。

10424 傌復縣小器 傌復畏。

傌²ᴮᴱ⁵ᴱ 从彳馬聲。傌復，戰國時期縣名。

10425 平陰縣小器 坪陰畏 ☞ 00157

10426 朷單縣小器 朷單畏。

朷²ᴬᶜ⁷⁹ 或讀沐。朷單，戰國時期縣名。

10428 陶陰縣小器 茊陰畏。

茊²ᶜ⁷²ᴬ 从艸缶聲。茊陰，讀若陶陰，戰國時期縣名。

10431 痗少掌縣小器 痗少不畏。

痗²ᶜ¹ᴮ⁶ 痗少不，戰國時期縣名。

10453 二十四年銅梃 廿丌年，鎣昌我鋖，曲刃之兵，左攻工鈛 11902 重出。

鎣²ᶜ¹³⁰ 从林室聲。或讀室，姓氏。鎣昌，人名。

鈛²ᴮᴱꜰ⁰ 釋作栽，讀若織。戰國時期人名，燕國冶鑄作坊的工師。

10456 柏室門銻 柏室門銻。

銻²ᶜᴬᴅᴱ 从金弟聲。同棣。

10473-5 十四年帳橛 十三朱，牀鹿藏鑣嗇夫郟試靷勒之。

郟²ᶜᴬ⁸ᶠ 或讀粴。

試²ᶜ⁸⁹ᶜ 从言弋聲。郟試，人名，戰國中期中山國嗇夫。

10478 兆域圖銅版1 王命賙為逃乏兆法，闊陝少大之制，有事者官䏍之。逮退迖乏者，死辽若赦。不行王命者，恚遜子孫。其一從

從，指隨葬，其一痼䘸。

闊²ᶜᴮ⁸ᴬ 闊陝少大，闊狹小大。

䏍²ᴮᴱᴰ² 从心从圖。有事者官䏍之，謂有司諸官共圖之。

迖²ᶜᴬ¹ᴱ 从辵从攴。逮退迖乏，讀若進退攴法，損益破壞兆法。

遜²ᶜᴬ²⁷ 从辵兹聲。與勠同。兹，纏本字。恚遜，讀若殃連。

痼²ᴮᶜꜰᶜ 痼䘸，讀若藏府，指收藏於內府。

10478 兆域圖銅版2 閈門。中宮垣。內宮垣。丘趹。從丘趹以至內宮六步。從丘趹至內宮廿三步。丘平者卌毛尺，亓其坡卌毛。丘平者卌毛，亓坡卌毛。王堂方二百毛。忞后堂方二百毛。王后堂方二百毛，亓狀眠忞后。夫人堂方百五十毛，亓葦桓椑棺，內棺中桓中棺眠忞后，亓梯趚題凑垠長三毛。兩堂閎百毛。兩堂閎八十毛。從內宮至中宮廿五步。從內宮以至中宮卅步。從內宮至中宮卅六步。大牆宮方百毛。執皂宮方百毛。正奎宮方百毛。疳宗宮方百毛。

趹²⁷ꜰᴅᴱ 同坎。丘坎，指丘的邊溝。或讀足。

忞²ᴬᴬꜰ³ 讀若哀。忞后，中山王正妻之一。

狀²ᶜ²ꜰꜰ 从爿从夂。亓狀眠忞后，讀若其葬視忞后，其墓葬規格視忞后而定。

閌²ᶜᴮ⁸⁸同閈。間距。　　　　　自²ᶜ⁴⁰³讀若帛。

疨²⁴ᴰ⁶ᴬ从疒召聲。疨宗，讀若昭宗。

10485 彔器 彔 ☞ 01125

10488 衪器 衪 器形不明。

衪²ᶜ⁸³ᴱ 从行戈聲。族徽。商晚期。

10504 侁姀器 侁姀

姀²ᶜ³⁰⁰ 讀若府。侁姀，族徽。姀，私名。侁，族名。

10505-6 丸牀器 丸冎 ☞ 01477

10534 戗作父乙器 戗乍父乙 ☞ 01026

10535 亞隼父丁器 亞隼父丁 ☞ 00404

10546 艁伯器 艁白作寶彝。

艁²ᴮ¹ᴰᶜ 从舟若聲。艁伯，艁氏家族首領。西周早期。

10556 柚簋 柚作父丁旅彝 ☞ 05827

10560 邦作父辛器 邦乍父辛尊彝 ☞ 03518

10561 㳄气簋 㳄气乍父辛彝。

㳄²ᴮᶜᶜᴱ 㳄气，人名。西周早期。

10574 耳作父癸器 耳乍父癸寶尊彝 弘 ☞ 06931

弘²ᴮᴱ²⁵ 讀若引。族徽。商晚期。

10579 汩盨器 汩盨不而甾其欽。廿一。

汩²ᶜ¹ᴰ⁶ 从水口聲。　　　　盨²ᶜ⁴⁴⁰ 从皿从器。讀若器。

10580 保女母器 僳女母賜貝于庚姜，用作旆旅彝。

女²ᴮᴱ⁴ᶜ 讀若如。僳女母，西周早期女子。

10581 弨簋 唯八月甲申,公中在宗周,賜弨㝬貝五朋,用作父辛隩彝寎甗。

寎 2BCCF 从宀枏聲。族徽。西周早期。

甗 2A9E2 寎或隸作甗。

10583 燕侯載簋 郾厌軙思夙夜惡人,哉教丩糾〔俗〕,虘祇敬禱祀,休以爲䞓醻皇母,□□庹,匰實允□,□焦金壴鼓,永以爲母□□司乘,安母聿截。

軙 282A6 或同轖、韇,讀若載。郾厌軙,即燕成公。

惡 2BE72 或同惡。字或讀思。

禱 2C4DA 从示喬聲。祭名。或與禍同,即祰,告祭。或郊祀之郊的初文本字,祭祀天地。

庹 2BDF8 與餼同。古文饋。

匰 2A7F1 从匸柵聲。

截 2BEF7 从戈者聲。或讀屠。安母聿截,讀若安毋肆屠。

10628 天戈族

族 2ABF6 从㫃天聲。族徽。商晚期。

10640 偪戈福 ☞ 00446, 00881

10642 伐戈丁 ☞ 08941

丁 2A701 从卩从一。伐字之省。族徽。商晚期。

10649-50 㲋戈 㲋 ☞ 01029

10651 㐱戈 㐱 ☞ T2.0556

㝡 ²ᴬ⁹ᶜ⁹ 从宀㐱聲。族徽。商晚期。

10669 瞻戈 盲 ☞ 07696

10681 㕇戈 㕇 ☞ 05270

10682 爰戈 爰

𤓰 ²ᶜ²ᴱ⁵ 从爪㕇聲。讀若剽。族徽。
商晚期。

10686 系戈 兹

兹 ²ᴬᴱ⁹⁵ 同繇，籀文系字。族徽。商晚期。

10691 征戈 䟗 ☞ 00361

10712 駁戈 駁 ☞ 01143

10719 囙戈 囙 ☞ 02072

囙 ²ᴮᴬ⁴ᶠ 囙字變體，同。族徽。商晚期。

10721 羊朋戈 莆 ☞ 06659

10726 卯戈 夘 ☞ 06795

10744 亶戈 亶 ☞ 05900

10755 斷戈 斷 ☞ 04736

10775 嗇戈 嗇 ☞ 05687

10778 𠇗戈 𠇗 ☞ 02020

10818 䲹戈 䲹。

䲹 29FCA 地名。或鷹字或體，指應國。

10823 梁戈 㮄。

㮄 2CA94 从邑梁聲。同梁。地名。

10829 䣚戈 䣚。

䣚 2CA92 从邑䍃聲。同䣚。地名。

　　䍃，桮初文。☞ 02374

10848 敖獸戈 㝅獸。

㝅 2B824 讀若敖。氏族名。

10852 子商戈 子𦬊。

𦬊 2C529 讀若商。子𦬊，商王之子。商代中期。

10866 車𢽎戈 車𢽎

𢽎 22F5E 與𢽎同。古文撻。車𢽎，族徽。商晚期。

10868 來冊戈 乘冊 ☞ 07027

10878 爯弓戈 爯弓 ☞ 02020

10890 餡臦戈 餡臦。

餡 2B5D7 餡或釋作餡，讀若優。

臦 2C6E3 餡臦，或人名。春秋時期。

10896-7 鄘戈 鄘戈。

鄘 2CAA3 或讀鄀，或讀魯，或讀虖。地名。

10898 䞼子戈 䞼子。

䞼 2C7C0 讀若滕。䞼子，春秋晚期人。

10904-5 徹子戈 嚴子。

嚴 2BD9D 从户敢聲。或讀嚴。或釋徹。嚴子，春秋晚期人。

10907 易戈 郹戈。

郹 2CA89 即易，燕國地名。

10912 鄎戈 邟。

邟 48B5 何琳儀釋，即鄎，國名。

10914-5 長沙戈 長鄩。

鄩 2CA9B 从邑㝅從聲。下加土旁繁化。長鄩，讀若長沙。

10922 酸棗戈 酸棘。

棗²⁰⁴⁰⁷ 酸棗，讀酸棗，戰國早期魏邑，今河南延津。

10924 陳生戈 陸生。

坒²ᴮᴮ⁶⁰ 同生。

10930 左廩戈 左稟。

稟²ᴮ⁸⁷ᶠ 亦作廩，同廩。

10953 燕侯䘏 匽厌天䘏。

䘏²ᴮᴱᴱ⁹ 亦作鐡。釋作䘏。

10958 子愵子 子愵子。

愵²ᴮᴱᴬ⁵ 从刀悍聲。子愵子，春秋時期齊國人。愵字或釋喝。

10962 䘕造戈 䘕䜌戈。

䘕²ᶜ⁷⁷ᶜ 或人名。春秋時期。　䜌²ᴮᴱᶠ⁵ 从告从戈。古文造。

10969 郮右庭戈 郮右庭。

庭²ᴮᴰᴱᴰ 从广足聲。或讀廂。右庭，讀若右胥，官名，掌市場管理。

10970 玄翏戈 糸翏攱鋁之用。

攱²²ᴱꜰ³ 古文扶。亦作攱。糸翏攱鋁，讀若玄鏐鏽鋁。

10975 無鹽右戈 亾盬右 10976《乍盬右戈》，器銘並偽。

盬²ᶜ⁴³ᴮ 同鹽。从水鹵在皿，以象煮鹽形。亾盬，地名，即齊地無鹽。

10977 龍公戈 鄺公戈。

龍²ᴮ⁴⁷⁰ 讀若龍，亦稱龍城，楚地名。鄺公，楚國人。戰國早期。

10989 齊城造戈 䳭城齊堇塊鄁。

䒱²ᶜ⁷⁸⁴ 䳭城，張亞初誤釋作齊堇塊。䒱字系因鳥蟲篆臆造。齊城，即齊都臨淄。

10992-3 鄭生庫戈 奠生庫 ☞ 10924

生²ᴮᴮ⁶⁰ 何琳儀：生庫，疑《左傳》之襄庫，武庫之名。陳偉武：生庫，讀輇庫，藏廣車之庫。韓兵器鑄造分屬四庫：武庫、左庫、右庫、生庫。

10997 郲右㱏戈 郲左㱏 ☞ 10969

郲²⁸⁷⁴⁴ 地名。

11002 異之造戟 異之戟。

戟²ᴮꜰ⁰⁴ 讀若造。

11020 高平戈 高坪齊邑作銤。

銤⁹²¹ᴮ 同戈。

11021 子備嶂戈 子備嶂戈。

嶂²ᶜ³⁹⁷ 从山璋聲。嶂字初文。春秋早期齊國人。

11022 鄘左庫戈 鄘左庫戈 ☞ 10896

11023 高密造戈 高密戕戈。

戕²ᴮᴇꜰ⁵ 从告从戈。古文造。

11024 武城戈 武䶣徒戈 ☞ 03551

11026 蓏君戈 蓏君凡寶有。

蓏²ᶜ⁷⁷⁰ 地名。蓏君凡，人名，蓏地的楚封君。春秋時期。銘文裝飾難認，地名蓏或从邑从蓺釋，讀若艾。人名凡或釋作鳳。

11027 鄈戈 鄈之寶戈 ☞ 04599

鄈²ᴮ⁴⁶⁹从邑羕聲。人名。春秋晚期。

11033 陳貝散戈 陛貝散盉殺戈。

盉²ᴬᴮ⁴ᶜ古文鍋。讀若戈。

11036 陳窒散戈 陛窒散鈛殺戈。反文。

窒²ᴮᶜꜰ¹窒或釋作窒。

窒²ᶜ⁵¹⁰陛窒，戰國時期齊國人 ☞ 11591, 12023

11040 叔孫誅戈 尗孫殺戈。

殺²ᶜ¹ᴬ⁴古文誅。魯稱殺戈，齊或稱散戈，並殺戈之謂。

11041 平阿左戈 平墢左鈛。

墢²ᴮᴮ⁸⁴同阿。平墢，地名。戰國早期。

11042 郙戈 郙之新郜新造，楚官職名。

郙²ᶜᴬ⁸⁵从邑奉聲。地名。包山楚簡中有楚縣名郙昜。《水經注·江水》有奉城，在今湖北江陵南。

11044 吹鏊戈 吹埋。瘇克。

埋²ᴮᴮ⁸⁸从土厘聲。吹埋，讀若吹鏊，地名。

11045 |許子造戈| 鄦子斅戈 ☞ T2.1119

鄦 ²ᶜᴬᴬ⁵ 同鄦，鄦子，許國國君。戰國早期。

斅 ²ᶜ¹ᴬ⁷ 从殳告聲。古文造。

11047 |旘戈| 旘作㦸戈。

旘 ²ᶜ⁰¹¹ 讀若颺。戰國早期人。　㦸 ²ᴬᴮ⁴ᴰ 从戈共聲。讀若拱。

11048 |邥君戈| 邥君作之。

邥 ²⁸⁶⁹⁶ 地名。邥君，楚封君。戰國早期。

11052 |宜鑄戈| 宐鑄敄用。

敄 ²ᴮꜰᴰᶜ 古文造。

11055 |信陰君庫戈| 訫陰君庫。

訫 ²ᶜ⁸ᴬᴰ 从言身聲。訫陰君，讀若信陰君，戰國時期某國封君。

11056 |平陸左戟| 平陸齊邑左戟 ☞ 10953

11058 |燕王罬戈| 郾王罬戈。

罬 ²ᶜ⁸ᴬ⁷ 从言吅聲。讀若謹。郾王罬，即燕王噲。

11062 陵右戟 陵右錯鍼。

鍼 2CAE3 同戟。省作銲。錯鍼，讀若造戟。

11064 楚公豪戈 楚公豪秉戈 ☞ 00042

11065 器淠侯散戈 盉淠侯散戈 殺戈。

盉 2C440 讀若器。　　　淠 2ADA3 讀若淠。

11067 盜叔之行戈 盜弔之行戈 ☞ 09625

11070 曹右定戈 曹右定敔造戈 ☞ 10969

11072 子可期戈 子可期之用。

期 2B931 同期。子可期，春秋晚期齊國人。

11073 閭丘爲鵑造戈 闌丘虞鵑造。

闌 2CB97 从門膚聲。闌丘，讀若閭丘。古邾國有閭邱，以邑爲氏。闌丘虞鵑，或釋闌丘虞鵑，人名。

11077-8 滕侯耆戈 滕矦耆之錯造。

耆 2C68B 滕矦耆，滕國國君，名耆。春秋晚期。

11081 陳侯因資造戈 陳矦因資錯 ☞ 04649

11082 陳麗子戈 陳𠂤子窖銭。

窖 2C513 从穴告聲。窖本字。假借作造。

11085 亳定戈 亳定八族戈 ☞ 10969

11102-4 武王戈 武王之童䇦。

䇦 2C066 童䇦，讀若撞戈。

11112 宜乘戟 宜乘之棗造戟 ☞ 10953

11121 曾侯戈 曾矦鴺白秉戈。

䲈[2CCEA] 从馬从尹。或釋作養。曾侯䲈伯，姬姓曾國國君。春秋早期。

11123 滕侯昃戈 滕厌昃之䣈䢅。

䣈[2CAB5] 釋作酷。讀若造。

䢅[39B4] 楊樹達《積微居金文說·卷四·滕侯戟跋》按戟爲會意字。銘文戟字作䢅，从戈，各聲，爲形聲字，戟之或作也。从各聲者，各與戟古音相同故也。

11125 淳于公戈 臺于公之𧰼 䑶造。

臺[263AB] 臺于，讀淳于，國名。故地在今山東安丘縣東北。

𧰼[2B861] 何琳儀謂上部的高喬可能是豫的修飾字。豫應是淳于公之名，或即杞哀公瘀路。

11129 陳侯因资戈 陸厌因资之造 ☞ 04649

11132 宋公得戈 宋公䙷之䞋戈 ☞ 09650

11133 宋公䜌戈 宋公䜌宋景公䜌之䞋戈 ☞ 09650

11135 陰晉左庫戈 陰晉陝西華陰左庫冶䯧。

䯧[2BD2A] 人名，戰國時期魏國陰晉縣左庫冶鑄作坊的冶吏。

11150 蔡侯朔戟 布厌乇之用䢅。

乇[2AD56] 此字當釋朔。布侯朔，蔡國國君。春秋晚期。

䢅[39B4] 讀若戟 ☞ 11123

11155 成陽辛城里戈 成陽辛城里鈛。

陽[2BD96] 从山陽聲。成陽，地名。或讀崵。

11156 平陽高馬里戈 平陽高馬里鈛。

陽[2A91D] 从土陽聲。或讀場。

11161 新弜戟 新弜自毀弗载。

弜^38B6 弜自，地名。　　毀^2AD4D 同敄，讀若令。

载^2BEE9 弗载，鈽载。《玉篇》鈽，飾也。

11162 王子□戈 王子□之戕戈 ☞ 11047

11175-7 曾侯越雙戈戟 曾厌䢵之行载。

䢵^2B45B 曾厌䢵，曾國國君。戰國早期。

11178-9 曾侯遯雙戈戟 曾厌㵸之用载。

㵸^2BD6C 亦作遯腴與，人名。曾厌㵸，曾國國君。戰國早期。

11182 朝歌右庫戈 朝訶 河南淇縣 右庫，工帀戜。

戜^2BEFB 讀若皱。戰國時期魏國朝歌縣右庫冶鑄作坊的工師。

11183 吞㘴造戟 吞㘴郜錻冶。

㘴^2BA72 从土从皮省。吞㘴，讀若大坡。

錻^2CAE3 同载。郜錻，讀若造戟。

11185 燕侯載戈 郾矦奄作鍨𢧛鉘六。

奄²⁸²ᴬ⁶ 讀若載。

鉘⁹²⁵⁸ 或同錍，曲刃之兵。鍨鉘，戈戟之名，胡部有曲刃。

11188-9 燕王職戈 郾王戠作攻鋸。

攻²ᴮꜰᴬ⁷ 攻鋸，讀若捶戳。《說文》㽞古文作𢻳，《玉篇》作𤥈，並攻字之譌。㽞，今作垂。

11194 燕王詈戈 郾王詈惄攻鋸 ☞ 11058, 11188

11195 燕王喜戈 郾王喜惄鑄攻鋸 ☞ 11188

11202 郢侯戈 郢矦之廳戈五百。

郢²ᴮᴇ⁵ꜰ 讀若程。郢侯，春秋早期程地封君。

廳²ᴮᴇ⁰² 讀若造。

11203 芮大玜戈 內大玜囗之造。

玜²ᴮ⁸⁶³ 从攴乙聲。內大玜，春秋時期芮國人。

11204 宋公佐戈 宋公差之貽戈 ☞ 09650

11207-8 王子于戈 王子㸦之用戈。鎣 ☞ T2.1153

㸦²ᶜ¹⁵ᴱ 王子㸦，即王子于，春秋晚期人。吳王僚未即位時的稱謂，史書作州于。

11209 睟公蘇曹戈 睟公穌𩰬造戈三百。

睟⁰⁰⁰⁰⁰ 从自夆聲。國族名。讀若隆。睟公穌，隆國族首領。春秋晚期。

11213 涑縣發弩戈 涑鄂發弩戈。冶珍。

鄂²ᶜᴀ⁹⁷ 涑鄂，即戰國時期魏國涑縣。

11214 析君戟 斨君墨脀之郜鈒。

斨 23094 古文析。地名。斨君，楚封君，名墨脀。戰國早期。

鈒 2B48A 鐵之省文，釋作戟。郜鈒，造戟。

11224 燕王職戈 郾王戠 燕昭王 作雽萃鋸 倅戟。

雽 2B55D 或即霎。讀若䣆或闟，戟名。

11226 燕侯職戈 郾王戠作庿萃鋸 疑偽刻。

庿 2BCDB 同廊，即廳字初文。庿萃鋸，讀若輕萃戳，輕車之倅戈。

11230-5 燕侯職戈 郾王戠 燕王昭 作巨攺鋸 戳 ☞ 11188

攺 2BFA7 讀若捶。巨攺，謂之大殺。

11237-9 燕王戎人戈 郾王戎人作攺鋸 戳 ☞ 11188

11245 燕王罾戈 郾王罾作巨攺鉚 ☞ 11058，11188

鉚 925A 同鋚，亦作鉨，即矛。

11246-9 燕王喜戈 郾王喜愍 鑄 巨攺鋸 ☞ 11188，11195

11253 郳子戈 郳子謠臣之元允 用戈。

郳 2CA8E 或讀柏。或釋從邑睪聲，讀若繹或嶧。

11255-7 吳王光戈 大吳王光逗自作。用戈 ☞ 11666

逗 2CA24 讀若桓。吳王光逗，字闔廬，一作闔閭，公元前 514 年即位，在位 15 年。

11259 是立事歲戈 〔陳〕匙立事 涖事，主政歲。脀右工鈛。

匙 2C17A 讀若是。陳匙，人名。

脀 2C08B 或歔月合文。月名 ☞ 10371

11260 陳侯因資戈 陳厌因資造 ☞ 04649。以下三字胡銘，偽刻 勺易右。

忺²ᴮᴱ⁷⁹ 讀若怡。季忺，亦作季䭾，姬姓，曾國穆侯之子。

䭾²ᴮᴱ⁷⁸ 忺或隸作䭾。

11310-1 越王諸稽於賜戈 戋口亭侯至王。戊王者旨於賜。

戋²ᴮᴱᴱᴱ 从戈圭聲。

11312 三十三年鄴令戈 卅三年，業鄴，今河北磁縣鍮龹，左庫工帀臣，冶山 ☞ 02482

鍮²ᶜ⁵²³ 同命。讀若令。業鍮，戰國時期魏國鄴縣縣令。

11313 九年㚇丘令癰戈 九年，㚇丘命癰，工帀䲷，冶浔 以下胡部，秦國加刻高望。

䲷²ᴮ⁶ᴮᶜ 人名，戰國時期魏國䒱丘縣冶鑄作坊的工師。

浔²ᴮ⁹⁵⁰ 人名，戰國時期魏國䒱丘縣冶鑄作坊的冶吏。

11314-5 二年皇陽令戈 二年，皇陽命強獙，工帀疤𢾑，冶才。

獙²ᶜ⁹⁴² 从豸或聲。強獙，戰國晚期擔任皇陽縣縣令。

𢾑²ᴮᶠᴱ⁵ 从攴敢聲。與𢾑同。疤𢾑，戰國晚期擔任皇陽縣冶鑄作坊的工師。

11316 四年宜陽令韓玾戈 三年命䩅玾宜陽，工帀敊悥，冶庶。

敊²ᴮᶠᴮ⁶ 同歠。敊悥，人名，戰國晚期韓宜陽冶鑄作坊的工師。

11317-8 三年筥余令韓譙戈 三年，筥余命䩅譙，工帀罕瘢瘂，冶鬲埽。

筥²ᶜ⁶ᴱ⁴ 同坿。筥余，讀扶予或負黍，地名。

瘢²ᶜ³ᴱᶜ 罕瘢，讀若罕廖，人名。戰國晚期韓國負黍縣冶鑄作坊的工師。

瘂²ᶜ³ᶠ⁵ 瘢或隸作瘂。

11322 七年綸氏令戈 七年，侖氏ᴴᴬᴺ邑，今河南登封潁陽鎮命 軗化，工帀榮屏䣱，冶慔。

屏²ᴮᴬ⁰⁹ 同原。榮屏，工師名。　　䣱²ᴰ¹⁸⁵ 屏或隸作䣱。

慔²²⁶⁷ᴰ 讀若謀。人名，戰國晚期韓綸氏縣冶鑄作坊的冶吏。

11323 八年茲氏令吳庶戈 八年，茊氏命吳庶，下庫工帀張武。

茊²ᴮ⁹ᴱ⁰ 茊氏，讀若茲氏，戰國時期趙國置縣，故城在今山西汾陽。

11329 王何戈 王何ᴮᴮᴮᴮ趙惠王立事立事，主政，旱冶㭰㪅教馬重爲。宜安ᴮᴮᴮᴮ趙邑。

旱²⁵⁰ᶠᶠ 或讀得工，或同寺工，鑄造機構名。

㭰²⁶⁸⁷⁷ 㭰㪅，或讀對啟，人名，戰國時期趙國得工冶鑄作坊的冶吏。

11331 二十二年臨汾守戈 廿二年ˢᴱᶜ秦始皇22年臨汾守暳，庫係，工歇造。

暳³ᶠ⁵¹ 或作暳。人名。臨汾守，或指官名。

11332 十四年屬邦戈 十三年，屬邽工帀蕺蕺，丞□，工□。屬邽。

蕺²ᶜ⁷ᴮ¹ 亦作薑，人名。秦王政時期。

蕺²ᴮᶠ⁰⁵ 蕺張亞初釋作蕺。或釋作蕺。

11333 徿勹白赤戈 ᴮᴮᴮᴮ馶季戈徿勹白、赤烏兹戈，毕璧ᴮᴮᴮᴮ厥辟馶季秉旨ᴮᴮᴮᴮ存

徿²ᴮ⁸ᶜ⁷ 从支侶聲。　　徿²ᴮ⁸ᶜ⁸ 同徿。

馶²ᴮ⁹³⁷ 从去岡聲。馶季，人名。西周早期。

11334 煂臣戈 〔元〕鑄用，蕺大𦥑煂臣鑄其載戈。

煂²ᶜ²ᶜ² 煂臣，人名。　　鏽²ᶜᴮ¹ᴬ 亦作鋁，指銅料。

𦥑²⁸⁶ᴮ⁵ 𦥑大𦥑，讀若戴大酋。

殷周金文字宝 303

11335 四年邘令戈 三年，邘命輅庶，上庫工帀郞口，冶氏靟。

郞²ᶜᴬ⁸⁶ 同張。張氏，韓上庫冶鑄作坊的工師。

靟²ᴮ⁸³⁵ 即髯。人名。韓邘縣上庫冶鑄作坊的冶吏。

11337 六年令司寇書戈 六年，命司寇書，右庫工帀臽向，冶厔。

臽²ᴮᴬ⁰ᴬ 臽向，人名，韓右庫冶鑄作坊的工師。戰國早期。

厔²ᴮᴬ⁰ᴰ 人名，韓冶鑄作坊的冶吏。戰國早期。

11338 三年逾即令戈 三年，逾命樂疛，工帀奠忞，冶敞微。山陽。

逾²ᴮ⁸⁷⁴ 俞即二字合文，亦名榆次，邑名。

疛²⁴ᴰ²⁸ 同疛。樂疛，人名，逾縣縣令。

忞²ᴮᴱ⁸⁵ 奠忞，或釋作鄭悉，人名，冶鑄工師。

11339 十三年子駿戈 十三年正月，斜左乘馬大夫子駿戩。

斜²ᴮꜰꜰ⁵ 未詳。斜左，或地名。　戩²ᴬᴮ⁵⁶ 从戈貫聲。

11340 四年戈 三年，口口子口口，歕裦萬刀所爲。

裦²ᶜ⁸⁵⁷ 歕裦，人名。戰國晚期。　歕²ᴮꜰᴰ³ 亦作敊。讀若播。

11344 八年芒令戈 八年，亯命甾轄，左庫工帀佗新具，冶戊。

甾²ᴮᴰ⁸ᴮ 甾轄，魏國芒縣縣令。

新²ᴮꜰꜰᶜ 讀若梁。佗新具，人名，戰國時期擔任魏國芒縣冶鑄作坊的工師。

11347 十三年繁陽令戈 十三年，泛陽命㣇戯，工帀北宮壘，冶黃。

㣇²ᴮᴰ⁷ᴱ 讀魏，姓氏。㣇戯，人名，戰國時期魏國繁縣縣令 ☞ 01345

宮²ᶜ⁵⁰⁹ 讀若宮。北宮，複姓，出自姬姓。北宮壘，人名，戰國時期擔任魏國繁陽縣冶鑄作坊的工師。

11348-9 五年邲令思戈 五年，鞪今河南輝縣䚈思，左庫工帀長吏廬，冶數近。

䚈²ᶜ⁵²³ 讀若令。鞪䚈，戰國時期魏國邲縣縣令。

廬²ᴮ²ᴱ¹ 長吏廬，讀張史廬，戰國時期魏邲縣冶鑄作坊的工師。

數²ᴮꜰᴮᴬ 數近，人名。戰國時期魏邲縣冶鑄作坊的冶吏。

11351 十六年喜令戈 十六年，喜倫䩤䯂䯂，左庫工帀司馬裕，冶何。

䯂²ᶜᴰᴱᴬ 韓䯂，人名，戰國晚期擔任韓國喜縣縣令。喜，吳振武讀鰲，今河南鄭州北。

䯂²ᶜᴰᴱ⁵ 䯂或隸作䯂。

11352-3 秦子戈 秦子作遣中臂辟元用，左右市鮎帀旅用牆宜。

遣²⁸⁵⁸⁴ 古文造。

牆²ᶜ³⁰ᴰ 同牆，牆，古文逸。用牆宜，亦作用逸宜，讀若用肆宜。

11354 三年汪陶令戈 三年，涅匋命富反下庫工帀王壴冶罱。

罱⁴³⁶⁰ 人名，趙汪陶縣冶鑄作坊的冶吏。

11355 十二年少曲令戈 十二年，小匕少曲，韓邑命甘丹邯鄲仈，右庫工帀蛩綤蚍紹，冶倉敊。

仈²⁰¹ᴮ⁰ 从人不聲。不古文掌。姓。

蛩²ᴮ²ᴮᶜ 同蚍。

綤²ᶜ⁵ᴰᴱ 同紹。蛩綤，讀若蚍紹，戰國早期人。韓國少曲冶鑄作坊的工師。

敊²²ꜰ⁴ᴰ 古文造。

11356 二十四年郥陰令戈 廿三年，郥陰命萬爲，右庫工帀蒐𢼊，冶豎。

郴^{2CA78} 从邑申聲。地名。

陰^{2CBC9} 陰。郴陰，戰國晚期韓國縣名，故地在今河南南陽北。

11357 王三年鄭令戈 王三年_{韓桓惠王3年,B.C.270}奠命馭熙，右庫工帀事衺，冶□。☞ 02482

衺^{2C2E7} 从爪从衣，會以手脫衣意。裼之初文。事衺，讀若史狄，戰國晚期韓鄭縣右庫冶鑄作坊的工師。

11358 鄦陵公戈 罵鼎之戠_歲羕陵公伺寏所鄐_造，冶己女。

罵^{262FB} 罵讀若禡，祭名。罵或釋膚，讀獻。獻鼎，歲名。

羕^{7F95} 鄦陵，地名。

11360 元年塄令戈 元年，鄥埨夜胥，上庫工帀□□，冶䦏。

鄥^{2CA83} 讀若塄。趙國縣名。今山西神池。

埨^{2C523} 讀若令。

胥^{2C07E} 或讀胍。或釋莔，讀蔑。夜胥，戰國晚期人，擔任趙國塄縣縣令。

䦏^{2CB90} 或讀間。戰國晚期人，擔任趙國塄縣冶鑄作坊的冶吏。

11361 四年相邦樛斿戈 三年_{秦惠文王4年,B.C.334}相邦樛斿之造，櫟陽工上造間。吾衙。

間^{2B51D} 或讀閒。人名，秦櫟陽冶鑄作坊擔任上造二級技工。上造，二等爵。

11365 曾大攻尹戈 穆侯之子，西宮之孫，曾大攻胥季㐌之用

☞ 11309

㐌^{2B41C} 讀若怡。季㐌，亦作季怨，姬姓，西宮之孫，周王的宗支，擔任曾國大工尹。

11366 十七年邢令戈 十七年，埜倫吳龠，上庫工帀宋昃，冶雁。
䎍齊。

埜 5753 古文型。亦作荊，讀若邢，趙邑，今河北邢臺。

龠 2055E 古文次。埜倫吳龠，趙國邢縣縣令。字或釋蒙。

11367 六年漢中守戈 六年，莫中守趎造，左工帀齊，丞䣱，工牪。公。

趎 2C996 讀若運。人名，戰國晚期擔任秦漢中郡守一職。

11371 十七年鄭令戈 十七年韓桓惠王 17 年，B.C.256 莫命幽□恒，司寇彭璋，武庫工帀車喧，冶狙。

狙 2C32F 人名，戰國晚期韓鄭縣冶鑄作坊的冶吏。

11372 二十年鄭令韓恙戈 廿年韓桓惠王 20 年，B.C.253 莫倫耴恙，司寇攱裕右庫工帀張阪，冶贛。

倫 20288 讀若令。莫倫，韓鄭縣縣令。

恙 2BEB5 即恙。韓恙，人名。戰國晚期擔任韓鄭縣縣令一職。

攱 2ABC8 張亞初讀扶。李零釋作太，讀大。攱裕，人名。戰國晚期擔任韓鄭縣司寇一職。

11373 二十一年鄭令戈 廿一年韓桓惠王 21 年，B.C.252 莫命艉□，司寇攱裕左庫工帀吉忘，冶緄。

艉 2C898 艉□，人名。戰國晚期擔任韓鄭縣縣令一職。

攱 2ABC8 攱裕，人名 ☞ 11372

緄 2C5D9 从糸吳吳聲。人名，戰國晚期韓鄭縣冶鑄作坊的冶吏。

11374 二十七年上郡守戈 廿七年秦昭襄王 27 年，B.C.280 上郡守趙司馬錯造，漆漆垣工帀豬，丞抲，工隸臣積。□陽。

穜²⁵⁸ᴬ²人名。身份爲隸臣，即刑徒，在秦上郡冶鑄作坊當工匠。

11375 王三年馬雍令戈 王三年，馬雍命事吏吳，武庫工帀奭信，冶衺祥造。廿二。

衺²ᶜ⁸⁵ᴬ 冶祥戰國晚期人，韓國馬雍縣冶鑄作坊的冶吏。

祥²ᶜ⁸⁵⁹ 衺或隸作祥。

11376 十八年冢子韓矰戈 十八年，冢子軹戧韓矰，邨庫嗇夫敊湯，冶舒𢾭戈 ☞ 11372

邨²ᶜᴬ⁷ᶠ 邨庫，同生庫 ☞ 10992   敊²ᴬᴮᶜ⁸ 敊湯，人名 ☞ 11372

𢾭²ᴬᴮᴰ³ 同擀。假借作造。

11377 十四年武城令戈 十三年，武城命□□，莒暴，〔庫〕嗇夫事吏歇，冶章。敉齊。

暴⁰⁰⁰⁰⁰ 从日棗聲。與早同。莒暴，人名。

11380 五年相邦呂不韋戈 五年，相邦呂不韋造，詔事使圖，丞戲，工寅。詔事使 ☞ 11332

11381 楚王熊章戈 楚王酓璋楚惠王嚴嚴聞恭寅，作輼戈，以邵䣛文武之戌用茂庸。

輼²ᶜ⁹ᶠᶜ 駂駝合文，車疾行貌。

䣛²ᶜ⁰¹¹ 㫃䣛字。邵䣛，讀若昭揚。

11382 十七年龤令戈 十七年，龤倫艞䏑，司寇奠害，左庫工帀器較較，但冶□𢾭。

艞²ᶜ⁸⁹⁸ 艞䏑，戰國晚期韓國龤縣縣令。

害³⁷⁵⁸ 鄭害，人名。

𢾭²ᴮᶠᴰᶜ 古文造。

11384 四年鄭令戈 三年，奠倫䢼半，司寇張朱，武庫工帀弗愁愁，冶𠂤敀敄。

倫²⁰²⁸⁸ 讀若令。奠倫，韓鄭縣縣令。

愁²ᴮᴱ⁸⁵ 弗愁，人名，戰國時期擔任韓國鄭縣武庫冶鑄作坊的工師。

愁²²⁶²⁴ 愁或隸作愁。

𠂤²ᴬᶜ⁵ᴮ 同尹。冶尹，或省作冶，冶鑄工匠。

敀²ᴬꜰ⁸⁷ 同披。人名，戰國時期擔任韓國鄭縣武庫冶鑄作坊的冶尹。

敄²ᴬᴮᴰ³ 同艁，讀若造。

11385 五年鄭令戈 五年，奠倫䢼半，司寇長朱，右庫工帀皂高，冶𠂤嬬敄。☞ 11384

敄²ᴮꜰᴰᶜ 古文造。

11386 八年鄭令戈 八年，奠倫公先𢆻，司寇事㱿，右庫工帀苜高，冶𠂤□敄。

𢆻²ᴮᴰᴮ⁹ 从巳幽聲。古文幼。公先𢆻，人名，戰國晚期擔任韓國鄭縣縣令。

𢆻²ᴮᶜᴬᴬ 𢆻或隸作𢆻。

㱿²ᴮᶜᴮ² 或隸作陒。史㱿，人名，戰國晚期擔任韓國鄭縣司寇。

11387 十四年鄭令戈 十三年韓桓惠王 14 年，B.C.259 奠倫趙距，司寇王䏝，武庫工帀盥章，冶狃。

䏝²ᴮꜰ⁰ꜰ 王䏝，人名。擔任韓國鄭縣司寇。

狃²ᶜ³²ꜰ 人名 ☞ 11371

11391 二十九年相邦趙豹戈 廿九年趙惠文王29年，B.C.270相邦肖豹，邦左庫工帀鄭愼，冶匜□。敦齊。

鄭 2CA96 或釋勸。姓。鄭愼，戰國晚期人，擔任趙國邦左庫冶鑄作坊的工師。☞ 古璽彙編.2178：鄭袤。

11395 八年相邦呂不韋戈 八年，相邦呂不韋造，詔事使圖，丞戠，工奭。屬邦。詔事使 ☞ 11332

11396 五年相邦呂不韋戈 五年，相邦呂不韋造，詔事使圖，丞戠，工寅。屬邦。詔事使 ☞ 11332

11397 六年鄭令戈 六年，奠倫公先酆，司寇向□，左庫工帀倉慶，冶胥□斁。☞ 11386

11398 三十一年鄭令戈 卅一年，奠倫㮰湷，司寇趙它，㘴庫工帀皮耴，冶胥尹啟造。☞ 10992

㮰 2C0EC 即椁，讀郭。

湷 2AD96 郭湷，人名，戰國晚期韓鄭縣縣令。

11399 二年上郡守冰戈 二年秦莊襄王2年上郡守冰李冰造，高工丞沐庝，工隸臣述。上郡武庫。

庝 2BA08 从厂殳聲。讀若叟。沐庝，人名，戰國晚期擔任秦國上郡高奴冶鑄作坊的丞，輔佐工師管理鑄造諸事。

11402 公㤰里脽戈 公挈里脽之大夫敀之卒。左軍之攺僕介巨。梜里癋之攺戈。

敀 2AF87 讀若披。大夫敀，戰國晚期擔任燕國大夫。

攺 2BFA7 攺僕，讀若捶撲 ☞ 11188

310　殷周金文字宝

11404 十二年上郡守壽戈 十二年秦昭襄王 12 年，B.C.295 上郡守𪚥向壽造，桼垣工帀奭，工叚長騎。洛都。汿。廣衍。歐。

汿^{2C1DD} 或地名。

11405 十五年上郡守壽戈 十五年秦昭襄王 15 年，B.C.292 上郡守𪚥向壽之造，桼垣工帀奭，丞觺，冶工隸臣騎。西都。中陽。

觺^{2CD37} 人名。擔任秦上郡漆垣縣冶鑄作坊的丞一職。

11407 毋作其迹戈 …毋乍其朿…

朿^{2C17C} 同速。讀若迹。

11424 偏矛 亮。

亮^{2CD14} 从人高聲。亦作偏，即鄗，地名。

11457 生庫矛 生庫 ☞ 10992

11460 泥陽矛 浘陽。

浘^{2C1F3} 同泥。泥陽，秦邑，以在泥水之陽得名。

11476 迺鬲矛 迺鬲。

迺^{2CA2A} 迺鬲，戰國時期地名。

11477 齃睘矛 齃睘。

齃^{2CE6E} 从鼠果聲。齃睘，戰國時期地名。

11486 辛邑矛 辛邑阦。

阦^{2B53A} 从阜大聲。或从矢釋。族名或人名。商晚期。

11487 右薊悆矛 右薊悆。

薊^{2BB98} 未詳。

悆^{2BE9C} 或讀逸。

11499 格氏矛 格氏冶鞼。

鞼 2B14C 戰國晚期人，格氏縣冶鑄作坊的冶吏。

11506 武都矛 武都迋庫。

迋 2CA1E 迋庫，讀若役庫。

11507 鄭生庫矛 奠生庫 以下刻銘 旗束。

生 2BB60 生庫，軒庫 ☞ 10992

旗 2C003 旗束，戟刺。

11514-6 燕王職矛 郾王戠作攸鈦。

攸 2BFA7 讀若捶 ☞ 11188

鈦 91F1 與鍦、鈹同，長劍似矛。燕人稱鈹爲鈦。

11526-7 燕王職矛 郾王戠作巨攸鈦 ☞ 11514

11528-9 燕王喜矛 郾王喜憖全䱽利。

䱽 2C521 同長。全䱽利，大矛之名。

11540 燕王詈矛 郾王詈作巨攸鋚 ☞ 11058, 11188

鋚 2896B 同鉚，亦作銣，即矛。

11541 不降矛 不降拜余子之貳金 ☞ 11286

11544 越王太子矛 於戉昌王旨郢之大子旬鼌，自作元用矛。

郢 2B45D 从邑医聲。於戉昌王旨郢，即越王者旨於睗。

旬 2B9C1 大子旬鼌，或釋太子嵒疇，戰國早期人，越王者旨於睗的太子。

11545 七年邦司寇矛 七年，䢼司寇富無，上庫工帀戎閄，冶胱。

閄 ²ᶜᴮ⁸⁸ 从門从肉。人名，戰國晚期擔任魏國上庫冶鑄作坊的工師。

胱 ²ᶜ⁰⁷ᶠ 从肉羌聲。人名，戰國晚期擔任魏國上庫冶鑄作坊的冶吏。

殷周金文字宝 313

11546 七年宅陽令隃燈矛 七年，宅陽今河南荥陽命隃燈，右庫工帀夜疟，佢冶起歂。

疟²ᶜ³ᴱ² 讀若瘥。夜疟，戰國早期人。韓國宅陽縣右庫冶鑄作坊的工師。

歂²ᴮꟻᴰᶜ 古文造。

11547 秦子矛 秦子作造公族元用，左右市鮭用牆宜。☞ 11352

11548 二十年寺工矛 廿年秦王政20年，B.C.227 寺工幹，攻丞敫造。

敫²ᴬᴮᴰ² 人名，秦國兵器冶鑄作坊工丞。

11549 十二年邦司寇野弟矛 十二年，邽司寇野弟，上庫工帀司馬瘨，冶馘。

馘²ᴬᴮ⁵⁶ 戰國中期人名，魏上庫冶鑄作坊的冶吏。馘，張亞初釋督。

11551 九年鄭令矛 九年，奠倫向佃，司寇䨮商，武庫工帀盥章，冶狽。

狽²ᶜ³²ꟻ 人名 ☞ 11371

11552 元年鄭令矛 元年，奠倫桯渹，司寇芋慶，生庫工帀皮耴，冶舃貞歂 ☞ 10992, 11398

歂²ᴮꟻᴰᶜ 古文造。

11553 五年鄭令矛 五年韓王安5年，B.C.234 奠倫軹半，司寇張朱，左庫工帀昜桶，冶舃弘歂。

桶²ᴮᴮꟻ⁴ 陽桶，戰國晚期人，韓國鄭縣左庫冶鑄作坊的工師。

弘²ᴬᴬᴮᴬ 讀若弘。人名，戰國晚期擔任韓國鄭縣左庫冶鑄作坊的冶尹。

斲 2ABD3 同摺，讀若造。

11554 七年鄭令矛 七年韓王安 7 年，B.C.232 奠倫公先酋，司寇史陉，左庫工帀倉慶，冶君弢斲 ☞ 11386

陉 2B53D 讀若隋。史陉，人名，戰國晚期擔任韓國司寇。

弢 2BE30 从弓殳省聲。讀若彯。弢，人名，戰國晚期擔任韓國鄭縣左庫冶鑄作坊的冶尹。

斆 2BFDC 古文造。

11555 三十二年鄭令矛 卅二年，奠倫楯洈，司寇趙它，坒庫工帀皮耴，冶君坡 ☞ 11398

坡 2C51C 讀若坡。

11557 五年相邦春平侯矛 五年，相趄嗇平厌，趄左伐器工帀長瞿，冶粊。斁齊。

瞿 2CBF6 長瞿，讀張鳳，人名，趙孝成王時期擔任邦左庫工師。瞿或釋作雚。

粊 2C58E 讀若粺。人名，趄左伐器冶鑄工坊的冶吏。

11558 七年相邦春平侯矛 ☞ 11557

11559 三年鄭令矛 三年，奠倫楯洈，司寇芋慶，左庫工帀邔斦，冶君弢斲 ☞ 11398, 11554

邔 2CA79 邔斦，人名。

斦 2C518 邔斦，戰國晚期人。韓王安 3 年 B.C.236 前後，擔任鄭縣左庫冶鑄作坊的工師。

11560 三十四年鄭令矛 卅三年，奠倫楯洈，司寇趙它，坒庫工帀皮耴，冶君坡斲 ☞ 11398

坡 2C51C 从立皮聲。讀若坡。戰國晚期韓國鄭縣輨庫冶鑄作坊的冶尹。

歔 2BFDC 古文造。

11562 六年安陽令矛 六年，安陽倫軹壬，司刑欣獻，右庫工帀芚固，冶歐歔戠束刺。

倫 20288 讀若令。韓挺，安陽令，韓安陽縣縣令。

欣 2AD2A 讀若忻。欣獻，或讀欣鴿，人名，戰國晚期擔任韓國安陽縣司刑一職。

芚 26AFF 芚固，讀若肴固，人名，戰國晚期韓安陽冶鑄作坊工師。

歐 2C6E2 人名，戰國晚期韓安陽縣冶鑄作坊的冶吏。

歔 2BFDC 古文造。

11563 二年鄭令矛 二年，奠倫棺湆，司寇芋慶，生庫工帀皮耴，冶胥坡歔。戠束 ☞ 11398, 11560

戠 2BEE9 戠束，戠刺。

11564 四年雍令矛 三年，戩雝倫軹匡，司寇刊它，左庫工帀荊秦，冶袞歔戠束 ☞ 02482

戩 2BEFC 从戈隹聲。戩雝，讀若截雍，戰國晚期縣名，縣令爲韓匡。

刊 2B976 从刀平聲。刊它，人名，戰國晚期戩雍縣司寇。

歔 2ABD3 同槽。讀若造。

戠 2BEE9 戠束，戠刺。

11565 二十三年襄城令矛 廿三年 韓桓惠王 23 年，B.C.250 戵城倫羍忬，司寇麻維，右庫工帀甘丹氍，冶向歔造，貞寺持。

牪 2AE9D 从牛爻聲。讀若駁。或讀犇。

㤇 225C7 牪㤇，或讀牪名，韓襄城縣縣令。

䭎 2CC8E 人名。甘丹䭎，邯鄲氏，名䭎，擔任襄城右庫工師。

敳 2BFDC 古文造。

11566 中央勇矛 五酉之後，曰：毋有中央，勇龠生安空 正面。

龠 2A95C 同龠。或讀蘥。

11578 郄子劍 郄子之用。

郄 2A858 讀若揉。郄子，人名。春秋晚期。

11582 繁陽之金劍 緐湯之金。

湯 2ACF7 从木湯聲。緐湯，讀繁陽，楚邑。

11588 韓鍾之造劍 鈢鍾之鍊鑢。

鈢 2CAF6 鈢鍾，讀若韓鍾，或即韓穿，晉國列卿之一。

鍊 2B4C7 讀若造。

11591 陳窒散劍 陳窒散 殺造鑢 偽刻 ☞ 11036

11594-5 越王之子勾踐劍格 戉王戉王之子㕦踐。

㕦 2C160 㕦踐，即越王勾踐 ☞ 11621

11602-3 蔡侯產劍 布疌產作畏敩。

敩 2455D 又作效，古文教。畏敩，讀若威效。

11611 郢王劍 郢王僕自牧甬鑢 用劍。

郢 90D9 國名。即巴國。僕，郢王名。

牧 2BFA9 作。

殷周金文字宝　317

11618 越王劍 唯弜公〔之〕居〔旨〕卲〔亥〕嵞〔丌〕卲〔僉〕

☞ 11656, 11692

弜 2BE33 从弓貝聲。人名。　　　嵞 2BD8C 同嵞。

11621 越王勾踐劍 邺王欿淺自作用鐱。

欿 2C160 从欠九聲。邺王欿淺，讀若越王勾踐。☞ 11594

11634 燕王職劍 郾王戠 燕王昭 怣武舞旅鐱。

怣 2BE9A 从舟聲，讀若鑄。

11643 燕王職劍 郾王戠 燕王昭 作武舞鏃鐱。右攻工。

鏃 2CAFD 讀若旅。武舞旅，或釋作武檊旅。

11651 鵃公劍 鵃公圖自作元鐱，延匋 延寶 用之。☞ 10818

11652 二十九年高都令劍 廿九年，高都命陳鷟，工帀琴，冶無

☞ 11302

11654 攻敔王光劍 攻敔王光自作用鐱，以戜戚人。

鐱 9431 同劍。　　　戜 2BEF9 古文擋。

戚 229A8 讀若勇。

11656 越王劍 唯弜公之居旨卲亥嵞丌卲僉 ☞ 11618, 11692

11659 楚王熊章劍 楚王畲章 楚惠王 爲赿□士鑄用〔劍〕，用征□。

赿 27EA3 讀若從。人名用字。

11661 三年欒令郭唐鈹 三年，隸倫楛唐，下庫工帀孫屯，冶沽

敨齊。

隸 2CBE8 讀若欒。趙縣名，故地今在河北欒城東北。

楛 2C0EC 即椁，郭。楛唐，戰國晚期趙國欒縣縣令。

11665 句吳王劍 工𫙮王作元巳祀，用塚重，增其江之台溱，北南西行。

𫙮^{4C77} 工𫙮王，讀作句吳王，春秋吳國某代國君。

11666 句吳王光劍 攻敔王光自作用鐱。逗余允至，克戜多攻。☞ 11255

戜^{2BF08} 克戜多攻，讀若克摚多功。或隸作戕，讀若壯。

11671 六年安平守鈹 六年，安平守變疾，左庫工帀賦賁，冶余。敫齊。

賦^{2C458} 从目武聲。賦賁，人名，戰國晚期擔任趙國安平左庫冶鑄作坊的工師。

11672 七年井陘令劍 七年，巠陘命趛乙，下庫工帀孫屛張缶，冶浊齋劑。

屛^{2BA04} 孫屛，戰國晚期趙國井陘縣下庫冶鑄作坊的工師。

11675 三年武平令劍 三年，武坪倫司馬䦅，右軍庫攻帀工師复秦，冶疾。敫齊新收1776仿此銘偽刻。

䦅^{2CB90} 或讀間。司馬䦅，戰國時期趙國武平縣縣令。

11677-8 八年相邦劍 八年，相趉建信君，趉右庫工帀郘段，冶胥毛。敫齊。

毛^{2C1BD} 从毛云聲。人名，戰國晚期擔任趙國邦右庫冶鑄作坊的冶尹。

11680 八年相邦鈹 八年，相趉建信君，趉左庫工帀郘段，冶胥囲。敫齊新收1777仿此銘偽刻。

囲^{20971} 人名，戰國晚期擔任趙國邦左庫冶鑄作坊的冶尹。

11681 八年相邦鈹 八年，相趉建信君，趉左庫工帀郘段，冶尹魍。敫齊 ☞ J2.1319

魁 29C9E 人名，戰國晚期擔任趙國邦左庫冶鑄作坊的冶吏。

11684 十七年相邦春平侯鈹 十七年，相魁曾平戻，魁左庫工帀□□□，冶馬齋劑。

馬 2BA11 讀若馬，姓。戰國晚期人。趙孝成王 17 年前後，擔任邦右庫冶鑄作坊的冶吏。

11686 五年邦司寇劍 五年，魁司寇馬悆，迋庫工帀得尚，冶胥尹曘半釪。敎齊。武垣。

悆 2AAFD 馬悆，讀若馬愈，人名。

迋 2845C 迋庫，讀下庫。或釋辻，辻庫，讀役庫。

11688 相邦春平侯鈹 王立事 涖事，主政，指趙王即位初年，與相邦春平侯於悼襄王 2 年歸趙時間不符，相魁曾平戻，魁左庫工帀肖瘠，冶尹魁。敎齊偽 ☞ 11556《元年相邦春平侯矛》。

11690 十七年相邦春平侯鈹 十七年，相魁曾平戻，魁左伐器工帀長瞿，冶魁。敎齊。

瞿 2CBF6 長瞿，張鳳 ☞ 11557

魁 29C9E 人名，趙孝成王 17 年前後，擔任邦右庫冶鑄作坊的冶吏。

11692 越王劍 唯弜公之居旨邵亥𪚥刀邵僉 ☞ 11618，11656

11693 三十三年鄭令劍 卅三年，奠命楀潼，司寇趙它，𠂤庫工帀皮耴，冶胥啟𢻻 ☞ 11398

𢻻 2BFDC 古文造。

11694 四年春平相邦鈹 三年，曾平相魁晉得，魁右庫工帀圂骼徒，冶臣成。敎齊。

医 ^2C65F 讀若醫。医輅徒，戰國晚期擔任趙國邦右庫冶鑄作坊的工師。

11699 十七年相邦春平侯劍 十七年，相邦昚平疢，邦左伐器工帀 □□□□，冶亘。敦齊。

亘 ^2A7EC 戰國晚期人，趙孝成王 17 年前後，擔任邦左庫冶鑄作坊的冶吏。

11700 十五年守相杜波劍 十五年趙孝成王 15 年，B.C.251 守相杢波，邦右庫工帀軌亥，冶巡。敦齊。大攻君工尹軌尚。

杢 ^21263 刼字之省。執古讀與廉通。杢波，或讀廉頗，號信平君，趙國守相。

11705 燕王喜劍 郾王喜立事南行昜倫眂卯，右庫工帀司馬卻，冶胥乇旻。敦齊偽刻 ☞ 11674《王立事鈹》，11677，11717，J2.1322《南行昜令眂卯鈹》。

11706 八年相邦劍 八年，相邦建信君，邦左庫工帀郲段，冶尹乇。敦齊。大攻君工尹軌尚 ☞ 11677

11707 四年相邦春平侯鈹 三年，相邦昚平疢，邦左庫工帀張身，冶胥敢。敦齊。大攻君肖閃。

閃 ^2CB88 肖閃，讀趙閒，戰國晚期任趙國邦左庫冶鑄作坊大工尹。

11684 十七年相邦春平侯鈹 十七年趙孝成王17年，B.C.249相邦昚平疢，邦右庫工帀訬乇，冶巡。敦齊。大攻君工尹韓尚。

乇 ^2C1BD 从毛云聲。訬乇，戰國晚期人。趙孝成王 17 年前後，擔任邦右庫冶鑄作坊的工師。

11710 十八年相邦春平侯劍 十八年趙孝成王18年，B.C.248相邦昚平疢，左伐器厤，工帀析論，冶疋。敦齊。大攻君工尹趙□臨摹本。

厣 2A812 人名。戰國晚期。

𤯍 2C2EE 人名，趞左庫冶鑄作坊的冶吏。戰國晚期。

11711 十三年守相信平君鈹 十三年，右……衣，趞右 上段正面 大 上段背面 守相邯平君，趞……执伙、冶譋。教齊 下段正面 攻帀 工尹 执尚 下段背面。兩器拼接，上下段銘文不銜接。偽造。

伙 2BE50 韓伙，人名。字符偽造。

11712 七年相邦鈹 七年，相趞陽安君，趞右庫工帀 史筌 筌 胡，治事 吏 疴。教齊。大攻帀 工尹 执啻。

筌 2C548 史筌胡，人名。趙國相邦右庫工師。

筌 2C556 筌或隸作筌。

11713-4 十七年相邦春平侯劍 十七年，相趞萅平庆，趞左伐器工帀長瞿，冶匝。教齊。大攻帀尹执尚。

瞿 2CBF6 長瞿，張鳳 ☞ 11557   匝 20971 人名 ☞ 11680

11717 十八年建君鈹 十八年，相趞建信君趞右庫工帀司馬卻治旻耺教齊大攻帀执尚 偽刻 ☞ 11705

11719 叔趙父禹 正面 弔趙父作旅禹，其寶用 背面 燮監。

燮 2C287 即榮。人名。西周中晚期。

11725 佇鉞 佇 ☞ 06646

11727 圍鉞 甗 ☞ 01052

11730 敃鉞 敃 ☞ 07383

11758 中山侯忞鉞 天子建邦，申山厌忞作兹軍鈲，以敬徽卹眾。
忞 ^{2C15F} 釋作恣。中山侯忞或即盗，申山王譽之子 ☞ 09734。字或釋作忉。

鈲 ^{9232} 或讀鈷。《集韻》斷也。

11764-5 甶斧 甶 ☞ 02020

11783 犾虎斧 犾虎

犾 ^{2BEE8} 讀若戒。犾虎，族徽，殷。

11803 劖刀 劖

劖 ^{2B9A3} 从刀龜聲。族徽。商晚期。

11809 梧刀 梧 斷代爲漢，非先秦器。

梧 ^{2C0A1} 从木五聲。與梧同。地名。

殷周金文字宝 323

11811 亞弜刀 亞弜貝。

貝 2C94E 與旻同。讀若得。人名，弜族的分族小宗。商晚期。

11814 左使車工刀 左使車工䙷。☞ 00971
11815 齊城右造刀 帝城齊都臨淄右造車鐵。冶腸銘偽 ☞ 11062
11816 㑄仲射子削 唯㑄中䠶子用 ☞ 04479《射南盨》，10337

㑄 2B8A5 同鄡。國名。或謂㑄中讀奚仲，傳說車的發明者。

䠶 2AFCE 躲字繁體。䠶子，春秋早期謝國公族，任姓，奚仲之後。

11842 黇銅泡 黇 ☞ J.1080

黇 2CE52 从黃从帕聲。讀若黇。或釋罵。族徽。

11851 矢笒銅泡 矢笒。

笒 2C52D 讀若笒。矢笒，族名或人名。西周早期。

11864 十三年鑲金銀泡 十三芣，私庫嗇夫煮正工頋臭。

頋 280A0 頋臭，即夏昃，戰國中期中山國私庫冶鑄作坊的冶鑄工。

11865 十三年鑲金銀泡 十三芣，私庫嗇夫煮正，工陲㔷。

㔷 2B9D0 陲㔷，人名，中山國私庫冶鑄作坊的冶鑄工。戰國中期。

11867 㕤弓形器 㕤 ☞ 02020
11869 鵴弓形器 鼻 ☞ 01586
11876 甲冑 囲

囲 2BB42 即囲，古文柙。族徽。商晚期。

11879 |収冑|収 ☞ 05270

11888 |匂冑|匂

匂²ᴮᴮ⁴⁸ 从口旬聲。族徽。商晚期。

11901 |皮氏銅權|皮氏大鈴。

鈴²ᶜᴬᴱ⁶ 同鈴。

11902 |二十四年銅梃| ☞ 10453，重出。

11903 |叵鼙鐓|冂鼙 ☞ 06442, 06940

11905 |郮鐓|郮。

郮²ᶜᴬ⁷ᶜ 从邑鳳聲。地名。

11907 |梁牙庫鐓|粱酙庫。

粱²ᶜᴬ⁹⁴ 同梁。地名。酙庫，讀若牙庫。

11910 |大司馬鐓|柂渾都大嗣馬。

柂²ᶜ⁰ᴬ⁶ 讀若舭。柂渾，地名。

11914 |聽七庤距末|聑七庤。

庤²ᴮᴰᴱ⁶ 未詳。

11915 |忏距末|悍作距末，用差佐商國。

悍²ᴮᴱ⁸³ 同忏。人名。戰國晚期 ☞ 11998

11916 |二十年距末|廿年，尚上
張乘，其穫彌攻工書。

彌²ᴮᴱ⁴¹ 未詳。

11943-73 右得工鏃 右旻 ☞ 11329

旻^{250FF} 或讀得工。機構名。

11986 得工仕鏃 罒仕 ☞ 11943

罒^{2C655} 或同旻，讀得工。

11996 二十一年旻鏃 廿一年，旻㳄 ☞ 11943

㳄^{224D1} 或釋趎。人名。

11997 䣙公鏃 䣙公口鑄之矢，顱之䖞 ☞ 10405

䣙^{2A870} 讀若䣙。國族名。䣙公，人名。戰國時期。

顱^{2B5A9} 从頁鼠聲。　　　　　䖞^{2C4A3} 从䖵石聲。與蚖同。

11998 吁矢形器 悍𥤿虘敬。

悍^{2BE83} 悍𥤿，讀若吁嗟 ☞ 11915　　虘^{2B29D} 同虐。

12003 𠂤車飾 𠂤 ☞ 02020

12017 冊𠂤車器 冊𠂤 ☞ 02020

12019 右較車器 右較。

較^{2C9F5} 从車夋聲。鞭字或體。

12023-4 陳窶散車轄 陳窶散 據《陳窶散戈》仿製僞造 ☞ 11036

12025 君軭䣆車書 君軭䣆。

䣆^{9289} 讀若書。　　　　　　　軭^{2B3F7} 同軖。讀若廣，兵車。

12030 姪妊車輨 嬣妊作安車 ☞ 03816

12033 賕工銀節約 賕工。二兩二朱銖。

賕^{2C965} 賕工，或官職名 ☞ 02482

12040 陳共車飾 治綱𡉚陸共爲之 ☞ 00977

12054 左使車啬夫帳桿母扣 十三朱，左使車啬夫孫固，工塤。

叕 ☞ 00971

12088 麇臀節 麇屍。

屍 2BD55 从尸从爪，即屎，臀。又殿後 ☞ 04313，J.0489

12089 憗節 憗節。

憗 2BEC6 同憖。亦作憗。

12090 齊節大夫馬節 帠節大夫欥五乘。

欥 2AD2B 从欠㠯聲。讀若戾、欥。

12091 騎遴馬節 騎傳竹冹。

傳 2AAD6 又作遴，同遹。讀若傳。指通關之符 ☞ 12097

冹 2BD53 讀若仈。未詳。

12093 采者節 采者旃節。

旃 2C00B 从㫃百聲。

12094-5 王命虎符 王命命逌賃 ☞ 12097

12096 王命虎符 王命遷我。

遷²⁸⁵⁸⁷ 同逌 ☞ 12097

12097-102 王命銅龍節 王命命逌賃，一檐飤之。

逌²ᶜᴬ³ᶜ 讀若傳。指通關之符。傳賃，持符節之雇賃擔徒。一檐飤之，讀若一擔食之，一位挑擔人得在關口免費飲食。

12107 嬖大夫虎符 填丘牙與塿繻辟大夫信節。

繻²ᶜ⁶⁰⁶ 从糸需聲。讀若紙。

12108 新郪虎符 甲兵之府，右在王，左在新郪魏地，秦佔，凡興士被披甲，用兵五十人以上，必會王符，乃敢行之。燔隊燧事，雖毋會符，行殹。

殹⁶ᴮᴮ⁹ 秦文字用同也字。

12110-12 鄂君啟車節 大司馬邵䧛敗晉币晉師，指魏軍於襄陵之歲即楚懷王6年，B.C.323 夏屎之月，乙亥之日，王楚懷王尻於茷郢之遊宮，大攻君大工尹脽以王命命集尹㤳粩，裁尹逆，裁䣄㲋，爲鄂君啟之府賦鑄金節。車五十乘，歲䎽返。毋載金，革，黽簹，箭竿，箭。如馬，如牛，如德，屯十以堂當一車。如檐徒挑擔之徒，屯廿檐以堂一車，以毀於五十乘之中。自鄂坮，就鄔丘，就邡城今方城縣，就㵒禾，就栖焚柳棼，就鯀易繁陽，就高丘，就下鄴，就居鄵，就郢楚都城。見其金節則毋政徵，毋舍捨梠饋飤，不見其金節則政。

鄔 2CA8C 同陽。邵鄔，讀昭陽。鄔丘，讀陽丘，地名。或秦陽城，即漢堵陽縣，今方城縣東六里。

歲 2BEF4 楚文字歲从月。

屎 2BD56 楚二月名夏屎。或作尸，譌作屎。

茷 26E17 茷郢，地名 ☞ 10373

㤳 2BE95 讀若怊。

粩 2C5A1 㤳粩，戰國晚期人，楚懷王時期，擔任楚集尹一職。

㲋 2AD4D 裁㲋，讀若織令，官名。

鄂 2CAA0 同鄂。鄂君啟，楚國的封君，名啟，封於鄂，即南陽。

府 222BE 府繁文。

賦 2B3A2 讀若儊，指通關稅率。

䎽 2C686 一字別體。歲䎽返，讀若歲一返，即返節年檢。

德 2B8DC 讀若犆。

坮 21294 古文市。

㵒 2C08F 从肉象聲。㵒禾，讀象禾，地名。

鄴 2CA9D 同蔡。下鄴，地名。

12113 鄂君啟舟節 大司馬卲鄹
敗晉帀晉師，指魏軍於襄陵之歲，
夏尿之月，乙亥之日，王尻於
茂郢之遊宮，大攻君脽以王命
命集尹悆糨，裁尹逆，裁䈳
凧，爲鄂君啟之賡貹鑄金節。
屯三舟爲一䑸䑸，五十䑸，歲罷
返。自鄂坏，逾油降清，順今白河
而下，辻灘，就屑，就芸昜鄖陽，
卽鄖陽。逾灘，就邶。逾夏，內
邔㵋。逾江，就彭弒彭澤，就
松昜樅陽。內濡江，就爰陵。辻
江，內湘，就㵎，就郴昜。內
灂耒，就鄴。內澬沅澧澬。辻
江，就木闌，就郙。見其金節
則毋政，毋舍桴飤，不見其金
節則政。如載馬，牛，羊，以
出內闌，則政於大賡，毋政於
闌。☞ 12110

辻 28457 上繁文。辻灘，上漢。

屑 2C088 地名。或讀陰，同郴，
在今湖南衡陽西南。

郙 2CA7F 从邑生聲。或邾字省
文。漢水沿岸地名。

灊 2C25C 同瀘。

𫌣 2B323 湘江沿岸地名。

𫑜 2B45C 郷昜，即洮陽，今廣西。

𬩙 2CA99 讀若郴。

𪷻 2ADBB 讀若資。

𪸅 2AE05 讀若油。

𫔢 2B522 金文關字。

J.0003 楚公豪鐘 楚公豪自作寶大替龢鐘 T. 15173 ☞ 00042

J.0005 莒公孫潮子編鎛 陳𨗨立事涖事，主政歲十月己丑，䣄公孫淖子𥧰器也 T. 15762

𨗨 00000 同㮛。與徙通。陳㮛，讀若陳徙，人名。或即陳侯因資 ☞ 04649

䣄 287ED 讀若筥。國名。

淖 23D83 潮本字。

𥧰 259F8 竈本字。讀若造。

J.0010 子犯編鐘 唯王五月初吉丁未襄王 8 年五月初一，B. C. 644子軺宕佑晉公晉文公重耳左右，來復其邦。諸楚荊不聖令聽命于王所，子軺及晉公率西之六𠂤，搏伐楚荊，孔休。大上楚荊，喪氒𠂤，滅氒長。子軺宕晉公左右，燮諸侯，卑朝王，克奠王位。王賜子軺輅車三駟、衣常裳、帶巿、𠙺。諸侯羞元金于子軺之所，用爲龢鐘九𬺢。孔𡨦叡碩，乃龢叡鳴。用匽宴用寧，用亯用孝。用旂眉壽，萬年無彊。子子孫孫，永寶用樂 T. 15200

軺 282A0 範本字。子軺，晉國大夫。典籍作子犯。春秋中期。

𫥞 2B95E 讀若佩。

𬴢 2CD22 讀若堵。

𡨦 00000 同淑。孔𡨦叡碩，讀若孔淑且碩。

J.0027 戎生編鐘 唯十又二月乙亥，戎生曰：休辝皇祖𡨦公，趄趄選選，啟氒䫉心，廣巠經其猷，𨔛再穆天子𩖦霝，用建于幺兹外土，僑嗣繼戎，用辥䍐不廷方。至于辥皇考卲白邵白，趞趞穆穆，懿猒不晢僭，鼏匹晉侯，用龏王命。今余弗叚瀺其覯光，對揚其大福。劫遣鹵責嘉遣鹵積，俾譖征緐湯，取氒吉金，用作寶協鐘。氒音雔雔噰噰，鎗鎗鏘鏘鋪鋪鏓鏓，旂旂鴋鴋，即龢戙盄。余用卲追孝于皇祖皇考，用瀰䵼祈綽眉壽。戎生其萬年無彊，黃耇有耄，盷畯保其子孫，永寶用 T.15239-46

辥⁸F⁹D 同台。《爾雅·釋詁》台，我也。

𡖜²¹A⁵C 同憲。

赶²⁷EDA 赶赶，讀若桓桓，威武貌。

趰⁰⁰⁰⁰⁰ 从走臧聲。趰冉穆天子猒霝，臧稱穆王肅霝。

趞²⁷F⁵A 讀若趨。趞趞，疾行貌。

鼏²⁵⁰DD 鼏匹晉侯，讀若紹匹晉侯，輔佐晉侯。

覯²C⁸⁸² 同覵。與覶、顬同。弗叚瀺廢其覯光，不敢廢其顯光。

旂²³¹⁰⁶ 旂旂，亦作伈伈，鐘聲美妙。

戙²⁰B⁶F 即龢戙盄，讀若即和且淑。

J.0035 晉侯蘇編鐘 唯王卅又三年厲王 33 年，B.C.846 王親遹省東或國南或。正月既生霸戊午正月初十王步自宗周。二月既望癸卯，王入格成周。二月既死霸壬寅，王償生東。三月方旁死霸，王至于東范，分行兵分二路，北伐宿夷，南伐懌城。王親命晉侯穌，遹乃𠂤率乃師左洀汎尚濩瓠上，北洀□，伐夙尸宿夷。晉侯穌斬首百又廿，執噝廿又三夫。王至于熏戝。王親遠省𠂤，王至晉侯穌𠂤。王降自車，立南卿位南嚮，親命晉侯穌：自西北遇隅𦣞伐氜戝。晉侯遝氒亞旅、小子、或人先啟入，斬首百，執噝十又一夫。王至淖列焦、屬淖列尸夷出奔。王命晉侯穌率大室小臣車僕從縱，述遂逐之。晉侯斯首百又一十，執噝廿夫。大室小臣車僕斯首百又五十，執噝六十夫。王唯反返，歸在成周。公族整自宮。六月初吉戊寅，旦，王格大室，即位。王呼膳夫召召晉侯穌。入門，立中廷。王窺賜駒四匹。穌拜稽首，受駒以出。返入，拜稽首。丁亥，旦，王鄒于邑伐宮。庚寅，旦，王格大室，嗣工司空揚父入佑晉侯穌，王窺儕賫晉侯穌秬鬯一卣，弓矢百，馬三匹。穌敢揚天子丕顯魯休，用作元穌鼾揚鐘，用卲各昭格前文人。前文人其嚴在上，廙翼在下，嚴嚴彙彙，降余多福。穌其萬年無疆，子子孫孫，永寶茲鐘 T.15298

窺 5BF4 窺通省，親巡視。

償 2B900 从貝佰省聲。王償生東，讀若王貨往東。

穌 29D66 同穌。

噝 2101A 訊初文。執噝，執訊，指生擒。

臺 263AB 臺伐，讀若敦伐。　　**鬲** 00000 鬲献，或讀鄆城。

㽞 22F76 古文陷。

鄒 2B468 从邑魚聲。或假借作祭名。

J.0051-9 鼄編鐘 鼄擇吉金，盥鑄其訊鐘。其音嬴少哉旸，穌平均鈗，需印靈色若琴。敂諸嚚聖，至諸長箎。逾平倉倉，謌樂以喜。凡及君子父睨兄，千歲鼓之，眉壽無疆。余呂王之孫，楚成王之盟㒼，男子之憝墊。余不忒在天之下，余臣兒難得 下缺 T.15351

鼄 2D411 與鼄同。人名。呂國王孫，楚成王大臣。

旸 2C011 同揚。嬴少哉旸，指鐘聲高低悠揚。

龤²⁹⁴²³龢平均龤，指鐘聲平舒優美。

埶²²⁷ᴱᶠ讀若埶，即臬，指標的，表示法度。

J.0060-85 王孫誥編鐘 唯正月初吉丁亥，王孫奔王子午之子羁其吉金，自作龢鐘。申簹獻臚，元鳴孔皇。有嚴穆穆，敬事楚王。余不畏不差，惠于政德，淑于妭義。䛀輋猷遲，畏忌趯趯，肅斨臧龢，聞于三國。歂伻盟祀，永受其福。武于戎功，誨懲憖不猷。闌闌龢鐘，用宴以饎，以樂楚王，諸侯，嘉賓及我父兄，諸士。趩趩龤龤趩趩熙熙，邁年無異，永保鼓之 T.15606 ☞ 00261

妭²¹⁶ᶜᶠ从女从戈。妭義，讀若威儀 ☞ 01498

臧²ᴮᴱᶠ⁶肅斨臧龢，讀若肅哲臧禦。

懲²ᴮᴱᶜ⁶讀若猷。誨懲不猷，讀若謀猷丕飭。

憖²ᴰ⁷ᶜ³懲或隸作憖。

異²³¹ᶠ³亦作朞。讀若期。

J.0094 甚六編鎛 唯王正月初吉丁亥,舍王之孫尋楚猷之子遱邡羁伻吉金，作鑒鑄龢鐘，以盲于我先祖。余鏽鏐是羁，允唯吉金，作鑒鑄龢鐘。我以題以南，中鳴妭好。我以樂我心，它它巳巳，子子孫孫永保用之 T.15794 ☞ T2.1027

舍⁰⁰⁰⁰⁰同余。舍王，讀若徐王。

遱²ᴱ⁷ᴰᶜ遱邡。參見邡。

邡²ᴱ⁷ᶠ⁹地名。遱邡，讀若甚六，人名。春秋晚期。

鏽²ᶜᴮ¹ᴬ鏽鏐，精銅。

妭²¹⁶ᴱᴮ何琳儀：婿省簡。中鳴妭好，讀若中鳴且好。

J.0097 楚公逆編鐘 唯八月甲午，楚公逆熊咢祀氒先高取考，夫工三方首。楚公逆出求人用祀三方首，休多擒。鎖鼉內卿納享赤金九萬鈞。楚公逆用自作龢妻䲹錫鐘百肆肆，楚以上鉦間公逆其萬年壽，用保氒大㠯，永寶以上左鼓。T.15500 ☞ 00106

鎖⁹⁸⁴⁹ 鎖鼉，讀若欽蚍，或釋鎖融，人名，濮越族系。其族名鎖，从金从頁，頭飾多金，故能向楚王納享紅銅九萬鈞。

取²ᴮᴬ³⁶ 讀若祖。楚公逆熊咢的高祖考。

J.0098 瀫編鎛 瀫羃吉金，鼗其訊鐘。音贏少戠膓，龢平均煌，霝色若雩，比者嚻聖，至者長篇。迨平倉倉，謌樂以喜。凡及君子，父覎，永保鼓之，眉壽無彊。余呂王之孫，楚城王之盟僕，男子之憝藝。余不貢弌在天之下，余臣兒難得下缺。T.15797 ☞ J.0051

J.0117 鄴子伯鐸 鄴子白受之鐸 T.15960 ☞ 04599

J.0162 晉伯㿝父甗 曾白㿝父作寶獻，其萬年手孫永寶用 T.03339

㿝⁰⁰⁰⁰⁰ 从𦣞𡈼聲。讀若隆。晉伯㿝父，人名。西周晚期。

J.0177 宜鼎 宜 T.00337 ☞ 07696

J.0179 㝕鼎 㝕 T.00168 ☞ 01101

J.0207-9 己犾鼎 己犾 T.00441

犾⁵⁹³⁶ 己犾，族徽。

J.0217 亞盤鼎 亞盤 T.00558 ☞ 00485

J.0223 蹢卺方鼎 丯㔾卺 T.00980 ☞ 01823

J.0227 巫𡇬鼎 巫𡇬 T.00649

𡇬²¹²⁰⁰ 巫𡇬，族徽。商晚期。字或釋田，讀若甲。

J.0300 師𦱦父鼎 師𦱦父作䵼彝 T.01651

𦱦²ᶜ⁰⁶³ 亦作𦱦。師𦱦父，人名。師，職官名。西周中期前段。

J.0305 叔𦱯父鼎 弔𦱯父作旅鼎 支 T.01741

𦱯²¹⁹⁶⁸ 讀若孤。叔𦱯父，人名。西周晚期。

J.0309 王太后右和室鼎 王太后右和室。一𧯦 T.02043

𧯦²ᴮᴮᶜ¹ 讀毅，斛。

J.0315 晉侯蘇鼎 曾医𩵦作寶隩鼎，其萬年永寶用 T.01993

𩵦²⁹ᴰ⁶⁶ 同穌。晉侯𩵦，即晉獻侯。

J.0340 小臣伯鼎 王姜賜小臣伯貝二朋 T.02205

伯²⁰²⁰⁶ 小臣伯，人名。西周康王時期。小臣，官職名。

J.0346 史惠鼎 史叀作寶鼎，叀其日臺月將，悁化謳虩，寺屯持純魯命。叀其子子孫孫永寶 T.02304

將 00000 从匚爿聲。讀若將。《詩·周頌》日就月將。

謳 46E9 謳虩，惡忩。

J.0347 㤅戒鼎 鞃白慶賜㤅戒賢敦翎膺、虎裘豹裘，用政于六𠂤，用奈于比，用獵次 T.02279

賢 00000 从貝从咸。賢敦，讀若簟弼，即簟笫，車篷。

翎 2641B 同翑。或隸作哩。讀若鉤。

奈 3693 與乘同。

J.0351 應侯之孫丁兒鼎蓋 唯正十月壬午，雁𠂤之孫丁兒𢆶其吉金，玄鏐鑢鋁，自作飤鼎。眉壽無期，永保用之 T.02351 ☞ 02357

J.0352 㘴鼎 唯七月初吉丙申，晉侯命㘴追于倗，休又禽有擒。侯鼇㘴虢、胄、毌、戈、弓、矢束、貝十朋。受絲茲休，用作寶殷，其孫㐄永用 T.02395

㘴 20C1D 从目从〇，讀若㘴。人名。西周中期。

虢 2C7F0 或作虢，讀若甲 ☞ 02839

J.0355 鄭莊公之孫鼎 盧鼎 唯正六月吉日唯己，余奠臧公之孫，余剌之疜子盧作盥鼎彝，以爲父母。其遷于下都，曰：烏虖哀哉！剌㐬剌夫人，萬世用之 T.02408 ☞ J2.0317

疜 24D52 从疒文聲。疜子，未詳。

遷 00000 从辵㬜從聲。或讀獻。

J.0357 靜方鼎 唯十月甲子，王在宗周，令師申眔靜省南或國相，𢀛应。八月初吉庚甲，至，告于成周。月既望丁丑，王在成周大室，令靜曰：俾汝辭嗣在曾、噩𠂤。王曰：靜，賜汝鬯、旂、市、采曩，曰：用事。靜揚天子休，用作父丁寶隩彝 T.02461。商晚期方鼎。銘或偽刻。☞ 00949，04273，05408

埶 2C0B4 同執，蓺字初文。埶应，讀若設居。

岀 2C3BF 曾字之省。在岀噩自，在曾、鄂師次。

J.0364 吳虎鼎 唯十又八年宣王18年，B.C.810 十又三月既生霸丙戌十三月初九 王在周康宮衖夷宮，衜入佑吳虎。王命膳夫豐生，嗣工雝毅，申剌王屬王命：付吳盇舊彊疆，付吳虎：圼北彊涵人眔彊，圼東彊官人眔彊，圼南彊畢人眔彊，圼西彊荾人眔彊。圼具履封：豐生、雝毅、白衜、內嗣土寺莽。吳虎捧頡首天子休。賓膳夫豐生璋、馬匹。賓嗣工雝毅璋、馬匹。賓內嗣土寺莽璧。爰書尹友守史，迺賓史莽韋貢幃兩。虎捧手頡首，敢對揚天子丕顯魯休，用作朕皇且考庚孟隩鼎，其子孫永寶 T.02446

盇 26C06 从皿芳聲。人名。西周晚期。

J.0398 鼎父癸簋 鼎父癸 T.04027

鼎 2C6FF 族徽。商晚期。

J.0406 耳伯陷簋 耳白陷 T.03862 ☞ 03242

J.0410 月鼎父乙簋 月鼎父乙 T.03772

鼎 2C6FF 月鼎，族徽。商晚期。

J.0462 許季姜方簋 盙季姜作尊殷 T.04724 ☞ 04617

J.0464 筆簋 筆作父丁寶尊殷 T.04734

筆 2B07F 人名。西周中期 ☞ 01951

J.0481 夷伯夷簋 唯王正月初吉，屖在壬寅，尸白尸于西宮，蕼賵貝十朋。敢對揚王休，用作尹姞寶殷，子子孫孫永寶用 蓋銘。T.05159

歴²ᶜ¹⁷ᴱ 从止辰聲。古跡字。讀若辰。

J.0484 保員簋 唯王既夆燎，坏乃伐東夷。在十又一月，公返自周。己卯，公在㦰，保鼎遷。辟公賜保鼎金車。曰：用事，隊於寶殷二，用饗公逆洀ᵢₑ受事 T.05202

㦰²²ᶠᶜᴬ 同攄。讀若廬。地名。

J.0486 柞伯簋 唯八月辰在庚申，王大射在周。王命南宮遣王多士，師䰜父達小臣。王㣇赤金十鈑。王曰：小子、小臣，敬又叹隻ᵦ擊ᵧ獲則取。柞白ₐ柞伯十禹弓無譈ᵧ廢矢，王則畀柞白赤金十鈑，徣賜祝見。柞白用作周公寶隉彝 T.05301

䰜²ᶜᴬᴮ⁰ 師䰜父，人名 ☞ 03949

㣇²²⁵⁴ᶜ 讀若尸，陳設。

徣²ᴮᴱ⁵⁴ 从口从征。或作徎。讀若誕。徣賜祝見，未詳。

J.0489 史密簋 唯十又二月，王命師俗史密曰：東征。敆南尸夷盧虎，會杞尸ₐ姓國舟尸ₐ姜姓國，䧹不所，廣伐東國。齊自齊師、族土徒、述人乃執鄙寬亞。師俗達齊自，述人左，□伐長必。史密右，達旅人䱿白ₐ萊伯僰ᵢ，偪陽，妘姓國尿，周伐長必。獲百人。對揚天子休，用作朕文考乙白隉殷。子子孫孫其永寶用 T.05327

敆⁶⁵⁴⁶ 合。糾集。

所²⁸ᴱ²² 與圻同。或釋所。䧹不所，讀若護不質。

尿²ᴮᴰ⁵⁵ 或从自，即展，殿後 ☞ 12088

J.0491 虎簋蓋 唯卅年三月 穆王30年四月, B.C.974 初吉甲戌，王在周新宮，格于大室。密禹入佑虎，既位。王呼内史曰：冊命虎。曰：諐乃祖考事先王，翻虎臣。今命汝曰：叓㽙祖考，疋胥師戲翩走馬駿人罙五邑走馬駿人，汝毋敢不譱于乃政。賜汝韍市、幽黃㯻、玄衣、㳫純、鑾旂五日，用事。虎敢捧頜首，對揚天子不杯魯休。虎曰：丕顯朕剌祖考粦明，克事先王，䚄肆天子弗䚄忘氒孫子，付氒尚常官，天子其萬年䜌絲申茲命。虎用作文考日庚䏍𣪘，子孫其永寶，用夙夕䲼于宗 T.05399

韍²ᶜᶜ²ᴮ 讀若緇。韍市，緇韍。

杯²ᴮ⁸²ᴰ 不杯，丕顯 ☞ 02813

J.0499-500 伯敢卑盨蓋 白叔卑㝨作寶𣪘，其萬年子子孫孫，其永寶用 盨銘 白叔卑作寶𣪘，其萬年永寶用 T.05613-4

㝨²ᴰ¹⁸⁸ 伯叔卑㝨，器銘作伯叔卑，人名。西周中期。

J.0503 晉侯對盨 唯正月初吉庚寅，晉侯對作寶䏍伩須。其用田獸狩，甚湛樂于邌遬。其邁年永寶用 T.05650

伩²ᴮᴱ⁴ᴰ 或釋伋。

遬²ᶜᴬ²⁷ 从辵亟聲。與勊同。邌遬，讀若原隰。

J.0526 邿召盨 邿𥂴作爲其㫃臣。用實𥼽籾，用飤諸母諸妣。使受畐，毋有彊 T.05925

𥼽²ᶜ⁰¹ᴰ 假借作稻。𥼽籾，稻粱。

畐²ᴮᴰ⁰⁵ 𤔲字之省。讀若福。或用作寶 ☞ 10218

J.0536 上郜公盨 唯正月初吉丁亥，上郜公𢍰其吉金，鹽毛嬭、番改娣，番國改姓女 䑽嬭匜。娶眉壽萬年無期，子子孫孫永寶用之 T.05970 ☞ 04598

嬭²ᴬ⁹ᴮ³ 今作芈，姓。叔嬭，上郜公之女。

䢉²¹⁸⁸¹ 亦作䢉。讀若其。

J.0543 節可忌豆 唯王正九月，辰在丁亥，敚可忌作氒元子中姞 媵鐪 T.06152

敚 22F9F 釋作椰，讀若節。敚可忌，戰國時期人，姜齊後裔。

鐪 2B4DC 鐪本字。通作豆。

J.0581 剌冊父癸卣 剌冊父癸 T.12099 ☞ 08735

J.0600 歔父乙卣 歔畏事丁用作父乙旝隬彝 攼冊 T.12290 ☞ 01821，05957

J.0603 否叔卣 否甹獻彝，疾不巳己。爲母宗彝劀備，用遣母𠫔 T.13299 ☞ J.0637

𠫔 20C60 讀若靈。或釋作晶，讀若精。

J.0605 麤卣 唯王九月辰在己亥，丙公獻王餴器，休無遣，內尹佑衣殷獻。公酓飲在館，賜麤麤馬。曰：用肇事。麤捧頴拜稽首，對揚公休，用作父己寶彝，其子孫永寶用戈 T.13339

麤 4A0A 从麤从冎。人名。族徽戈。西周中期。

橐 2DD04 麤或隸作橐。

J.0607 剟尊 剟 T.11119 ☞ 01644

J.0621 天御嘼尊 大御嘼 ☞ 05687

J.0634 史甗敖尊 史甗敖作兄日癸旅寶隬彝 T.11737

甗 2CE32 从鹵比聲。同鉼。史甗敖，或釋史甗敏，人名。西周中期前段。

J.0637 否叔尊 否甹獻彝，疾不巳己。爲母宗彝劀備，用遣母𠫔 T.11771 ☞ J.0603

J.0672-3 莽甗觶 莽甗作父己寶 T.10607-8

莽^{2C767} 莽觚，西周中期人。

J.0699 莽觚 莽 T.09012 ☞ 01107

J.0745 寅父壬觚 寅父壬 T.09615 ☞ 06789

J.0787-9 虒方爵 戲 T.06452-4

戲^{2BEFA} 从虎从戈。同戯。族徽。

J.0829 亞申爵 亞申 T.07033 ☞ 07456

J.0886 穷父癸爵 穷父癸 T.07950 ☞ 08716

J.0889 剌父癸爵 剌父癸 T.07973 ☞ 08735

J.0896 齊箙晕爵 ◇葡晕 T.08058 ☞ 02374, 03302

J.0921 亞羍罕 羍 腹部 亞 底部 ☞ 01107

J.0936 奴父丁盉 奴父丁 T.14638

奴^{2D1A7} 从戈从又。族徽。西周早期。

J.0943 匍盉 唯三月既生霸戊申，匍即于氐𣲠。青公事使嗣史佋，曾贈匍于柬麂賁韋网兩，赤金一鈞。匍敢對揚公休，用作寶隩彝，其永用 T.14791

佋^{2A72E} 或同倪，讀兒。或釋艮，司史私名。

J.0981 婦妃罍 帚妃 T.13769

妃^{2BC06} 婦妃，婦女名。西周早期。

J.0985 敄工父己罍 敄工父己 T.13789 ☞ 03521

J.0986 藃兒罍 唯正月初冬吉，藃兒羃其吉金，〔自作〕寶罍，眉壽無期，子子孫孫永保用之 T.14088

藃^{2E25D} 藃兒，人名。春秋晚期。

J.1009 邿子姜首盤 寺子姜首迟寺公堇 爲其盥舨。用旂眉壽難老，室家是儣。它它皿皿施施熙熙，男女無朞，丂宇又衣考終有依。子子孫孫永儣用之，丕用勿出 T.14526

迟 FA24 同及。

J.1014 嚚伯匜 嚚白歆弟自作旅匜 T.14976

歆 2C16F 嚚白歆弟，嚚國族首領。西周晚期。嚚讀道。

J.1022 楚王酓審盞蓋 楚王酓審 楚共王熊審之盞 T.06056 ☞ 04643

J.1023 䎖盂 䎖所鬳爲二寷盂 T.06215

䎖 2D2FE 从耳从咠。與聑同，讀若聽。人名。春秋晚期。

鬳 00000 从虍从升。讀若獻。

寷 3772 二寷，下寢。

J.1024 王盂 王作莽京申帚寷盂 T.06216

帚 21A26 申帚，讀若中寢。

J.1025 慍兒盞 盅兒自作鑄其盞蓋 T.06063 ☞ 04643

J.1031-2 佣缶 佣之墓缶 T.14056 ☞ 09988

J.1041 次又缶 郤頎君 徐駒王之孫，利之元子次又 亦稱朿又，見 06506《徐王朿又觶》，羃其吉金，自作廿缶。眉壽無期，子子孫孫，永保用之 T.14093

廿 535D 借作盥。

J.1080 黠戈 翼 ☞ 11842

J.1119 鑰頃戈 鑰頃。闌 T.16533

鑰 28B57 鑰頃，人名。戰國晚期。

J.1140 子備璋戈 子備辭戈 T.16691 ☞ 11021

J.1148 趙脂之御戈 趙脂之卸戈 T.16724

脂²ᴮ¹ᴬ⁶ 讀若省。脂即趙襄子毋卹之名。趙襄子字無恤。或釋明。趙明，讀趙孟，謂即趙襄子之父趙鞅，趙簡子。

J.1154 鄩子痠戈 鄩子痠之用 T.16748 ☞ T2.1123

痠²ᶜ³ᴱᴬ 或讀瘦。鄩，國名。文獻作蓼。

J.1168 垣左戟 邔左告戟。治脂所□ T.17071

邔²ᴱ⁸⁰² 地名。邔左告造戟，讀若垣左造戟。

J.1179 十一年皋落戈 十一年，佫苔皋落，山西垣曲大命少曲啓，工帀舒意，冶午 T.17303 ☞ J2.1210《上皋落戈》工師名高㑴。

啓³⁵ᴮ¹ 同夜。少曲啓，人名，戰國時期韓國皋落縣縣令。

J.1186 柏令孫荀戈 十一年，邡命孫荀，工帀旦工皇酉，冶□ T.17225

邡²⁸⁶ᴬᴱ 从阜白聲。讀若柏，邑名。

J.1188 二十三年邘皮戈 廿三年，卬毛邘皮，右庫工帀史卨，工澤。敎齊 T.17266

卬²⁰ᴬ¹⁸ 讀若代。趙國郡邑。

J.1190 十六年靈壽令戟 十六年，寧壽倫余慶，上庫工帀夒遈，工固。敎齊 T.17324

夒²⁰⁹ᴱᴮ 或讀卓，姓。

遈²⁸⁶¹⁷ 夒遈，人名。戰國時期趙國靈壽縣冶鑄作坊的工師。遈或釋迸。

J.1192 四十年上郡守起戈 卌年，上郡守起秦將白起造，漆工□，丞絡，工隸臣宇。平周。官 T.17288

絡²⁵ᶠᴱ⁸ 人名，擔任秦上郡冶鑄作坊的丞，亦稱工大人，一職。

J.1195 十年汝陽令戟 十年﹐韓桓惠王 10 年﹐B.C.263 汝陽倫張疋﹐司寇啰相﹐左庫工帀董棠﹐冶明涞釙族 T.17353

啰 2BA86 同謣。讀若平。啰相﹐人名。

釙 28947 从金寸聲。與鑄同。　族 2C003 同戟。

J.1196 六年襄城令戈 六年﹐襄城倫訛沽﹐司寇反維﹐右庫工帀甘丹餓﹐冶疋斂猺族刃 ☞ J2.1252

餓 296A7 从食从戈。甘丹餓﹐讀若邯鄲餓﹐韓桓惠王 6 年﹐B.C.267﹐擔任右庫冶鑄作坊的工師。

斂 2BFDC 古文造。　猺 2C521 同長。

族 2C003 猺族刃﹐讀若長戟刃。

J.1200 二十七年安陽令戈 廿七年﹐安陽倫慶章﹐司寇棺奮﹐右庫工帀梁丘﹐冶□□右莖萃戟 T.17361

棺 2C0EC 即槨﹐讀若郭。

J.1228 曹糩冰尋員劍 攻虜王姑發邜之子曹糩冰尋鼎自作元用 T.18000

糩 00000 曹糩冰尋鼎﹐讀若曹糩冰尋員。

邜 2E7F7 攻虜王姑發邜﹐讀若攻吳王姑發反。姑發反﹐諸樊的緩讀。

J.1231 四年樂寅鈹 四年﹐邳相樂寅﹐右軍庫工帀張五鹿﹐冶史息。敦齊 T.17992 ☞ J.1188

寅 2A9D6 樂寅﹐人名﹐戰國晚期擔任趙國代郡之相邦或守相。

J.1254 王命車駓虎節 王命命車駓 T.19158

駓 298F1 从馬埶省聲。李家浩讀駔﹐驛傳。

J2.0044 枯仲衍鐘 枯中衍作寶鍾，枯中其萬年子子孫孫永寶

T.15177 ☞ 03804

J2.0088 師宔鐘 師宔自作朕朕皇祖大公辜公釗公魯中魯仲嘼白孝公，朕朕剌考……□龢鐘，用喜涢侃前〔文人，綰〕緯永命義孫子……T.15266

宔 2C41E 从皿宇聲。弔宔，人名。西周早期。

辜 2CD18 同辜。辜公，讀若庸公，人名。西周早期。

釗 2B857 从丰从刂。釗公，人名。西周早期。

嘼 21A5C 嘼白，讀若憲伯，人名。西周早期。

緯 7E5B 同綽。綰綽，即寬綽。

J2.0038-45 侯古堆編鎛 唯正月初吉丁亥，□□ 作器者名被剷去 嚴其吉金，自作龢鐘。娎娎倉倉，嘉平元奏，子樂父觬，萬年無諆期，□□參嚳，諆其永鼓之，百歲外，述遂以之遣隨葬。T.15806-13

娎 2C6AC 从聿先聲。娎娎，讀若洗洗，形容鐘鎛之聲。

觬 2C181 子樂父觬，讀若孔樂父兄。

J2.0090-1 衛夫人鬲 衛文君夫人弔姜作其行鬲，用從鴼征 ☞ 00595

J2.0092 邾友父鬲 T.02938 ☞ 00717

J2.0094-5 作冊釗鬲 乍冊釗異井型秉明德，虔夙夕卹周圉，保王身，諫辪三或 簡乂四國。王弗叚謣言乎孫子，多賜休。釗對揚天子丕顯魯休，作隩鬲，釗其萬年眉壽永寶 T.03037-8

釗 2B857 从丰从刂。人名。西周末期擔任周朝作冊之職。

謣 27B45 讀若忘。弗叚謣言，不會忘亨。

J2.0113 后母樂甗 司母鼎樂 亞斝 T.03272

鼎 ²⁴⁵⁷⁰ 同片。

J2.0117 牢犬冊鼎 牢犬冊 作父己陸彝 T.03308 ☞ 03608

J2.0124 楚王領鼎 唯八月初吉丁亥，楚王領䲯 嬭郤 徐 季嬭朔倪䲯 嬭鼎，用言以孝，用䑣祈萬年眉壽，子子孫孫永寶用之 T.03358 ☞ 00053

領 ²⁹⁴⁵F 从頁今聲。楚靈王虔。

嬭 ⁵B²D 同嬭。今作芈。姓。

J2.0155 㝬鼎 㝬 T.00167 ☞ 01101，J.0179

J2.0163 庖鼎 刵 T.00298 ☞ 02241

J2.0164 愻鼎 客登。愻 T.01101 ☞ 01250

J2.0184 刜東鼎 刜東 T.00660 ☞ 01455，06789

J2.0236 魯侯鼎 魯医作旅彝 T.01428

魯 ²CAB⁹ 同魯、魯。國族名。魯医，西周中期前段人。

J2.0244 疋吾鼎 疋吾 父庚 㝵冊 T.01507 ☞ 07266

疋 ²C¹⁷⁶ 足上高臺會意。或讀㝎。疋吾，族徽。商晚期。

J2.0271 亞狀鼎 亞狀作父癸 寶陸彝 T.01815

狀 ²BE²⁵ 讀若引。亞狀，人名。商晚期。

J2.0276 鄦子孟荦鼎 鄦子孟升嬭之飤鼎 T.01848 ☞ 04598，J2.0465

J2.0292 應公鼎 雁公作隩彝簟鼎。珷帝曰丁子子孫孫永寶 T.02105

簟 7C1F 或讀襌，除服祭名。或讀燂。或釋籚，讀旅。

珷 73F7 武王專用字 ☞ 04131

J2.0296 三年垣上官鼎 垣上官肕四分齋。三年，已觓，大十六臾

觓。T.02068

肕 2C071 从肉才聲。與截同。假借作載。

觓 278C0 讀若角，意為校量。

J2.0301 高陵君鼎 十五年 秦昭襄王15年 高陵君丞 蓳、工帀游、工欣。

一斗五升大半 T.02180

蓳 28655 从辵蓳聲。人名，高陵君的家丞。

J2.0303 右冢子鼎 右冢子脀四分鼎 以上蓋。以下腹 右冢子脀四分鼎。

六年，工帀揚戶旬，工臧 T.02067 ☞ 01808

旬 400F 揚戶旬，讀楊戶冒，工師名。

J2.0308 義子鼎 唯正月初吉丁亥，義子曰自作飤䥶，其眉壽無期，

子孫永保用之 T.02310 ☞ 02231

J2.0311 寑孳方鼎 甲叠子王賜帝孿商賞，用作父辛隩彝。在十月

又二，遘祖甲叠日，唯王廿祀 商帝辛20年十二月，B.C.1056 册俑 T.02295

帝 21A26 古文寑。帝孿商，或釋寑孳商，人名，族徽册俑。帝，

官職名，王宮守衛之長。

叠 2BA7B 从口刕聲 ☞ 04144

J2.0320 叔虞方鼎 唯十又三月，王酓大禘莑在成周。咸莑。王呼

殷毕士，䚃齎韋夨以裳、車、馬、貝卅朋。敢對王休，用作寶

隩彝，其萬年揚王光乎士 T.02419

酻 2BE49 同酹，祭酒，以酒酹地。

禰 00000 从示冊聲。同曹，《說文》告也。大禰奉，大眉祓。

J2.0321 亢鼎 乙未，公大僚賈大珸于样亞，才財五十朋。公命亢歸样亞貝五十朋，目與茅莘鬱貫、邕甗、牛一。亞賓亢羍呂金二鈞。亢對亞宦，用作父己 夫冊 T.02420

僚 20359 大僚，讀若太保。

珸 00000 讀若玖。或讀球。大珸價格高達貝五十朋，稀罕之寶也。

甗 00000 从邕甹聲。讀若魠。

羍 2C66E 即牸，赤色牛。羍呂金，紅銅料。

J2.0326 師酉鼎 唯王三祀九月初吉丁亥，王各于大室，使師俗召師酉。王竊裘宦師酉，賜豹裘。曰：圙夙夜，辟事我一人。酉敢拜頶首，對揚皇天子丕顯休，用作朕文考乙白亢姬寶隩鼎。酉其用追孝，用𧖟眉壽、燸祿、純魯。酉其萬年乎孫永寶用宣孝于宗 T.02475 ☞ T2.0951

宦 2BCC7 讀若休。王竊裘宦，王親戀賞。

圙 2BB53 从口貌聲。

J2.0328-9 四十二年逑鼎 唯冊又二年五月既生霸乙卯，王在周康穆宮。旦，王格大室，即位，嗣工楸司工散佑吳逑入門，立串廷，北嚮。尹氏授王瞀書。王呼史淢冊瞀逑。王若曰：逑，丕顯文武，膺受大命，匍有溥佑三方，刪蘇唯乃先聖祖考，夾盬紹先王，𤴓董大命奠周邦。余弗叚謹聖人孫子，余唯閉乃先祖考，又𤴓于周邦，緟余作汝囗訇，余肇建長父㱙于楊，余命汝奠長父休，汝克奠于玭自，汝唯克井型乃先祖考，戎厰靴出藏于井邢阿，于厤厰，汝不罰戎，汝光長父以追博戎，乃即宕伐于弓谷，汝執嚇隻戝，俘器車馬。汝敏于戎工，弗逆朕新命，贅汝秬鬯一卣，田于壴卅田，于陣廿田。逨捧頴首，受冊贅以出。逨敢對天子丕顯魯休揚，用作鼒彝，用言孝于前文人，其嚴在上，趨翼在下，穆秉明德，數數彙彙，降余康娛純祐通禄永命，眉壽黐綽綰，眈兊臣天子，逨其萬年無彊，子子孫孫永寶用言

T.02501-2

贅 2C966 讀若賨。

舜 2BE24 从爵収聲。舜堇大令，讀若恭勤大命。又舜，讀若有功。

諲 27B45 讀若忘。弗叚諲，不會忘。

靴 2B9E8 厰靴，即玁狁。　**藏** 2B24F 古文捷。

嚇 2101A 執嚇隻戝，讀若執訊獲馘。

陣 00000 从阜犀聲。地名。

J2.0330-9 四十三年逨鼎 唯卌又三年 宣王43年，B.C.784 六月既生霸丁亥 六月初十 王在周康宮穆宮，旦，王格周廟卽位，嗣馬壽佑吳逨入門，立申廷，北嚮。史淢授王命書。王呼尹氏冊命逨。王若曰：逨，丕顯文武，膺受大命，匍有溥佑三方，馴龢唯乃先聖祖考，夾盪紹先王，舜堇大命奠周邦。肆余弗諲聖人孫子，昔余旣命汝疋焭兌觀嗣三方吳嗇虞林，用宮御。今余唯經乃先祖考，有舜于周邦，離龔申就乃命，命汝官嗣歷人，毋敢妄寧，虔夙夕更難助擁我邦小大猷，雩乃專政事，毋敢不妻不井型，雩乃嚇庶又粦有鄰，毋敢不中不井型，毋龏龏櫜櫜，唯有宥從縱，迺敉鰥寡，用作余我一人死不小肖佳唯死。王曰：逨，賜汝秬鬯一卣、玄袞

衣、赤舄、駒車、奉較、朱虢鞃靳，虎冪熏裏、畫轉畫輯、金甬箭、馬三匹、鋚勒，敬夙夕勿灋廢朕命。逨捧䪺首，受冊，佩以出，返納瑾圭。逨敢對天子丕顯魯休揚，用作朕皇考龏弔恭叔𩰫彝。皇考其嚴在上，廙翼在下，穆穆秉明德，豐豐彙彙，降余康𩁹純祐通祿永命，眉壽𦎧綽綰，畯允臣天子，逨萬年無彊，子子孫孫永寶用亯 T. 02503-12 ☞ J2. 0328

J2.0390 伯𨘋父簋 白𨘋父作䨲鐠簋 T. 04358 ☞ 00900

J2.0396 小臣𩞁簋 王賞小臣𩞁。宔鑄祖乙 T. 04502

𩞁 2C271 从西彙聲。地名。

J2.0398 子𡲃簋 子𡲃在𩏂，作文父乙彝 T. 04536 ☞ 09088

J2.0416-7 宗婦鄁嬰簋 王子剌公之宗婦鄁嬰爲宗彝𩰫彝，永寶用，以降大福，保辥夒鄁國 T. 05043 ☞ 02683

J2.0426 老簋 唯五月初吉，王在莽京，魚于大𣵽，王穖蔑老曆，賜魚百。老奉䭫首，皇揚王休，用作祖日乙隩彝，其萬年用夙夜于宗 T. 05178 ☞ 04207

𣵽 2ADE2 从水號聲。大𣵽，讀若大濠。或隸作滮。大滮，讀若大池。

奉 209AA 讀若捧。奉䭫首，拜稽首。

J2.0432 㫚簋 唯三月初吉丙午，王命㫚，賜載市緇韍、冋黃絅橫、鋚旜，曰：用事，𤔲司奠鄭駐馬。毛敐朕父加嘉㫚曆，用赤金一勻鈞。用對揚王休，作寶㲃，子子孫孫其永寶 T. 05217 ☞ 04286

旜 2ABFD 或釋旝。鋚旜，鋚旂。

殷周金文字宝 351

J2.0436 獄簋 器銘白獄作甲公寶隩彝，孫孫子子其邁年用 蓋銘獄肇作朕朕文考田公寶齍彝，其日夙夕用氒馨香臺示享祀于氒百神，亾不鼎齍夆馨香，則鼎于二二 常登於上下，用匄百福，邁年俗纹百生 裕兹百姓，亾不鬱臨畤魯，孫孫子其邁年永寶用纹彝，其世母塱 毋忘。T.05275 ☞ T2.0462, T.05368

田 2BB42 即囲。借作甲。

齍 2C2DD 讀若齫、籑，國名。

齍夆馨香，或讀芬芳馨香。

畤 00000 从囲夆聲。

畤魯，讀若逢魯，大吉。

J2.0458 齍公盨 天命禹敷土，陸隨山濬瀹川，廼擇方埶征。降民監德，廼自作配卿響。民成父母，生我王作臣，氒顯唯德。民好明德，顑在天下，用氒邵紹好益，美懿德，康亾不榊。考眷忓明，堊帝 經濟 好祀無誏心，好德曁遘亦唯卲 協。天埜 釐用考，神復用媶录，永厄于盗。齍公曰：民唯克用纹德亾誨 無悔。T.05677

齍 2C2DD 國名。齍公，讀籑公，齫國族首領。西周中期。齍或讀若遂。

埶 2C0B4 同執，藝字初文。廼擇方埶征，讀若乃別方設征。

顑 294B3 同頮，古文沬。讀若昧。

餒 29757 从食从頁。或讀優，柔也。

眷 2C061 考眷，讀若孝友，父母兄弟。

忓 225B3 原字从心盂聲，釋作忓，讀若恤，憂也。

誏 27DDB 或讀若愧。字或釋作誁。

聞²⁶⁵⁹ᴱ 同睧，古文聞。聞遘，讀若婚媾。

猶²⁹⁸¹⁹ 亦作猶，猷，古文髮。猶彔，多祿。

盛²ᶜ⁴¹⁸ 讀若寧。

J2.0465 鄀子孟嬭青壺 鄀子孟嬭青之飤臣 T.05795 ☞ 04598，J2.0276

嬭²ᴬ⁹ᴮ³ 讀若羋。孟嬭青，鄀子的長女，羋姓。

J2.0466 曾孟毓朱姬壺 穆穆曾孟嬚朱姬作時 T.05803

孟²¹⁷⁷⁹ 孟嬚，人名。

嬚⁰⁰⁰⁰⁰ 曾孟嬚朱姬，曾國姬姓之女名嬚，嫁於邾國者。

時²⁰ᶜ⁷ᴱ 同詩。讀若持。

J2.0477 仲姬斋敦 中姬斋之簋 T.06054

斋²ᴮᴱ³² 仲姬斋，春秋晚期婦女名。

J2.0511 尋父辛卣蓋 受父辛 ☞ 04991

J2.0552 子狀尊 子狀 T.11210 ☞ 00826

J2.0558 甌侯尊 甌庆母壬 T.11462

甌²ᴮᶠᶜ⁹ 从臣改聲。甌侯，商代晚期諸侯。

J2.0586 姊季姬尊 唯八月初吉庚辰，君命宰茀賜宂季姬甼臣于空桑，乎師夫曰丁，以乎友廿又五家折誓。賜乎田，以牲馬十又五匹、牛六十又九叙、羊三百又八十又五叙、禾二牆廩。其對揚王母休，用作寶陯彝，其萬〔年子孫〕永寶用 T.11811

甼²⁴ᶜ¹⁶ 甼臣，或讀畋臣，未詳。

叙²ᴮᴬ⁴⁰ 讀若款，件。

J2.0587-8 五年琱生尊 唯五年九月初吉 宣王5年九月初一，B.C.823 蠱姜召姜。或召伯之妻 以琱生敦五尋、壺兩，以君氏命曰：余君氏老之。我

僕臺仕田多束，弌許，勿使楲亼散亡。余宕其叄，汝宕其貳。其
觬兄，指召伯虎，大宗公，其弟指琱生，小宗乃。余䵣大璋，報寑氏帛束、
璜一。有嗣罘賜兩璧。琱生對揚朕宗君休，用作朆公隩盧，用
廝踊祿得純靈終，子孫永寶用之言。其有敢亂茲命，曰：汝事
使朆，畢公則明亟殛。T. 11816 ☞ 04292, 04293

仕 224C2 徒字之省。仕田多束，《五年琱生簋》作土多田諫。

盧 00000 从皿从虐。器名。

J2.0593 㐁觶 㐁 T. 10076 ☞ 02020

J2.0601 冎觶 冎 T. 10136 ☞ 03076

J2.0634 征觚 䟗 T. 08986 ☞ 00361

J2.0635 㣤觚 㣤 T. 08931 ☞ 01029

J2.0641 曩觚 曩 共六器 ☞ 06773-7

J2.0711 鵖爵 鼻 ☞ 01831

J2.0731-4 南㯱爵 南㯱 T. 06992 ☞ T. 00646

㯱 00000 从臼从豕。與敎同。南㯱，族徽。商晚期 ☞ 03480

J2.0805 征罤 䟗 T. 10899 ☞ 00361

J2.0835 春成侯盉 昏成厌中朊，白金鏤釙盉，羋金繡，羋金足，蓋
柯囊罥。備鍑大二斗，塚重十二鎰九䤯 ☞ 09452

羋 2C66E 讀若驊。羋金，赤金，指紅銅。

繡 26167 讀若黼。或釋作帶。羋金繡，紅銅嵌紋爲飾。

囊 00000 从車从弜。弜，緟本字。蓋柯囊罥，蓋鋬連環。

J2.0836 獄盉 唯三月初吉丁亥，王格于師禹父宮。獄曰：朕光尹
周師右告獄于王。王錫賜獄佩、戈市緇黻、索亢素衡、金車、金

旆，曰：用夙夕事。獄拜稽首，對揚王休。用作朕文祖戊公般盤盉，孫孫子子其邁年永寶用茲王休，其曰引勿㚔替。T.14799

旆²ᴬᴮᶠᴰ 或釋旝、旟。鑾旆，鑾旂。

J2.0855 曾仲姬壺 曾中姬之牆壺 T.12190

牆²⁴⁵⁹⁵ 牆壺，讀若䉺壺。

J2.0861 曾少宰黃仲酉壺 曾少宰黃中酉之行蓋 T.12249 ☞ 04643

J2.0872 唐子仲瀕鈚 唯正十月初吉丁亥，昜子中瀕䍼其吉金，鹽鑄其御鈚瓶。T.14035 ☞ J2.0934，J2.0958

昜²ᶜ³²⁴ 从牛易聲。讀若唐。國族名。昜子仲瀕，春秋晚期人。

J2.0875 晉侯斷壺 唯九月初吉庚午，晉侯斷作隩盉，用亯于文取皇考，萬䛑億年原錯置壺字前永寶用 T.12397

斷²³⁰⁹ᶜ 晉侯斷，即晉侯穌。

盉⁰⁰⁰⁰⁰ 从皿从壺。與壺同。

取²ᴮᴬ³⁶ 从又从且。讀若祖。

J2.0881 南㲽罍 南㲽 T.13753 ☞ J2.0731

J2.0892 榮陽上官皿 十年九月，廥齿夫成。右史裒觓之，少一溢
六分溢以上肩。以下腹縈陽上官皿 T.14085 ☞ 09707

裒²ᶜ²ᴱ⁷ 从爪从衣，會以手脫衣意。褪字初文。讀若狄。人名。
觓²⁷⁸ᶜ⁰ 讀若角，意爲校量。

J2.0910 少司馬耳盃 少司馬親用之敄。鈢大弌鎰。重叁十展。
敄²²F⁴D 古文造。　　　　　鈢⁹²⁰⁸ 同杯。

J2.0925 蘇公盤 魷公作䁂改鈘盤，永寶用 T.14404 ☞ J2.0957《蘇公匜》。
改⁵⁹⁸⁰ 姓。䁂改，䁂己，蘇公的女兒，嫁於晉國。

J2.0928 家父鑑 家父作寶品，其萬年子子孫孫永寶 T.14427
品²⁰ᶜ⁴⁴ 同皿。

J2.0934 唐子仲瀕兒盤 唯正月弌日一之日，即夏正十一月辛亥，鍚子中
瀕兒鬻其吉金，盥其御盤，子子孫孫永宷寶用之 T.14504 ☞ J2.0872

J2.0937 獄盤 T.14531 ☞ J2.0836《獄盉》。

J2.0938 士山盤 唯王十又六年九月既生霸甲申 懿王16年九月初九，
B.C.913 王在周新宮，王格太室，即位。士山入門，立中廷，北嚮。
王呼作冊尹冊命山，曰：于入往納䒑厌，徣遣遂懲蠶荊方，服。罙
布虐，服；履，服；六學蠻服。䒑厌蠶方賓貝、金。山拜稽首，
敢對揚天手丕顯休，用作文考釐中寶隓盤盉，山其萬年永用

T.14536

䒑²⁶B¹⁵ 國名 ☞ 03589　　　　布²²⁰⁵B 古文蔡。流放。
蠶⁸⁸¹A 亦作蠫、蛞，或稱下蠶，即鄀，西周古國名。西周晚期
國名从邑作鄀，或稱上鄀 ☞ 00059，04183。逞蠶，讀若懲鄀。

J2.0949 |王子申匜| 王子䍦之鑄鐈 T.14868

鐈²⁸ᴮ⁹⁴ 讀若匜。鑄鐈，淺腹匜。

J2.0952 |季隔父匜| 季隔父作㪷，㐅孫永寶用 T.14907

隔²ᶜᴮᴰ⁹ 从𨸏𦉫聲。季隔父，人名 ☞ 02160

㪷⁰⁰⁰⁰⁰ 从斗它聲。讀若匜。

J2.0958 |唐子仲瀕兒匜| 唯正月弍日己未，惕子中瀕兒羃其吉金，
盥其御匜沬盥 T.14975 ☞ J2.0872

J2.0967 |作冊般黿| 丙申，王迖于洹，隻獲。王一射，奴射三，率亾
瀘廢矢。王命𦎧馗兄貺于作冊般，曰：奏于鏽，作汝寶 T.19344

迖²ᴮ⁴¹ꜰ 从辵从弋。與弋同。弋射。

奴²³⁹ᴮᶜ 《說文》奴，殘穿也。奴射，貫射。

J2.1042 |錯金鳥書器蓋殘片| 之利殘片……夷虞書鈘……余之利，寺
□之妡 取局部。T.19459

虞²ᶜ⁷ᴇʙ 與鷹、虖同。讀若獻。　　妡²ʙᶜ¹¹ 从女欠聲。讀若姿。

J2.1045 |隼戈| 隼 T.16136 ☞ 00404

J2.1074 |蔡叔戈| 鄒甹 T.16392

鄒²ᶜᴀ⁹ᴅ 从邑市聲。同蔡。國名。鄒叔，或蔡叔度，周文王第五
子。

J2.1076 |封氏戈| 邽氏 T.16394

邽²ʙʙ⁷³ 讀若封。國名。

J2.1091 |陽䣛戟| □陽䣛 T.16532

䣛²ᶜᴇ⁶⁵ 陽䣛，或地名。

J2.1096 |□僕用戈| □䑣用戈 T.16600

僕²ᴮᴱ⁰⁶讀若僕。御車者。

J2.1140 邻並杲戈 邻竝杲之殻戈 戈內有巴族象形符號。T. 16855

邻⁰⁰⁰⁰⁰ 从邑次聲，邑名。或同鄝。

殻²ᶜ¹ᴬ⁷ 从殳告聲。古文造。

J2.1145 許公寧戈 䚢公䀇之用戈 T. 16653 ☞ 00575

J2.1161 平夜君成雙戈戟 坪夜君成之用戠 T. 16894

戠²ᴮᴱᴱ⁹ 讀若戟。坪夜，即平輿，戰國時期楚邑。

J2.1170 南君䣊䣓戈 南君䣊䣓之車戈 T. 17052

䣊²ᶜ⁰¹¹ 讀若颺。　　　　　　　䣓²ᶜᴬ⁸⁹ 讀若易。

J2.1172 陳侯因脊戈 陳侯因脊造。陵。左 T. 16888 ☞ 04649

J2.1173 燕王喜戈 郾王喜慭桀俠利戈 T. 17034 ☞ 11194

J2.1174 燕王職戈 郾王戠作黃㠯鉩 T. 16994

鉩²⁸⁹⁶⁸ 黃卒鉩，讀若廣萃矛，廣車部隊所用之矛。

J2.1180 鄧子仲無忌戈 登子中無㛯之用 T. 17090

㛯²¹⁸⁸¹ 亦作㛯。讀若忌。鄧子仲無㛯，春秋早期人。

J2.1187 二年㕣具府戈 T. 17115 ☞ 11292

J2.1203 越王戟 戉王差䣓佐徐，以其鐘金，䚢鑄其哉戟 T. 17363 ☞ 11047

J2.1206 □陽邑令戈 □陽邑令敬□左工帀戌冶畫 T. 17156

戌²ᴬᴮ⁴ᴬ 讀若戎。人名，戰國晚期某縣冶鑄作坊的左工師。

J2.1211 二年宜陽令䣓諆戈 二年 韓襄王 2 年 命 䣓䰉 宜陽右庫工帀張卟，冶疒 T. 17213

䰉²²ᴬ⁰ᴮ 籀文諆。人名，䣓氏。

J2.1219 二年平陶令范戻戈 二年，平窑命范昊，工帀弖布從蔡，冶尤狱 T.17204

窑 219F0 平窑，讀若平陶，戰國趙國縣名。

狱 2C336 尤狱，人名，戰國趙國平陶縣冶鑄作坊的冶吏。

J2.1225 秦子戈 秦子作造左辟元用。左右巿鮅用逸宜 T.17209 ☞ 11352

J2.1231 六年大陰令賵弩戈 六年，大陰倫賵弩，上庫工帀申均疟，冶人逢 T.17318

陰 2CBC9 同陰，山之北。大陰，戰國時期魏國縣名。

疟 2AF70 讀若瘠。中均瘠，魏國上庫冶鑄作坊的工師。

J2.1237 八年陽城令戈 八年 韓桓惠王 8 年，B.C.264 陽城命事壯，司寇㸚瘊，左車工帀吳衿，冶攼敾 T.17346

㸚 2AE9D 讀若舉。㸚瘊，人名。戰國時期擔任韓國司寇一職。

攼 22F3D 人名。韓國陽城縣左庫冶鑄作坊的冶吏。

敾 657E 从攴善聲。造。

J2.1248-9 秦政伯喪戈 秦政白喪，戮政西方。作造元戈喬黃，竈專肇撫東方。巿鋙用牆宜 T.17356 ☞ 11352

J2.1252 六年襄城令韓沽戈 六年，襄城倫軋沽，司寇反維，右庫工帀甘丹餕，冶疋敫娠旂刃 T.17360 ☞ J.1196

J2.1254 三十一年鄭令戈 卅一年，鄭命椙㴶，司寇趙它，生庫工帀皮耴，冶昪戗。雍。四年，春成左庫 T.17343 ☞ 11693，11398

J2.1319 三年相邦建信君鈹 三年，相邦建信君，邦左庫工帀郤旅，冶魁。敦齊 T.18030 ☞ 11681

魁 29C9E 人名，戰國晚期擔任趙國邦左庫冶鑄作坊的冶吏。

J2.1342 忏距末 悍作距末，用差佐商國 T.18588 ☞ 11915

J2.1343 忏距末 悍作距末，用差佐商國。光張上〔下〕，四方是瀰 T.18589 ☞ 11915

J2.1344 三年大將李牧弩機 三年趙繆王遷3年大牆吏牧、刵大夫王平、象長丞所爲。綏受事伐 望山銘 瀘丘 廢丘，亦名槐里，地名。瀘丘 懸刀銘。弩機落入秦人之手後加刻瀘丘字樣。T.18585

牆 24595 醬。讀若將。大牆吏牧，趙大將李牧。

丞 6C36 長丞，張承，人名，官職爲掾。

J2.附90 相邦建信君鈹 元年，相刵建郢君，刵右庫戀，段工市鍛工師吳痤，冶瘠。敦齊 T.18028

郢 28215 或釋作躳。讀若信。

痤 2AF70 讀若瘠。吳痤，擔任邦右庫冶鑄作坊的鍛工師。

T.00646 南夒鼎 南夒 ☞ J2.0731

T.01452 觴仲鼎 鬺中作旅鼎 ☞ 03945, 09572

鬺 2C2FA 同觴。鬺中，讀若唐仲，人名。鬺或从瓢聲，見《晉公盤》。

T.01491 襄陰鼎 亩稟二斗。戲陰。

陰 2CBC9 戲陰，讀若襄陰，韓地。戲 2302E 古襄字。

T.01621 寫邑司鼎 寫邑嗣，寶陝彝 ☞ T.01930

寫 2BCDE 从宀易聲。讀若唐。寫邑，地名。

T.01666 彭子射鼎 彭子射之行鬺 ☞ 02231

T.01763 建陰氏孝子鼎 建陰陰氏孝子，十二。建陰陰氏孝子。

陰 28E51 同陰，釋作陰。

T.01897 昜男鼎 昜男作父丁寶陘彝 子廠 ☞ 01310

昜²ᴮᶜᴰᴱ 从广昜聲。亦作𤅷，讀若唐。昜男，人名。西周早期。

T.01898 昜男𩰫鼎 昜男𩰫作父丁寶陘彝 子廠 ☞ T.01897

T.01930 昜邑司鼎 昜邑嗣作父丁寶陘彝 子廠 ☞ 01310，T.01621

T.01950 右中䣊鼎 右中䣊。小所十口賜。右中䣊 ☞ 11292

T.02004 黃君孟鼎 黃君孟〔自〕作行器，子子孫孫則永𥣫𥣫祜福

☞ 00687

T.02135 信安君鼎 訷安君器賡。訷安下官器賡。安君䛾陸厌。訷安下官 ☞ 02773

訷²ᶜ⁸ᴬᴰ 从言身聲。與信同。訷安君，即戰國晚期魏國宰相魏信。

䛾²ᶜ⁵²¹ 从立長聲。與長同。

陸²ᶜᴮᶜ⁹ 同陰，山之北。䛾陸厌，長陰侯。

T.02166 九年承匡令鼎 九年，承匡命戈，工帀贛，大夫㤎，冶期釾。府四分 ☞ 02527

㤎²ᴮᴱ⁸ᴰ 人名。

T.02196 仲太師鼎 中大師作孟姬餴饋鼎，用匽宴旨飤，开䰞受福，宻聱宜馨允異翼 ☞ T.12370

开⁵ᴱ⁷⁵ 开䰞，讀若勾壽。

T.02211 伯上父鼎 白上父作季姑寶鼎，用言考孝，用剌盪䰞，子子孫永寶用。

剌²ᴮ⁹⁸ᴱ 从刀索聲。讀若割。用剌盪䰞，讀若用勾眉壽 ☞ 02814

《許惠鼎》。

T.02242 楚子𢼄咎鼎 楚子子𢼄咎自作石䆳，其眉壽無諆期，子子孫孫永保用之。

䆳²⁵⁰⁵⁷ 石䆳，䃺䃺 ☞ 02551

T.02311 改䔳鼎 曩旻生之孫𢘂，爲改䔳會貞鐈鼎，用征用行，萬年無彊，子孫永保用之。

𢘂²ᴬᴬꟳ³ 从心衣聲。讀若哀。人名，曩旻甥之孫。戰國早期。

T.02318 隨仲芈加鼎 唯王正月初吉丁亥，楚王賸嫷陸中嫷加飤緐，其眉壽無朞，子孫永寶用之 ☞ 04598

T.02319 揚鼎 唯王正月初吉丁亥，墬嫷子𩾧羃其吉金，自作飤緐，其眉壽無彊，永保用。

墬²ᴬ⁹¹ᴰ 同陽。或讀唐。國族名。

嫷²ᴬ⁹ᴮ³ 讀若芈。姓。墬嫷子𩾧，讀若陽芈子揚。

T.02385 荊子鼎 丁子巳王武王大祐。戊午丁巳後一日夘子蔑曆，敞上白牡一。己未戊午後一日王賞多䚷伯夘子麗賞夨罒卣卣、貝二朋，用作文母乙𨡰彝 ☞ 05415，06003

夘⁵²⁰⁵ 或作刕。讀若荊。荊子麗，或即楚王熊麗。字或釋作犂。

T.02404 鮑子鼎 鞄子𣪘般中匋始仲匋姒。其雙生男子，勿或柬巳勿有閒矣。它它𤿌𤿌施施熙熙，男女無朞。中匋始𨒫子裛，其耇君毋死，儥而保爾兄弟，子子孫孫永儥用。

𡉌²ᴮᴮ⁶⁰ 同𡉌。讀若皇。　　鞄²⁹³⁴² 同鞄。讀若鮑 ☞ 00142

𣪘²²ꟳ⁰ᴱ 亦隸作𣪘。與作同。　　𨒫ꟳᴬ²⁴ 同及。與。

T.02412-3 榮仲鼎 王作𤇥中宮。在十月又二月生霸吉庚寅，子加𤇥中觌祼璋一、牲大牢。己子巳，𤇥中遫內白馭厌子。子賜白金昀，用作父丁𩰫彝 史 該銘或僞。

速 ²CA²E 或速之異文。燚中速內白㱃厌子，讀若榮仲速芮伯、胡侯、子。《玉篇》速，疾也，召也。

昀 ⁷⁶F⁷ 讀若鈞。白金昀，白金一鈞。

T.02698 亞丣其父己鬲 亞丣其父己 ☞ T.03272

丣 ²⁴⁵⁷⁰ 同卯。亞丣其，族徽。西周早期。

T.02825 鑄姬鬲 儔姬作孟妊姞𢆶羞鬲 ☞ 02474，04574《鑄公簋》。

儔 ²B⁸EC 从示停聲。停，隸作䐓，字讀若鑄或祝，國名，任姓。儔姬，鑄國夫人，姬姓，嫁於鑄國，大女兒名姞茲。

T.03015 景之金鬲 唯弎日，王命競之金救勻秦戎，大有祉于洛之戎，甬用作𨺝彝 ☞ 00037，00038

祉 ²C⁴AC 从示工聲，讀若功。景之金，即左司馬販，聚殲居洛之秦戎，在祭祀時以彰功勳。

T.03036 競孫旒号鬲 正月建盡期，吉晨辰不貪弍，競孫旒号作興鑄溜彝，追孝屍裳，龏寺䀠恧恭持明德，卲事辟王，畬哉不服。

裳 ²C⁴C² 屍裳，讀若纘嘗。

T.03233 叔甗 甬作寶𨫋。

𨫋 ⁹⁴⁸⁰ 从金獻聲。讀若甗。

T.03362 王孫叔謹甗 唯六月壬申，王孫甬謹𩰫曰吉金，作鑄□獻甗，以征以行，以鬻稻粱，以飲父兄，其眉壽無彊，子孫永寶用言。

謹 ²⁷B³C 人名。

T.04337 疑父簋 𠤎父作寶𨺝彝 ☞ T.14705

𠤎 ²⁰⁹¹⁷ 疑字初文。𠤎父，亦名伯生，或爲第二代曾侯。

殷周金文字宝　363

T.04369 季賓父簋 季賓父作旅殷。

賓²ᴮᶜᴱ⁷ 从宀員聲。季賓父，人名。西周中期前段。

T.04609 芮公簋 內公舍霸馬兩、玉、金，用盤殷。

玉²ᶠ⁹²⁹ 古文玉。三畫相均，象玉連貫形。

T.04706 改訧簋 作改訧寶殷，子子孫孫，其永寶用 旅

訧²ᴮ³³³ 同娝。改訧，人名。

T.04825-6 芮公簋 內公作盤子赳寶殷，子子孫孫永寶用言 ☞ 04423，
T2.0399

T.05136 夗簋 唯八月公陝殷年，公易錫夗貝十朋，迺命夗裔三族，爲夗室。用兹殷兹簋褺公休，用作且乙隩彝。

夗²³¹³⁰ 讀若何。西周早期人。　　裔²⁴⁵¹⁴ 嗣。裔三族，司三族。

T.05207 室叔簋 唯王五月，辰在丙戌，窒禸作豐姞慈旅殷。豐姞慈用宿夜言考孝于訧公，于窒禸朋友，兹殷獻皀饋匋，亦匍壽人。子孫其永寶用。

窒²ᴬ⁹ᴱ⁷ 室字繁文，讀若屋。國族名。室叔，屋國公族。西周中期。

慈⁰⁰⁰⁰⁰ 从心鼓聲。豐姞慈，室叔的夫人。西周中期。

訧⁰⁰⁰⁰⁰ 从言攸聲。或同訾。訧公室叔的父親。西周中期。

兹²²¹ᴮ⁶ 古文茲。

T.05213 再簋 趙白作再宗彝，其用夙夜言卲享昭文神，用禡旅饙鬻。朕文考其巠經趙姬趙白之德音其競，余一子朕文考其用作牢身。念再戈哉，厶匄無害。T2.0227

趙²ᴱ⁶ᶜ⁹ 从走肖聲。趙白，讀若遣伯，遣國族首領。西周中期。

禡²⁵⁷⁰ᴰ 从示萬聲。禡旅饙鬻，萬祈眉壽。或讀賴，亦通。

T.05315 獄簋 唯十又一月既望丁亥，王格于康大室。獄曰：朕光皇尹周師右告獄于王。王或賜獄佩戈巿敤亢，曰：用事。獄捧頴首，對揚王休，用作朕文考田公寶隩段，其日夙夕用乎茜香臺祀于乎百神，孫孫子子其邁年永寶，用玆王休，其日引勿炇替。

敤 2ABD1 从攴素聲。王或賜獄佩戈巿敤亢，王又賜獄佩緇黻素亢。

田 2BB42 即囲。借作甲。

T.05368-9 衛簋 唯八月既生霸庚寅，王格于康大室。衛伯獄之弟曰：朕光朕皇尹中侃父右，告衛于王，王賜衛佩、戈巿緇黻、敤朱亢、金車、金爐。曰：用事。衛拜稽首，對揚王休。衛用庫肇作朕朕文考田公寶齍彝，其日夙夕用乎馨香臺享祀于乎百神，𠆢不鼎則黻夅馨香，則舉于上下，用匃百福邁萬年，俗裕玆百生姓，𠆢不醻魯，孫孫子子其邁年永寶用玆王休，其日引勿炇替，詛母塑世毋忘 ☞ J2.0436

T.05386 盷簋 唯十年正月初吉甲寅 懿王 10 年正月初一朔日，B.C. 919 王在周〔般〕大室。旦，王格廟，卽位，嚋王，康公入門，佑盷立申廷北嚮。王呼作冊尹冊命盷，曰：嶯乃祖考獄獸有鼾功于先王，亦弗塑忘乃祖考，舉裏乎典，鞊于般。今朕丕顯考龏王旣命汝更膚乃祖考事，作嗣徒。今余唯離先王命，汝鞼嗣西扁偏嗣徒、訊訟，取賸十鋝，敬勿灑廢朕命。賜汝邑卣、赤巿幽橫，攸勒。盷捧頴首，對揚天子休，用作朕剌考幽禹寶隩段，用賜萬年，子子孫孫其永寶。

嶯 2CC8F 从食戈聲。讀若載。初，始，往昔。

鞊 2B857 从丰从卂。鞊于般，讀若封於服。

印面隔紙
油乾移除
手工鈐印
微瑕無礙

T.05570 伯畐父盨 弔犀父爲白畐父作寶盨，萬人年用。

畐²ᴮᴰ²⁶ 或省作畐。讀若福。白畐父，人名。西周晚期。

T.05661 達盨蓋 唯三年五月既生霸壬寅，王懿王在周，執駒于滆应。王呼蔿攜趞召逵，王賜逵駒。逵捧頴首，對揚王休，用作旅盨。☞ 03788，06516《趞觶》。

T.05782 䤩祋想盨 䤩祋想之飤匽。

䤩⁹¹⁹³ 讀若沈。字初釋作譖、諧 ☞ 00425

祋²²ꜰ¹⁷ 沈祋想，春秋晚期人，器主。

T.05912 畢仲弁䜩 畢中弁作爲其北別蕭臣膳䜩，其萬年眉壽子子孫孫永寶用之。

畢^{2AC1E} 畢中弁，讀若畢仲弁。春秋早期小邾國人。

T.06229 霸伯盂 唯三月，王史白考蔑尚麻使伯考蔑尚曆，歸饋柔茅苞、旁芳邕。戝咸，尚捧頴首。旣頴首，彶賓、罵賓，用虎皮再，毀，用璋，奏。翌日，命賓曰：捧頴首。天子蔑其臣麻，叔敏用章敢敬用璋。遣賓，罵，用魚皮兩，側毀。用章，先馬，右毀，用玉，賓出，以俎。或彶白，或邊毀，用玉，先車。賓出，白遺賓于蕎，或舍賓馬。霸白捧頴首，對揚王休，用作寶盂，孫孫子子其邁年永寶。

彶^{224CA} 延。彶賓，迎賓。　　蕎^{26FE3} 金文蒿。讀若郊。

罵^{2BB0B} 同兩，瓚。罵賓，讀若贊賓，見賓。

T.08780 亞弁肆父丁角 亞弁叙父丁 ☞ 09008

T.09679 㜏冉串觚 㜏冉串 ☞ 02311

T.10899 征睪 䁝 ☞ 00361

T.11765 覸爾尊 覸爾作父丁寶隩彝，孫孫子子其永寶 戈

覸^{278A7} 从見䳗聲。人名，族徽鉥。西周早期。

殷周金文字宝 367

T.11784 京師畯尊 王涉漢伐楚，王又夾工，京自眈京師畯克匹，王
夆貝，用作日庚寶隤彝䴢

夾 215D5 說文亦本字。王又夾工，讀若王有掖功 ☞ 05995《師艅尊》。

夆 20A7A 讀若夆。

T.12257 仲妵壺 中妵作寶壺，其萬年永用。

妵 216B3 讀姞。

T.12308 楢佗壺 十二年，楢佗作鄸料，卅頸圈，第一次刻銘。少梁𡺞

下官頸外壁，第二次刻銘。

楢 2C0EC 即椁，讀若郭。楢佗，魏惠王時期人。

鄸 2CA94 从邑梁聲。地名，指魏都城大梁。

𡺞 2BD7E 从山每聲。讀若魏。

T.12353 園君婦媿靈壺 園君婦媿靁作旅壺，其邁年子子孫孫永用

☞ 02502，09434

T.12370 仲太師壺 中大師作孟姬隤壺，用匽宴旨飤，开耈受福，

㝨夆允異 ☞ T.02196

T.12445 遬兵方壺 唯正五月初吉壬申，余鄭大子之孫遬兵，擇余
吉金，自作宗彝，其用亯用孝于我皇䢷祖文考，不墼普䵼歲棠。
余嚴敬丝兹裎盟，穆穆趡趡，至于子孫。子孫參捧叁拜頁頴首于皇
考剌䢷列祖，卑邁枼無諆俾萬世無期，巫于逡民，永寶㣇教之。

遬 28615 遬兵，讀若舉兵，鄭太子之孫。春秋晚期。

墼 2147C 不墼，不僅。 裎 25683 或同禋。

棠 2C4C2 普䵼歲棠，春秋歲嘗。 趡 2C98E 同趨。趡趡，讀熙熙。

逡 284A5 巫于逡民，極于後民。

T.12447-8 復封壺 唯王三月既生霸庚亥，帛大王孫復丰豖遂嗣司右大徒，戠龏威諆識恭畏忌不豖惰，夙夜從其政事，趩作聖公命，復丰率徒伐者剌，武又有功。公是用大畜之鹵嗣司者諸剌。賜之玄衣、鋚勒、車馬、衣裘、子邑、土田，返其舊人。公命復丰聘于魯，不敢廢公命。爰睪援擇吉金，復丰及中子用作爲寶壺，用言用孝于其皇祖、皇妣、皇丂考、皇母，用廌祈眉壽韭久歲難老，其萬年無彊，子子孫孫永保用言。

剌 2B98E 从刀索聲。者剌，地名。　妣 216A7 金文妣。

T.13282 魰卣 魰作父丁寶隩彝，魰其子子孫其永用。

魰 29D4E 與魰溥潊臾鱻竝同。人名。西周早期。

T.13535 覭爾方彝 覭爾作父丁寶隩彝，孫孫子子其永寶 戊 ☞T.11765

T.13662 覭爾甀 覭爾作父丁寶隩彝，孫孫子子其永寶 戊 ☞T.11765

T.14036 僉父瓶 霝父君僉父，作其金甁，眉壽無彊，子子孫孫永窑用之。

甁 22F29 假借作瓶。　窑 2A9E5 同寶。

殷周金文字宝　369

T.14091 寬兒缶 唯正八月初吉壬申，蘇公之孫寬宿兒𦉢其吉金，自作行缶，眉壽無朞期，永保用之。☞ 09658

T.14684 鄧公盉 𢍰弁隥彝。

弁 2AAB3 从奴从公。讀若公。

T.14705 伯生盉 白生作彝，𠔼。☞ T.04337

𠔼 2C3BF 曾字之省。曾伯生，亦名𣏂父，或爲曾侯諫之子，即第二代曾侯，廟號父乙。

T.14795 鳥形盉 乞誓曰：余某諆弗禹公命，余自無𠛱夊，身箅傳出。報昪誓，曰：余既曰余禹公命，襄向余亦改朕鬻，出黜棄。對遂公命，用作寶盤盉，孫手其邁年用。

夊 2BFA6 古文鞭。余自無𠛱夊身箅傳出，余自譆則鞭身敓轉黜。

鬻 2C2F9 朕鬻，朕辭。

T.14797 作冊吳盉 唯卅年三月既生霸壬午 穆王30年四月初九，B.C.974 王在𡨄，執駒于𡨄南林，衣卒執駒。王呼舊偈召作冊吳，立庈門。王曰：賜駒。吳搏頡首，受駒以出。吳敢對揚天子丕顯休，用作韋姬般盤盉。☞ 09898

𡨄 2B91D 國族名。　　庈 00000 庈門，未詳。

T.15511-9 楚大師鄧編鐘 唯王正月初吉庚午，楚大師𢍰辭慎，慎裻甾嚇，武于戎功。用其吉金，自作鈴鐘。龢鳴𧻚敔，用宴用喜。用樂諸侯，及我父兒。既甾既記，余保辭楚王。倗倗叚遲，萬年毋已。子子孫孫，永寶鼓之。

裻 88FB 讀若淑。

敔 2BFC3 龢鳴𧻚敔，讀若龢鳴且皇。

𗊀²ᶜ¹⁸¹ 讀若兄。

㘝²ᴮᴮ⁴⁴ 同盥。慎裘㘝彝，讀若慎淑溫恭。既㘝既記，讀若既溫既忌。

T.15768 㮈鎛 唯正孟歲十月庚午，曰古朕皇祖悼公，嚴彝恭天命，哀命鰥寡，用克庫肇謹祧王明祀。朕吝文考懿禹，亦阠刑瀘賊祧公正應，俾作司馬于滕。㥑㥑羊羊，非敢惰怠。㮈作宗彝，用䣔于皇祖吝考，用旂吉休，畯㮈子孫，萬年是保。

祧²⁵⁶⁵ᴰ 先公，先王專字。

阠²⁸ᴱ³² 阠刑瀘賊，讀若帥型法則。

㥑²²⁵⁷ᶜ 㥑㥑，讀若熒熒。

T.16478 圁陽戈 洦陽 ☞ T.16818，T2.1086

洦²³ᴰ⁶⁷ 从水言聲。洦陽，即典籍中圁陽，在今陝西神木縣東。

T.16483 郁䣑戈 郁䣑。

䣑⁹⁰ᶜ⁵ 郁䣑，古縣名。

T.16633 子者戈 子者䇂造鋪。

鋪⁹²⁵⁸ 讀若拂。戈名。

T.16766 惕子斨戈 惕子斨之用。

惕²ᶜ³²⁴ 讀若唐。國名。惕子斨，人名。春秋晚期。

T.16818 圁陽戈 洦陽冶瘖釱鑄也 ☞ T.16478

T.16820 新造戈 新俈自皲弗戈。

俈⁴ᶠᶜ⁸ 讀造。新俈，楚官名。

皲²ᴬᴰ⁴ᴰ 同敏。讀若命。

殷周金文字宝　371

T.17109 公迖戈 王章之戠，公迖之告戠。□。

迖²ᶜᴬ¹ᴱ 讀若役。　　　　戠²ᴮᴱꜰ⁴ 楚文字歲从月。

戠²ᴮᴱᴱ⁹ 告戠，造戠。

T.17304 上皐落太令戈 □□〔年〕上佫茖 ᵤ咎落大命少曲夜，工帀高愯，灱午。

灱²ᴬᴱ¹⁰ 讀若冶。指韓國上皐落冶鑄作坊的冶吏。

T.17309 中□令垈拊戈 二朱，中□倫垈拊，右庫守工帀泲旱，工隊 地。

旱²ᶜ⁰²⁷ 泲旱，人名，戰國時期某冶鑄作坊工師。

T.17310 向壽戈 向壽，邻 徐莫圞卲啬、司馬甚啬於杬之所告 造

☞ 11404

圞⁵⁶ᴮᴮ 莫圞，亦作莫敖，楚官名。

T.17311 涑縣啬夫担戈 廿七年，涑鄢啬夫担，冶匀啬夫雫，冶□。𩵋 饙 ☞ 11213

T.17362 越王差徐戈 戉郥之先王未得居乍 姑胥，姑蘇金，臺差邻 越王無餘之爲王，司嗣得居乍金。差邻以盠其元甬 用戈，以攺旦鄠土。

臺²ᴮ⁸⁸¹ 就。

鄠²ᶜᴬ⁹ꜰ 攺旦鄠土，讀若拓其邊土。

T.18074 六年司空馬鈹 六年，相㚅司工馬，㚅左庫工帀 師申沱，冶胥魁所爲，綏事苉禺。敎齊。大攻胥阡駒。

魁²⁹ᶜ⁹ᴱ 人名，戰國晚期擔任趙國邦左庫冶鑄作坊的冶尹。

駒²⁹ꜰᴅ⁶ 讀若鴉。阡駒，人名，戰國晚期擔任趙國邦左庫冶鑄作坊的大工尹。

T.19343 晉侯銅人 唯五月，灘尸伐格，晉庆厡戎，隻獲氒君豖師，庆侯揚王于絲茲。

灘²³F³² 灘尸，讀若淮夷。或釋雍。或作雖。譌作雖。

厡²A811 从厂專聲。與戟同，即搏字。

豖⁰⁰⁰⁰⁰ 从厂豕聲。

T.19487-8 戉父辛器 戉父辛 ☞ 08807

T.19781 秦景公石磬殘銘 ……百樂咸奏，允樂孔煌。𢍏虎𩰴載入，有讖𩰴漾。天子匽喜，鼙秦共公趯秦桓公是嗣。高陽有𤎅，三方以鼎宓平……宜政，不廷鋅瀞。上帝是獎，佐以𤎅神…… ☞ 04315

𢍏²C1A2 讀若筰。𢍏虎，讀若鉏鋙。

鋅²⁸A⁰B 从金夋聲，鎭字或體。鋅瀞，讀若鎭靖。

獎²C46A 讀若睽。

T.19827 石鼓文 四輪霧霧。

輪²⁹⁶⁷⁶ 假借作轔。

T.19919 荊門左塚楚墓黑漆木棋桐 方框第一欄局部 㝊惂。忽余。速努。棊𠀤 方框第二欄局部 民窮。民絟。民㥯。民患。

忽²AAEB 忽余，讀若忍徐。 㥯²BE89 讀若懇。字或讀愻。

T2.0014 吾鼎 吾

吾²²⁰¹B 族徽。商晚期。

T2.0015 市鼎 市 ☞ 08777

T2.0032 齊衢鼎 ◇衢 ☞ 04779

T2.0034 炅玨鼎 炅玨 ☞ T2.0592

炅²C27F 从爪火聲。炅玨，族徽。商晚期。

殷周金文字宝 373

T2.0046 婦㜏啟鼎 帚㜏攺。

㜏 2BC07 同姒。讀若姒。

T2.0072 子廠鼎 子廠 ☞ 01310

T2.0080 亞𠭴孤竹鼎 亞𠭴 孤竹 ☞ 02033

T2.0082 亞妘鼎 亞嬛作寶彝。

嬛 21900 同娟，讀妘，姓。

T2.0103 仲奴父鼎 中奴父乍𩰫鼎。

奴 2BA38 同妏。亦作妷、矤。仲奴父，人名。西周早期。

T2.0110 龍子囡鼎 龍子囡之豆鼎 廚鼎。

囡 361D 龍子囡，人名。春秋早期。

T2.0126-7 曾公子弃疾鼎 曾公子厺疾之行貞。

厺 20AD3 倒子形。讀若棄。

T2.0135 姚季鼎 姚季䑗𡣪孟姬㔾母飤器。

㔾 2BB44 同𠤕。孟姬㔾母，人名。春秋早期。

T2.0144 寪邑豕鼎 寪邑豕作父乙寶𨞾鼎 子䡇

寪 2BCDE 从宀昜聲。讀唐。寪邑，地名。寪邑豕，人名。西周早期。

䡇 376A 子䡇，族徽。西周早期。

T2.0145 寪邑司鼎 寪邑䤋作父丁寶𨞾彝 子䡇 ☞ T2.0144

T2.0177 杞伯每刃鼎 杞白每刃作鼄孃邿曹寶鼎 ☞ 02494

T2.0192 皇䣙鼎 昊㱃公子皇䣙罬其吉金自作飤鐈，千歲之外，我是以逝遣。

㱃 2C160 从欠㕚聲。昊㱃，楚簡或作㱃㕚，讀若敦皋、橐皋，地名。

T2.0195 晏鼎 晏捧頀首，皇兄考孝于公，宧毕事。弟不敢不襗，夙夜用旨𩰲公 ☞ 02553《應公鼎》。

宧 2BCC7 讀若休。讚賞。　　　襗 8957 讀若懌。

T2.0208 王子逗匕鼎 唯正月初吉丁亥，王子逗匕叕其吉金，自作羞鼎。眉壽無諆，永保用之。

逗 2CA24 从辵亙聲。與趄同。讀若桓。王子逗匕，人名。春秋晚期。

叕 53D2 同叕、叕，籀文若。擇也。

T2.0209 宋公固作濫叔子鼎 有殷天乙唐湯孫宋公𠚖作㵄弔子饎鼎，其眉壽萬埲年，子子孫孫永保用之 ☞ T2.0531

𠚖 2BB53 从口貘聲。讀若固。宋公𠚖，即宋共公。

T2.0217 棘狀鼎 唯王初莑于成周，乙亥，王酌祀在北宗，賜棘狀貝十朋，用作鼒中隩彝。揚王休，永寶。

莑 209AA 莑字初文。或作祓。讀若袚。袚祭，拔除災禍之祭。

酌 2BE49 同酹，祭酒，以酒酹地。

T2.0218 宋叔鼎 唯七月辰在己丑，宓白至於呆应，賜宋弔貝十朋，赤金二鈑。揚毕休，用作趕寶隩鼎。

宓 2A9DD 讀若密。宓伯，密國族首領。

T2.0221 胡應姬鼎 唯䚃王伐楚荊楚荊，獸雁姬見于王，䭼皇，賜貝十朋、幺布二乙玄布二匹。對揚王休，用作毕啻嫡君、公弔乙隩鼎。

䚃 2C701 讀若召。䚃王伐楚荊，昭王伐楚荊。

䭼 2C2F9 同辭。

T2.0224-5 昭王之䣅鼎 唯正孟䔲吉日唯庚，邵王之䣅即，楚昭王之孫擇毕吉金，作䵼佸鼎，䔲秋䵼棠，霝福旣亟，眉壽無疆，殊世

几既卒，予孫勿敚奪，佫鼎共行 ☞ T2.0515

棠²ᶜ⁴ᶜ²讀若嘗。

T2.0227 冉鼎 ☞ T.05213

T2.0231 伯或父鼎 唯王三月初吉丁亥，白或父作凡姬囗宫寳隩鼎。凡姬乃新親于宗人曰：用爲汝帝彝器。宗人其用朝夕言事于敵宗室，肇學前文人，秉德其井型，用夙夜于帝宗室。宗人其邁年子子孫孫永寳用。

敵²ᴬᴮᴰ⁰ 同敵。敵宗室，又作帝宗室，讀若嫡宗室。

T2.0238 荀侯鬲 筍厌爲齋鬲盖鬲。

筍²ᶜ⁵⁴⁷ 讀若郇。地名。筍侯，荀國族首領。西周中期。

T2.0240 曾侯腴鬲 曾厌腴之行鬻。

鬻²ᶜᴰ³⁸ 䕳。讀若烓。鬲別稱 ☞ 00626

T2.0248 外伯鬲 外白作鬲，旨鬻壽人 ☞ 02675

T2.0258 郑友父鬲 黿者父媵嬙其子脁嫌𣄰曹寳鬲，其眉壽永寳用 ☞ 00717

T2.0271 卬甗 卬作祖癸彝 ☞ 05412

T2.0273 馭麤塵甗 騳麤墥作旅獻。

墥²¹⁴ᴮ² 字彙補 墥，同塵。

T2.0279 夂葦臣甗 攴夆臣囗乍母己隩。

葦²ᴮ¹⁵³ 讀若葬。人名用字。西周中期 ☞ 01107

T2.0280 曾公子弃疾甗 曾公子㚔疾之葬膚甗 ☞ T2.0126, T2.0486

T2.0281 鄧子旁鄭甗 鄧子旁鄭盨其碏膚。

碏 2C4A4 从鼎石聲。鼎別名。

T2.0317 遚簋 遚作寶段 ☞ T2.0361

遚 2CA30 从辵召聲。或晉侯名。西周中期。

T2.0351 酚簋 酚作父丁陀彝 闪

酚 2BE49 从酉乡声。人名，族徽丙。西周早期。

T2.0361 晉侯簋 晉庆作田齌䤱段。

齌 2A5CD 田齌，讀若田妻。

T2.0375 加嬬簋 加嬬之行段，其永用之 ☞ 04598

T2.0395 伯僧簋 白僧作哀白段，其萬年子子孫孫永寶用。

僧 2B8D4 或同屑。讀若畧。白僧，西周早期人。

T2.0398 小子酐簋 乙未，卿旋賜小子酐貝二百，用作父〔丁〕陀段 爽 ☞ 03904

T2.0399 芮公簋蓋 內公作盨子赴寶段，子子孫孫永寶用言 ☞ 04423，T.04825

T2.0411 吝舍簋 ☞ 03996

T2.0416 向劉簋 ☞ 04033

T2.0422 敓簋 唯廿年又三年，在八月既望丁子巳，賜敓鹵百車。敱用作毕文考寶段。

敱 2BFDD 从攴䎽聲。　　　　敓 2B8EE 古文敓。人名 ☞ 00247

T2.0424 毛氂父簋 毛氂父作舣皇祖文考陀段，其萬年無彊，子子孫孫永寶用言大宗。

氂 271DD 从虎弔叔聲。毛氂父，人名。西周晚期。

T2.0430-1 稽史簋 唯十月初吉丁茆卯，丂史作寡伯朕毁媵簋，用巤眉壽永命，子子孫孫其邁年，永寶用言。

丂 00000 从卜丂聲。或讀秸。秸氏，姒姓。丂史，人名。西周中期。

寡 2BCDE 寡伯，讀若唐姒，婦女名。西周中期。

T2.0481 孟羋玄盨 盉媥夅之行匜。

盉 25068 从女孟聲。孟字異體。盉媥夅，讀若孟羋玄，春秋晚期人。

T2.0485 逢子訇盨 夆子訇鎜弔嬴痦匜 ☞ T2.0817

痦 2AE9E 从言爿聲。弔嬴痦，人名。春秋早期。

T2.0500 鄭膚盨 唯正月丙辰，嬰膚羇其吉金，爲羊兒興鑄朕媵盨，子子孫孫永保用之。

羊 2C66E 即牪，亦作犉，赤牛。羊兒，鄭國嬰膚之女。春秋中期。

T2.0502 盅子歓盨 唯王正月初吉丁亥，盅子歓孔武聖誨，羇其吉金，自作飤匜，永[保]用之。

歓 29397 从欠韋聲。盅子歓，人名。春秋晚期。

T2.0509 婁伯盨 唯正八月既生霸庚申，婁白作楚弔妊□姬艅媵匿匜，其眉壽無彊，子孫永保用之。

匿 20933 匿匜，匿盨。

T2.0512-3 楚伯氏孫皮盨 唯正月初吉乙亥，楚白氏孫皮羇其吉金，自作匿匜，其眉壽萬年無其期，子子孫孫永保用之 ☞ T2.0509

T2.0515-6 昭王之即盨 菁吉日唯庚，卲王之即即，楚昭王之孫羇旱吉金，作興佶匜，菁秋鞻棠，霝福之既乎，眉壽無彊，殊世几既卒，羣孫勿敚奪，佶鼎共行 ☞ T2.0224

棠 2C4C2 讀若嘗。　　　　　福 2BD17 同福。

T2.0517 封子楚簠 唯正月初吉丁亥，坒子楚奠武公之孫，楚王之士，羃其吉金，自作飤匜。用會饋嘉賓、大夫及我倗眷朋友。虢虢弔楚，剌厲之元子，受命于天，萬枼倗攺萬世不改，其竇耇眉壽無諆期，子子孫孫永保用之。☞ T.02409

坒 2A8BD 从土丰聲。讀若封。坒子楚，亦名叔楚，即鄭文公，鄭厲公長子，鄭武公曾孫，仕於楚。

T2.0530 𪗇子夔豆 唯正月吉日丁亥，𪗇子夔作盤行鉦鐙，眉壽以彊無疆，子子孫孫永保用之。

𪗇 4AA5 或讀䶊。

T2.0531-2 宋公䜌鋪 有殷天乙唐湯孫宋公䜌作瀻弔子䊷箐，其眉壽萬年，子子孫孫永保用之。☞ T2.0209

T2.0535 敿君季盂 唯王正月初吉丁亥，邛白歇江伯厚之孫敿君季䰧自作濫盂，用祀用饗，其眉壽無疆，子子孫孫永寶是尚。

敿 2BFE7 从攴从泉亯聲。

䰧 00000 敿君季䰧，作器者名。

濫 6FEB 同鑒。从水，以水照影。

T2.0536 異好盂 非曰異好：我唯曰：若我王洭瀕宫，事使作器，無徣多爲它。異好小子其肇作器，酒必興徣，異好自玆。

徣 224F1 讀若逢。 徣 2257C 集韻與邊同。

玆 221B6 古文兹。異好自玆，或讀異好自使。

T2.0541-2 冶尃秦匕 佢尃㮂，苛朕爲之。

朕 2C090 人名。苛朕，楚國冶鑄作坊的冶師。戰國晚期 ☞ 09931

T2.0556 㑞爵 㑞 ☞ 10651

殷周金文字宝　379

T2.0558 祓爵 祓 ☞ 06779

T2.0576 旬爵 旬

旬^{400F} 讀若郇。族徽。商晚期。

T2.0592 灷玨爵 灷玨 ☞ T2.0034

T2.0616 穷父爵 穷父 ☞ 08716

T2.0651 偪父癸爵 偪父癸 ☞ 00446

T2.0666 旨爵 旨作父辛觥 ☞ 02778

T2.0667 歷爵 歷作父丁寶觥 ☞ 02778

T2.0687 旬觚 旬 ☞ T2.0576

T2.0734 伯徣觶 白徣作旅彝 ☞ 06488

徣^{2BE54} 从口从彳。或作徝。讀若誕。伯徣，人名。西周早期。

T2.0739 取飲壺 取觶取作考日田寶彝。

田^{2BB42} 即囲。日田，讀若日甲。

T2.0745 羊貳車斝 羊貳車 ☞ 07201

T2.0770 亞弁肄父丁尊 亞弁叙父丁 ☞ 09008

T2.0775 遣止尊 遣止作寶隩彝。

遣^{2E6C9} 从走胄聲。遣止，人名。西周早期。

T2.0779 羲尊 羲易商賜賞，用作父癸彝。

羲^{2C2F4} 从受网，虍聲。人名。商晚期。金文習見康羲，讀若康娛。

T2.0785 婦傳尊 婦傳作辟日己鬱隩彝。

傳^{2AAD6} 又作邅。讀若傳。婦傳，人名。西周早期。

T2.0790 逤尊 辛未，婦隩宓，在𩰬大室。王饗酒，奏鏞新宓軟

屾。在六月。魯十冬舞十終，三䢔逫冎，王寶賞。用作父乙彝 大丏

逫²ᶜᴬ²⁷ 从辵丞聲。與䢎同。䢔逫冎，讀若騰及前。

𠚩²ᴮᴰ²⁸ 亦作𠚩，闌本字。邑名。

T2.0804 𠚩王壺 斁王作旅 ☞ 09411

T2.0815 曾侯諫壺 𠚩厌諫作媿䚄壺。

䚄²ᴮᴮ²ᴮ 亦作䚄，䚄字繁文，讀若肆。肆器，陳尸之器。

T2.0817 逢子𥃩壺 夆子𥃩鼛弔嬴𦣞壺 ☞ T2.0485

T2.0821 武坪車府鈁 武王車府。武王車府。詞。

詞²⁷⁹⁵ᴰ 集韻詞，古作詞。石小力釋信。

T2.0823 姚季壺 姚季𣪘𡠋孟姬𠚩母飤器。

𠚩²ᴮᴮ⁴⁴ 同㲃。孟姬𠚩母，人名。春秋早期。

T2.0828 長信侯鍾 𢂷訷厌厶官況。十八鎰六鈘。

𢂷²ᶜ⁵²¹ 从立長聲。與長同。

訷²ᶜ⁸ᴬᴰ 从言身聲。讀若信。

T2.0829 陽侯朳隋夫人壺 𡊄厌朳陸夫人行壺，其永祐福。

𡊄²ᴬ⁹¹ᴰ 从土陽聲。即陽，西周封國，姬姓。𡊄侯朳陸夫人，春秋晚期人。

T2.0861 作封從彝卣 乍邽伀彝 ☞ 01981

T2.0862-3 亞蚩天黽獻卣甲 黿 亞蚩獻 ☞ T2.0081

T2.0864 𡆧伯卣 𡆧白作𤿳彝。

𡆧²ᴮᴮ⁵³ 从囗貓聲。讀若固。𡆧伯，𡆧國族首領。西周早期。

T2.0873 甕卣蓋 𦉢作父甲寶隩彝單 ☞ 05308

殷周金文字宝 381

T2.0881 疑卣 唯中羲父于卜噩厌于螯戜，徣兄臣于宋白。公妞呼遜逆中氏于侃。丁卯，遜至告。妞寶貝，揚皇君休，用作父乙寶隩彝。

妞²ᴮᴬ²⁷ 同姒。人名。西周早期。　　戜²ᶜᴰ²¹ 金文城从辜郭。

T2.0882 肃卣 白氏賜圂僕六家，曰：自擇于庶人。今辱僕我興邑竸諫鐔芟滾。昔大宮靜靜王俾彙弔禹父改撫父复付圂，曰：非令。曰：乃兄卽伯氏妧鼻女，害義曷議。敢稱令尚當汝。圂有佑王于東征，付圂于成周。

彙²ᶜ²⁵⁶ 彙弔，讀若澤叔，人名。　　圂⁰⁰⁰⁰⁰ 从囚从丮。讀若肃。

妧⁵¹⁵³ 妧鼻女，讀若曾畁汝。曾，曾，既。

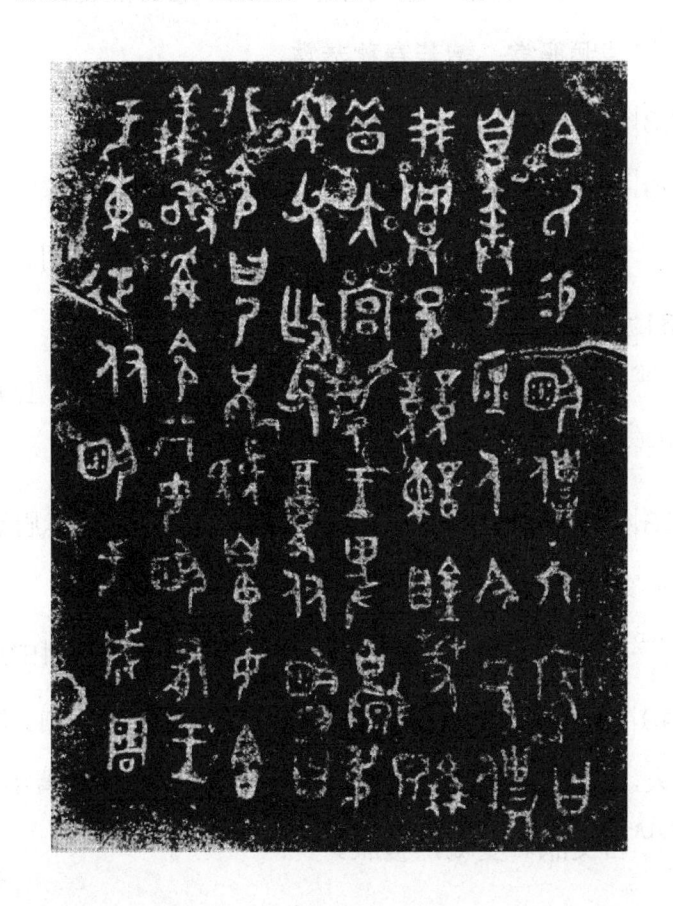

T2.0893 陶甗 癸亥，小臣誧賜百工，王作冊𣪘友小夫麗儷，賜圭一、璧一、璋五。陶用作上祖癸隩彝。唯王曰：嗣祀。在九月

或 ☞ 02133《或作父癸方鼎》。

誧 00000 从且从甫。人名。西周早期。

𣪘 2C1AA 从殳禹聲。人名。西周早期。

T2.0905 王子名缶 王孫儥缶 唯八月丁酉，王子名作赴缶，子孫用之，黃髮眉壽 器銘。以下蓋銘 王孫儥之赴缶。

儥 2B900 从貝㕥省聲。讀若貨。

T2.0909 昭王之即缶 唯正盟䔯孟春吉日唯庚，卲王之卽罨乎吉金，作䵼隩缶。䔯酒䕺棠。永甬用之毋㪘墜，眉壽無疆。

棠 2C4C2 䔯酒䕺棠，讀若春秋恭嘗。

T2.0923 作𠭯從彝盤 乍𠭯𠚪彝 ☞ 01981

T2.0929 侯氏盤 庆氏作麋姬般。

麋 2CE3F 从鹿茉聲。讀若虞。麋姬，人名。西周晚期。

T2.0931 狐駘丘君盤 虡䚖丘君尚之盜盨。

䚖 2BA5E 虡䚖丘，傅修才謂即先秦文獻中的狐駘國，丘爲後綴。

盜 2C42E 讀若浣。 盨 2C42F 讀若盤。

T2.0938 來虡盤 奠白夫 鄧伯夫 小臣來虡作般也 盤匜，其眉壽萬年無疆，永寶用。

虡 2C7EB 與羸、羸同。來虡，讀若來獻，人名。西周中期。

T2.0949 霸伯盤 唯正月旣死霸丙午，戎大捷接于霸白，屖戎，隻噝一夫。白對揚，用作芻姬宣姬寶般，孫孫子子其萬年永寶用。

噝 2101A 古文訊。隻噝，獲訊。

殷周金文字宝 383

T2.0951 師酉盤 唯三年三月既生霸甲戌，王在吳，格吳太室，公族㝬𣪘入佑師酉，立中廷。王呼牆冊命師酉：嗣乃祖，啻官邑人、虎臣、西門尸、𩁹尸、秦尸、京尸、弁瓜尸、新。賜汝赤市、攸鑾勒。敬夙夜勿灋朕命。師酉拜頴首，對揚天子丕顯休命，作朕文考宗姬寶般，酉其萬年子子孫孫永寶用 ☞ 04288

T2.0959 作𩁹從彝盂 乍𩁹从彝 ☞ 01981

T2.0965 癸盂 𢀩 癸作父癸陴。

癸^{215E9} 人名。西周早期。

T2.0968 楷侯盂 楷医媵𡢎寶皿。

皿^{20C44} 同皿。

T2.0981 仲朐人盂 中旬人肈作刵姬寶盂 ☞ T2.0576

旬^{400F} 族徽。商晚期。

刵^{2B984} 同宜。國族名。刵姬，或作宜姬，人名。

T2.1027 甚六鐘 唯王正月初吉丁亥，舍王之孫、尋楚𣪕之子遘邟羣畢吉金，作盥龢鐘，以亯于我先祖。余鏞鏐是羣，允唯吉金，作盥龢鐘。我以夏雅以南，中鳴妟好。我以樂我心，它它巳巳。子子孫孫，羕永保用之 ☞ J.0094

T2.1029-31 曾侯㬆鐘A 唯王正月，吉日甲午。曾医㬆曰：白筈南公适上啻，左右文武。達撻殷之命，羃敷天下。王遣命南公，營宅汭土。君庇淮尸夷，臨有江夏。周室之既庳，獻吾用燮訐楚。吳恃有眾庶，行亂，西政征南伐，乃加于楚。聐㲊既爓，而天命㳦誤將虞。有嚴曾医，業業畢謹。親塼搏武攻功，楚命是爭靖。復敷楚王，曾医之龗。穆穆曾医，壯武畏忌，共嚞齋盟。伐武之表，襄燮三旁四方。余矗𪓑楚城，改復曾彊。羃辥吉金，自酢作宗彞，龢鐘鳴銚。用考亯于辥皇祖，以祈眉壽，大命之長。期肫其純德降余，萬殢是惝萬世是常。

諏²⁷ᴬᶠᴱ 讀若就。燮諏，交好屈就。　羃⁴³⁶² 羃敗，讀若撫定。

畓²ᶜ³ᶜ⁴ 畓毤既燌，讀若荊邦既削。

誙²⁷ᴮ³ᶜ 讀若聖。

𥂉²ᴮᴰ⁰³ 从寅从皿。共𥂉，或作龏𥂉，讀若恭夤。

矗²ᴮ⁴⁰³ 矗𪓑，讀若申固。

T2.1032-7 曾侯腆鐘B 惟王十月，吉日庚午。曾侯腆曰：余稷之玄孫，穆誙敦敏，畏天之命，敗昀定徇曾土。龏𥂉齋盟，獻台吾以祈眉壽。臨觀元洋，嘉樹芌英，獻台及大夫匽宴樂。爰鄉儘士爰饗盡士，備服御稱倉。余永用眂長，難老黃枸耉，珥𡫳無疆。

訡⁸ᴬᴬ⁹ 讀若競。　　　　　　𥂉²ᴮᴰ⁰³ 龏𥂉，恭夤。

芌⁸²⁸ᴮ 讀若華。《上博一·孔子論詩.9》裳裳者芌。今本作裳裳者華。

珥⁷³ᴱ⁵ 珥𡫳，讀若彌終。

T2.1048 登鑃 唯正月初吉庚午，□子荸自作龢鑃，申𦰗獻陽，元鳴孔鍠，以䢊征以行，專敷聞三方，子子孫孫，永保寶是尚常。

獻²⁰ᴮ⁶ᶠ 中𦰗獻陽，讀若終翰且颺。

T2.1086 圓陽戈 洢陽 ☞ T.16478

T2.1099 夢旅戈 遻遬之錢 銘文反書。

遻²ᶜᴬ⁵ᴰ 从辵夢聲。或讀夢。

遬⁰⁰⁰⁰⁰ 同旅。夢旅，人名。西周晚期或春秋早期。

T2.1103 上都戠 二都乍戠。

戠 2BEE9 从戈 聲。亦作䞓，省作鉾。乍戠，讀若作戠。

T2.1106 匚公戈 匚公之用 ☞ 09680

T2.1107 𨜏公戈 𨜏公之貼 ☞ 09650

T2.1109 莊之無咎戈 臧之無佫銘文反書。

臧 2BEF6 臧本字。臧無佫，讀若莊無咎。楚莊王謚號莊，後裔以莊爲氏。之，結構助詞。

T2.1110 戴之王造戈 𢽸之王俈。

𢽸 286B5 从邑𢦔聲。讀若戴。國名。

T2.1119 許戈 鄝之殼戈 ☞ 11045

T2.1123 鄝子疲戈 鄝子疲之用 ☞ J.1154

T2.1128 郤氏戠 郤氏之造鉾。

鉾 2B48A 䞓之省文。讀若戠。

T2.1129 大府戠 大府之行戠 ☞ 02139

T2.1130 右府戈 右府鉽。

鉽 2CAE3 同戈。讀若戠。

T2.1131 裔𥃩敦年戠 裔𥃩敦年戠。

𢻻 2BFE0 同敦。

T2.1135 范殷戠 𩦂殷之甬戠。

甬 39B7 玉篇 古勇字。甬戠，讀若用戠。

T2.1153 王子于戈 王子𢻻之用戈 ☞ 11207

T2.1190 西朁戈 西朁繡之敀造戈 ☞ 03710

T2.1193 雍戈殘段 十八年，鄉…左庫… ☞ 11264

T2.1194 燕王燕戈 郾王喜怒攺鋸 ☞ 11188，11195

T2.1197 黃之公庫戈 鄭之公庫之賆造戈。

鄭²⁸⁷⁷⁴ 玉篇 古國名。宋·羅泌《路史·國名紀丙》黃，一作鄭。

T2.1203 宋西쯢戈 宋西쯢跌之族戈 ☞ 03710

T2.1235 四年岕令齊戈 三年，岕蹌鄒，工巿瘋，吏涅，治奮矢。

蹌²ᶜ⁵²³ 同命。讀令。

鄒²ᶜᴬ⁹ᶜ 讀若齊。人名，戰國晚期韓岕縣縣令。

T2.1352 吳王餘眛劍 攻吳王姑儺爲雖夷眛曰：余鬻夢之子，余馭欨鄒之嬖弟龍弟。馭欨此鄒命初伐梛麻，毇梛，隻獲眾多，命御鉶，鉶奔，王圍旗，既北既殃，不我敢擋。命御邯越，帷弗克，未毇盧毷吳邦。馭欨鄒命弋代爲王。翚旱吉金，自作元用鑢。

鉶²ᶜ³ᶜ⁴ 同荆。

旗²ᶜ⁰¹¹ 讀若陽。地名。

帷²⁸ᶠ⁹ᶠ 若讀唯。

T2.1358 右得工鏃 右旱 ☞ 11329

旱²⁵⁰ᶠᶠ 或讀得工。機構名。

T2.1361-2 大陰殳冒 大陰上庫 ☞ J2.1231

图书在版编目(CIP)数据

殷周金文字宝:钤印版/王宏源著.--北京:社会科学文献出版社,2017.9
ISBN 978-7-5201-1044-0

Ⅰ.①殷… Ⅱ.①王… Ⅲ.①金文-字典 Ⅳ.
①K877.3-61

中国版本图书馆 CIP 数据核字（2017）第 157980 号

殷周金文字宝（钤印版）

著　　者 / 王宏源

出 版 人 / 谢寿光
项目统筹 / 王　绯
责任编辑 / 王　绯

出　　版 / 社会科学文献出版社·社会政法分社（010）59367156
　　　　　地址：北京市北三环中路甲29号院华龙大厦　邮编：100029
　　　　　网址：www.ssap.com.cn
发　　行 / 市场营销中心（010）59367081　59367018
印　　装 / 三河市东方印刷有限公司

规　　格 / 开　本：787mm × 1092mm　1/16
　　　　　印　张：25　字　数：450千字
版　　次 / 2017年9月第1版　2017年9月第1次印刷
书　　号 / ISBN 978-7-5201-1044-0
定　　价 / 398.00元

本书如有印装质量问题，请与读者服务中心（010-59367028）联系

▲ 版权所有 翻印必究